믿음으로 떠나는 길
아프리카로 가자

김미영 지음

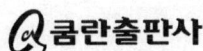
쿰란출판사

믿음으로 떠나는 길
아프리카로 가자

추천사

　한국에서 물리적, 정서적으로 너무나 먼 아프리카 케냐 땅에서 하나님께서 주신 비전을 품고 오늘도 사명의 자리에서 성실하게 사역을 감당하고 계실 이상석 선교사님, 김미영 선교사님을 축복합니다.

　추천사를 써 달라는 요청을 받고 원고를 읽으며 많은 은혜를 받고 감동을 받았습니다. 이 책은 이상석 선교사님과 김미영 선교사님이 아프리카 케냐를 비전으로 품게 된 순간부터 1995년에 파송 받아 지금까지 사역을 해오며 선교지에서 겪었던 삶의 희로애락의 경험들을 독자들과 함께 나누고 있습니다.

　작년에 선교사님의 사역 현장을 방문했을 때 열정적으로 사역하시는 두 분을 통해 많은 열매가 지속적으로 맺히는 것을 보고 많은 은혜와 도전을 받았습니다. 지금도 케냐 보이 땅에서 복음의 열매가 맺히고 있는 것은 삶의 희로애락의 순간들마다 사람을 바라보지 않고 주님께 시선을 집중하며 사역하는 두 선교사님의 신앙을 하나님께서 기쁘게 받으셨기 때문이라고 믿습니다.

　선교지에서의 25년은 하나님의 사랑으로 케냐 사람들을 사랑하지 않았으면 도저히 견딜 수 없는 시간들이었으리라 생각됩니다. 아마도 지금은 "전갈이 얼마나 예쁜데요. 자세히 보면 예뻐요"라고 말했던 선배 선교사님의 말을 누군가에게 똑같이 얘기할 수 있을 만큼 케냐 땅의 모든 것을 사랑하시리라 생각됩니다. 독자들은 케냐 사람들과 케냐 땅을 사랑하여 두 선교사님이 흘렸을 수많은 눈물과 수고의 땀방울을 생생하게 느끼게 될 것입니다.

　케냐 땅에도 앞으로는 자금을 앞세운 이슬람의 공격적인 선교의 거센 파도 앞에 더 많은 영적인 싸움들이 있을 것입니다. 그러나 지금까지 함께 하셔서 귀한 간증들을 모아 그 은혜를 나누게 하신 하나님께서 장래에도 선하게 그리고 강력하게 인도해 주셔서 더 많은, 넘치는 간증을 주시리라 믿습니다.

  추천사를 쓰고 있는 지금 이 상황은 코로나19로 인해 이곳 한국 땅뿐 아니라 전 세계가 두려움과 답답함으로 어쩔 줄을 모르고 있는 상황입니다. 이 책을 통해 선교의 현장에서 지금도 놀랍게 일하시는 하나님을 만나는 은혜가 있기를 바랍니다. 답답하고 힘든 우리의 현실 속에서도 놀랍게 일하실 하나님에 대한 소망을 품게 되는 시간들이 되기를 소원합니다.

2020년 7월
대성교회 담임목사 전태균

추천사

　김미영 선교사로부터 카톡으로 문자가 왔다. 안부이거니 했는데 《아프리카로 가자》라는 책을 발간하게 되었는데 추천사를 써 줄 수 있겠느냐고 하였다. 그러면서 책의 내용을 메일로 보내주었다. 나는 선뜻 승낙하였다. 그도 그럴 것이 그만한 이유가 내게도 있었기 때문이리라.

　이상석, 김미영 선교사는 1995년도에 대성교회로부터 파송을 받았고 내가 대성교회의 담임목회로 부름을 받았던 때가 1996년 6월 1일이었다. 전임자 때 파송을 받았지만 사실은 나의 담임목회 20년 선교의 핵심이었고 성도들의 기도와 헌신의 열매였음을 부인할 수 없다.

　김미영 선교사가 밝혔듯이, 출국할 때 뱃속에 5개월 된 아기(요한)가 잉태하고 있음을 말하지 않았다. 사실을 말하고 오히려 도움을 받을 수도 있었겠지만 오히려 파송교회에 혹 걱정이나 누가 될까 봐 기도로 대신하였던 것이다.

　이렇게 두려움 반 설렘 반으로 시작된 아프리카 케냐 보이 지역의 선교가 지금은 선교센터를 마련하고 17개의 개척교회와 유치원 사역과 현지 목회자 양성을 위하여 힘있게 사역하는 열매를 맺었던 것이다. 그간에 일어났던 크고 작은 사건들, 지금 생각하면 모두가 추억이나 흔적들로 회상될 수 있지만 사실은 아찔하고 끔찍한 순간들이었다. 내가 아는 것만도 강도 만난 사건, 말라리아를 밥 먹듯이 앓으며 고생하였던 일들, 제자들을 위하여 그렇게 헌신하였는데 그 제자들로부터 배신을 당하고 고소를 당한 일들, 경제적인 어려움 속에서도 무조건 선교사를 찾아오는 무법자(?)들을 뿌리치지 못하고 사랑으로 도와주고 안아주었던 일들, 지금 생각하면 아름다운 추억이고 감사의 제목이다.

지금이야 많이 나아졌다고 하지만 아직도 선교지의 상황은 열악하기 그지없다. 초창기 전기가 들어오지 않고 수돗물이 나오지 않고 하나부터 열까지 선교할 수 있는 상황이 말이 아니었지만, 오직 순수한 복음의 열정으로 수많은 위기를 극복하고 오늘의 선교 현장을 꿋꿋이 지켜나가는 그 모습에 늘 진한 감동을 받는다.

　부족하지만 지금까지 선교 현장을 우리 내외가 11번씩이나 다녀왔다. 여기서 한 가지 고백할 수 있는 것은 선교지를 두세 번 정도 다녀온 이후로는 그때마다 다시 방문할 마음을 가지지 않았다. 솔직히 비행 시간이 너무나 길고 생활환경이 너무도 열악하기 때문이다. 하나님의 은혜로 그 유명한 동물의 왕국 마사이 마라까지도 가보았다. 그럼에도 불구하고 11번씩이나 다녀올 수 있었던 것은 그때마다 우리 내외의 마음속에 불같은 감동이 있었고, 이상하리만큼 선교지에 가면 평안을 누릴 수 있었고, 말로 다할 수 없는 은혜를 체험하였기 때문이다.
　이상석 선교사 부부는 이제 시니어 선교사이다. 이쯤 되면 아닌 말로 폼도 잡고 어깨에 힘도 주고 요령을 피울 만도 하다. 그럼에도 불구하고 지금도 만나보면 처음 부임한 선교사처럼 보인다. 그만큼 순수함이 있고 선교에 남다른 열정이 보인다. 그래서인지 우리 선하신 하나님께서 4남매의 자녀들에게 복을 주셔서 모두가 훌륭한 성적으로 미국의 유수한 대학교에서 공부하고 나름대로 나라와 복음을 위하여 아름답게 쓰임받고 있음을 본다. 이 모든 일들을 통하여 하나님께 영광을 돌리고 선교사들의 노고를 치하하고 싶다.

부디 이 책을 통하여 실제 아프리카로 가보지 못한 분들이라도 선교사의 진솔한 고백을 통하여 아프리카 선교에 대한 관심을 가질 수 있기를 소망하여 본다.

지금까지 그랬던 것처럼 앞으로도 이상석, 김미영 선교사를 통하여 이루어질 천국 복음의 역사가 작은 겨자씨가 큰 나무가 되어 새들이 그 가지에 깃들이는 마태복음 13장의 결과로 나타나기를 기대하며 그 환상의 꿈에 사로잡혀 본다.

2020년 7월
대성교회 원로목사 김홍근

추천사

　서평을 쓰기 위해 글을 읽기 시작했는데 글에서 눈을 뗄 수가 없어서 순식간에 다 읽게 되었습니다. 감동 그 자체였습니다.

　선교사님 가정의 25년의 삶이 주마등처럼 그려졌습니다. 글을 읽으면서 몇 번이나 눈물을 훔쳤습니다.

　이 책은 선교지에 나가는 선교사 후보생들에게는 필독서여야 합니다. 그뿐만 아니라 현대 문명에 젖어서 선교지에서 매너리즘에 빠져있는 선교사님들에게도 새로운 도전을 줄 수 있는 꼭 필요한 내용입니다.

　기쁜 마음으로 모두에게 추천을 합니다. 선교사님 부부가 너무 자랑스럽습니다. 그동안 고생하셨습니다. 하나님의 위로가 있으시기를 바랍니다. 존경하고 축복합니다.

2020년 7월
GMS 선교사무총장 전철영 선교사

추천사

아프리카로 가자. 임신 5개월의 몸으로 남편이 가는 곳이기에 그를 사랑하기에 그곳이 어디라도 가야 했던, 그 길이 하나님께서 기뻐하신다는 사실 하나만으로 아프리카 케냐로 가서 26년째 사역하고 있는 선교사님의 신앙고백적인 글은 자유롭고 편안한 삶에 젖어 있는 우리에게 도전과 반성을 주는 글이라고 생각이 듭니다.

김미영 선교사님의 고백적인 글이 마음에 부딪혀 옵니다. "주님께서 보내시는 곳, 그곳이 아프리카 땅 끝이라도 주께서 보내시는 곳이라면 어디든지 가서 주의 일을 하겠으니 저를 사용하여 주세요." "사모님, 전갈이 얼마나 예쁜데요. 자세히 보면 예뻐요." "주님, 뱀을 집으며 무슨 독을 마실지라도 해를 받지 않게 도우시는 주님께서 우리 가족들을 전갈의 위험에서 지켜주세요."

아프리카에서 낳은 네 아이의 엄마로서 그 환경 속에서 아이들을 키우는 것은 하나님의 은혜가 아니면 가능할 수 없었던 간증이 마음을 자극합니다. 아이들이 말라리아에 걸렸을 때 그 상황 속에서 흘렸던 눈물과 벌에 쏘여 힘들어하는 아이의 머리에서 28개의 벌침을 뽑아내면서 드린 눈물의 기도는 너무나 먼 이야기같이 경험치 못한 사람들에게는 옛이야기같이 들려지기도 합니다.

한 아이에게서 일어난 일이 아니라 네 아이 모두가 이 힘든 상황을 경험하였고 치료도 제대로 받기 어려운 상황에서 오직 하나님 아버지만 의지하여 드리는 기도는 하늘 보좌를 움직이고도 남을 것이라고 여겨집니다.

"주님. 내 아이가 아닙니다. 당신의 귀한 아들이오니 제발 살려주세요" "엄마. 엄마가 하는 소리가 하나도 안 들려. 지금 뭐라고 말했어?" 아이가 앞으로 듣지 못하면 어떡하나 하는 두려움이 가득 몰려와서 부엌의 차가운 시멘트 바닥에 엎드려서 엉엉 소리 내어서 울었다.

이 일은 지어낸 이야기가 아닙니다. 오직 그 사랑 때문에 그곳에서 감당해야 할 놀라운 이야기입니다. 힘든 시기를 살아가는 우리에게 참된 가치와 피할 곳이 어디인지를 가르쳐주는 현장이라고 생각이 듭니다.

나아가 최선을 다하여 훈련을 시킨 제자들에게서 겪는 배신감은 너무나 힘든 것이었기에 그 고백 또한 우리의 마음을 두드리고 있습니다. "선교 현장에 살면서 험한 일들을 많이 겪은 우리가 피해망상증에 걸려가는 선교사가 되지 않도록 주님께 간구한다." 이 고백을 되새겨보면서 남을 탓하지 않고 받은 은혜를 어떻게 하면 함께 나눌 것인가를 잊지 않고 달려가는 분들임을 확인할 수 있습니다.

김미영 선교사님은 제가 아는 많은 선교사 중에서도 더욱 귀한 선교사라고 생각합니다. 남편 이상석 선교사님과 함께 누구보다도 하나님을 사랑하고 누구보다도 아프리카를 사랑하고 누구보다도 성실하고 건강하게 사역을 하는 선교사님이기에 하나님의 기쁨이 되고 축복의 통로가 됨을 믿어 의심치 않습니다. 귀한 선교사님의 책에 추천사를 쓰는 일은 저에게 더 큰 기쁨이었습니다. 그 고백과 간증이 많은 사람에게 치유와 회복의 시간으로 다가가기를 소망합니다.

2020년 7월
GMS 명예이사장 겸 선교전략개발연구위원장
안양석수교회 담임목사 김찬곤

추천사

늘 변함없이 응원하며 지지하고 싶은 분들이 있습니다. 젊었을 적부터 사명을 깨닫고 일생을 흔들림 없이 살아가는 분들입니다. 김미영, 이상석 선교사님이 바로 그런 분들입니다.

추천사를 부탁받고 원고를 기다릴 때 찾아드는 예감이 있었습니다. 눈물이 왈칵 쏟아질 것 같았습니다. 실제로 그 예상은 틀리지 않았습니다. 원고를 한 줄 한 줄 읽어가며 그 소중한 걸음이 마음에 새겨지기 시작하고 존경과 감사로 나타나기 시작합니다.

선교사로 부름받았다는 소명을 깨닫자마자 이미 젊음을 드린 분들입니다. 앞으로 태어날 자녀와 중년 시절과 더불어 노년 시절까지 드린 분들입니다. 이분들의 삶의 이야기는 단순한 간증이 아니고 하나님의 희망이며 하나님의 히스토리이고 하나님의 사랑입니다.

본서의 출간은 참 유의미합니다. 먼저 오늘을 살아내는 우리에게 사명을 향한 도전을 주기 때문입니다. 보냄을 받은 선교사가 되든지 보내는 선교사가 되도록 꿈을 품게 합니다. 생존에만 급급하거나 더 많이 소유하며 성취하려는 몸부림에서 벗어나 진정한 크리스천이 가야 하는 길이 무엇인지를 알려줍니다.

또한 서로에게 힘과 용기 그리고 위로를 주기 때문입니다. 이 책을 읽고 있는 분들은 이미 두 선교사님에게 힘과 위로를 주시는 중입니다. 그리고 두 선교사님을 통해 힘과 위로를 받으실 것입니다.

마지막으로 두 분에게 진심으로 축하드리고 싶습니다. 절망 가운데 희망이 되신 것을 축하드립니다. 메마른 사막 가운데서 풍성한 열매가 되신 것을 축하드립니다. 고통 가운데 기쁨이 되신 것을 축하드립니다. 무관심 가운데 사랑이 되신 것을 축하드립니다. 미움 가운데 용서가 되신 것을 축하드립니다.

2020년 7월
호주 크리스천 칼리지 교수
뉴젠 크리스천 아카데미 원장 탁영철

머리말

"아프리카에 와서 사역하면서 후회한 적 없으세요?"

최근에 누군가와 대화 중에 받은 질문이다. 이 물음표는 코로나 팬데믹으로 인해 강제 봉쇄령에 갇혀 지내면서 선교지에서 살아온 지난날을 추억하며 되돌아보는 기회를 가지게 되었다. 그동안 사역하면서 우리의 부족함으로 시행착오를 겪은 일들을 반성도 하고 회개도 하며 새로운 각오를 다지며 결단하는 시간이 되었다.

그러고 보니 우리 가족이 아프리카 케냐의 땅을 밟은 지 엊그제 같은데 어느덧 25년째에 접어들었다. 시골인 보이 지방에서 타이타, 사갈라 부족 선교를 하면서 겪은 소소한 일기 같은 삶들을 글로 옮겨 적었다. 화려하지도 유식하지도 않은 글이지만 원주민들과 함께 울고 웃었던 선교 현장의 생생한 체험과 선교사의 아내로서 엄마로서 겪은 일들을 솔직하게 적었다.

"하나님, 실수하셨어요. 어떻게 이렇게 겁이 많고 부족한 저를 선교사로 부르셨나요?"

울면서 기도했던 날들이 수두룩했다. 정말이지 하나님께서 붙들어 주시지 않았다면 선교지를 떠날 수밖에 없었던 상황도 많았고, 우리가 또 웃을 수 있을까 싶을 정도로 절망했던 순간에도 하나님께서 함께 하시고 우리 가정을 붙들어 주셨다.

좋으신 하나님께서 어려울 때 우리의 방패가 되어 주시고, 피할 길이 되어 주시고, 아플 때 치유하여 주시고, 항상 함께 하셔서 열악한 선교지에서 부족한 우리 가정이 지금까지 존재하게 하셨음을 고백하며 하나님께 감사와 찬양을 올려드린다.

아무리 힘들고 어려워도 하나님께서 늘 베풀어 주시고 함께 하시는 은혜를 맛보며 산다는 것은 진정 행복한 것이다. 또한 시골 선교사로서 이곳의 원주민들과 함께 하며 그들을 사랑하며 계속 배워나가는 것은 큰 기쁨이고 행복이다. 그러기에 어떠한 고난과 역경이 있다 할지라도 선교사의 길이 영광의 길임을 알기에 기쁨과 감사함으로 나아갈 수 있다. 하나님의 그 크신 사랑과 은혜를 받았으니 어찌 나누지 않을 수 있으랴. 그래서 용기를 내서 책을 내기로 했다.

이렇게 우리 가정이 쓰임 받을 수 있도록 기도해 주시고 후원해 주시는 교회와 성도님의 넉넉한 사랑이 있기에 오늘의 우리 가족이 선교하고 있음을 고백하며 후원해 주신 교회들과 성도님들께 감사드린다.
특별히 한결 같은 사랑으로 기도와 후원을 해주시는 대성교회 목사님과 세계선교회와 성도님들의 사랑에 감사드린다.
그리고 우리를 염려하며 늘 기도와 격려로 든든한 선교의 동역자가 되어 주시는 고향 부모님과 형제들께도 감사를 드린다.
또한 부끄러운 글을 책으로 내라고 용기를 준 남편 이상석 선교사와 어릴 때부터 선교지에서 풍토병과 여러 질병으로 고생하면서도 믿음으로 잘 자라준 사랑하는 네 자녀들, 보스턴에서 간호사로 일하는 큰딸 기쁨이와 에티오피아에서 선교사로 사역 중인 둘째 사랑이, 꿈을 이루기 위해 최선을 다하는 아들 요한, 장래 희망이 엄마 아빠처럼 선교사가 되고 싶다며 대학생활을 하는 막내 온유에게 고마움을 전한다.

부족한 글을 한 권의 책으로 나올 수 있도록 해 주신 쿰란출판사 이형규 장로님과 편집부 오완 부장님께 진심으로 감사드린다.

마지막으로 하나님께 감사와 찬양을 드리며 이 책을 읽는 분들이 살아계셔서 역사하시는 하나님의 사랑을 느끼고 그분께 돌아온다면, 또한 세계 선교를 위해서 준비하는 선교사 후보생들에게는 도전과 희망을 주었으면 좋겠다.

그리고 세계에 흩어져서 위험을 무릅쓰고 사역하는 선교사들을 위해서 기도해 주시는 동역자들이 되어 주신다면 선교사들에게는 큰 힘이 될 것이다.

2020년 7월

케냐 보이(Voi)에서, 김미영

목차

추천사 · 대성교회 담임목사 **전태균** · 4
　　　　　대성교회 원로목사 **김홍근** · 7
　　　　　GMS 선교사무총장 **전철영** 선교사 · 11
　　　　　GMS 명예이사장 겸 선교전략개발연구위원장, 안양석수교회 담임목사 **김찬곤** · 12
　　　　　호주 크리스천 칼리지 교수, 뉴젠 크리스천 아카데미 원장 **탁영철** · 16

머리말 · 18

1부 아프리카로 가자

1장　믿음으로 떠나는 길 ··· 26
2장　스와힐리(Swahili) 언어학교에서 ··· 35
3장　보이(Voi) 지방으로 이시하다 ··· 46
4장　그래도 사랑하자 ··· 58

2부 눈물 흘리며 가는 길

1장　영적 전쟁터 ··· 76
2장　우리는 청지기 ··· 89
3장　살면서 배운다 ··· 107
4장　하나님, 힘들어요 ··· 123

3부 하나님의 은혜로 살아요

1장 담대한 믿음으로 … 142
2장 하나님, 지켜 주세요 … 156
3장 익숙해지지 않는 곳 … 171
4장 웃어야 할지 울어야 할지 … 192

4부 마라나타!

1장 이래도 사랑해야 하나요? … 210
2장 고난 가운데 주를 의지하며 … 231
3장 행복합니다 … 256
4장 문구 바바 아산태 사나(하나님 아버지, 너무나 감사합니다) … 273

에필로그 · 293

1부
아프리카로 가자

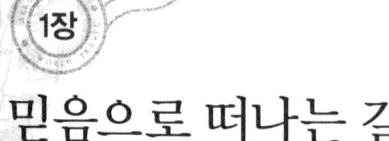

1장
믿음으로 떠나는 길

두려움 반 설렘 반

"여호와께서 아브람에게 이르시되 너는 너의 본토 친척 아비 집을 떠나 내가 네게 지시할 땅으로 가라"(창 12:1).

출국예배를 드리고 정든 교회 문을 나서는데 벌써 눈물이 쏟아지기 시작했다. 잘 가라며 손을 붙잡고 부디 건강하게 선교 잘하라며 기도해 주겠다고 약속하시는 여러 성도님들을, 눈물이 앞을 가려서 똑바로 쳐다볼 수가 없었다. 김포공항까지 나오셔서 배웅해 주시는 목사님들, 성도님들과 마지막으로 기도와 눈물로 인사를 나누었다. 시집 부모님들은 선교사로 가는 것을 반대하셨기에 떠나는 모습은 보기 싫다고 공항에 나오지 않으셨고 형님 두 분이 나와서 눈물을 흘리셨다. 막내아들 가정을 먼 아프리카로 떠나보내기 싫은 부모님의 마음이 어떠했을지 이해가 되었다. 친정 부모 형제들과 인사를 나누고 돌아서는데 목메어 말이 나오지 않았고, 눈물이 앞을 가려서 아무것도 보이지 않았다. 그렇게도 소원하던 선교지로 가는 것이므로 울지 않으려고 다짐했던 결심은 사라지고 눈물바다가 되었다.

서울에서 걸프 비행기를 타고서 방콕-무스캇-아부다비를 거쳐서 나이로비(Nairobi)에 도착할 때까지 수없이 기도만 했다. 앞으로 이어질 미지의 세계에 대한 두려움도 컸지만 비행기가 이륙하고 착륙할 때마다 뱃속의 5개월 된 아기가 유산되면 어떡하나 하는 두려움이 더 컸다. 임신한 상태에서 신학교 마지막 학기 시험을 치르고 파송받기 전 선교 훈련과 짐 정리로 늘 바쁘고 지쳐 있었다. 그러다가 어느 날 과로로 하혈을 해서 산부인과에 갔더니 의사 선생님께서 자궁벽이 다 헐어서 출혈이 있다고 했다. 의사는 휴식을 충분히 취하며 여행을 절대 하지 말고 안정을 취하라는 충고를 했다. 그러나 아프리카를 향한 마음은 변함없이 뜨거워서 임신 때문에 우리의 선교를 향한 출국을 미룰 수는 없었다. 혹시 이 사실을 주위에서 알면 만류하거나 연기하라고 할 것만 같아서 아무에게도 임신 사실을 알리지 않고, 의사의 진단까지 무시하고 그저 주님만 붙들고 케냐 행 비행기에 올랐던 것이다.

남편은 아내인 나의 몸에 어떠한 이상이라도 올까 봐 비행기가 뜨고 내릴 때마다 조마조마한 표정으로 나를 살피며 내내 손을 꼭 붙잡고 기도하였다. 그뿐만 아니라 두 살의 사랑이는 공항 출입국 시 체크라인을 마음대로 누비고 다니며 우리를 지치게 했으며, 캐리어 짐도 많은 데다가 비행기를 네 번이나 갈아타는 동안 멀미까지 하여서 참으로 힘들었다. 그러나 다행히 좋으신 하나님께서 우리의 기도를 들어주셔서 케냐 나이로비 공항에 도착할 때까지 30시간 이상의 비행기 여행 동안 뱃속의 아기도 무사하였고, 케냐 입국 절차도 무난하였다.

선교회의 두 선배 선교사님들께서 미리 나오셔서 반갑게 맞아 주셨다. 공항에서 빠져 나올 때의 기분은 참으로 묘했다. 케냐의 매캐한 첫 공기를 마시면서 화려한 열대 꽃들을 바라보는데, 전혀 다른 뜨거운 아프리카 땅에 서 있는 나의 심정은 정말 혼란스러웠다. 감사와 두려움과 설렘. 날마다 울면서 "보내 주소서!"라고 기도했던 낭을 지금 우리 가족이 밟고 있다. 하늘 저편에서 눈물짓는 엄마, 아버지의 기도 소리가 귀에 쟁쟁하다.

"주님! 우리를 이 땅에 불러 주신 주님의 온전한 뜻을 이루기 원하오니 복음을 위해 살고 복음을 위해 죽을 수 있는 겸손한 선교사가 되게 해주세요."

구름 속의 나라 케냐

한국 공기가 신선한 하늘색 빛이라면 케냐의 첫 공기는 왠지 매콤하고 탁한 갈색으로 내게 다가왔다. 곳곳마다 흐드러지게 피어 있는 꽃들은 색깔이 얼마나 강렬하고 아름다운지 가슴이 설렐 정도였다.

우리는 소속한 케만(KEMAN) 모든 민족 선교회 본부에서 짐을 풀었다. 고향의 가을 길목에서 보던 코스모스를 선교부의 마당에서 보니 다정한 친구를 만난 것처럼 반가웠다. 선교부는 큰 도로가에 위치한 곳이라서 오고가는 차량 소리로 귀가 얼얼했으며 고산지대라서 온몸이 붕 떠 있는 느낌을 지울 수가 없었다. 고국은 추운 겨울인데 이곳은 더운 아프리카라서 하루 만에 달라진 기후에 피부도 놀랐는지 감각을 잃고 움츠러들었다. 임신 5개월의 몸은 긴 여행으로 물 먹은 솜마냥 축 가라앉아서 몸살을 앓으며, 한국보다 6시간이나 느린 시차 적응에 들어갔다.

아이들은 영문도 모르고 그저 새로운 환경에 신기해한다. 네 살의 딸 기쁨이는 어제 비행기를 타고 온 감격이 아직도 남아 있는 듯하다. 나이로비의 조모 케냐타 공항에 가까워지자 착륙을 위해 하늘 높이 떴던 비행기가 서서히 하강할 때 구름 밑으로 내려오는 것을 창밖으로 바라본 기쁨이는 케냐가 구름 속에 묻혀 있다고 동생 사랑이에게 연거푸 이야기해 주었다. 네 살의 기쁨이가 바라본 케냐는 구름 속 환상의 나라임에 틀림없다. 두 살의 사랑이는 기내에서 나오는 느끼한 음식을 전혀 먹지 못하고 토하고 설사해서 기진맥진한 상태로 안겨 와서인지 그저 눈알만 뱅글뱅글 돌렸다. 남편은 그렇게도 그리던 선교지에 방문이 아니라 아주 왔다는 기쁨에, 입에서 찬송이 끊임없이 쏟아졌다.

아프리카에는 모든 것이 귀할 거라는 무지함에 기내에서 나오는 조그만 물티슈 하나까지 챙겨 가방 속에 넣었다. 그뿐만 아니라 아프리카에는 물이 너무 귀하다는 말을 누누이 들어왔던 터라, 물을 실컷 쓰느라 한국에서 떠나기 전날 밤 늦게까지 목욕하던 일이 이틀 전의 일이다. 지금 생각해 보면 웃음이 절로 나온다. 아프리카가 적도라서 무조건 더운 줄만 알고 소매가 긴 옷은 모두 여동생에게 주고 왔는데, 나이로비는 1,700m의 고산지대라서 예상 외로 아침저녁으로 싸늘하다.

선교부의 게스트하우스에 누워 있는데 흰색 시멘트 벽과 천장으로 징그러운 도마뱀이 떨어지지도 않고 잘도 기어다닌다. 모기에 물리면 말라리아에 걸린다고 해서 모기만 봐도 지레 겁이 난다. 까만색의 얼굴은 구분이 가지 않아서 다 같은 사람처럼 보이기도 했다. 원주민들을 조심하라는 선배 선교사님의 말씀을 들어서 왠지 무서워 보인다. 사랑하며 섬기러 왔는데 반갑게 웃으며 내미는 검은 손이 불결하게 여겨지는 걸 보니 나는 선교사가 될 자격이 없는 걸까? 모든 선교사들이 선교 보고를 할 때 똑같이 아프리카를 사랑한다고 하시던데 내 마음은 지금 냉랭하고 그들 특유의 몸 냄새가 생소하다. 오기 전에는 그들의 영혼을 사랑한다고 빨리 보내 달라고 눈물 흘렸는데, 그 눈물은 위선이었던가? 선교지에서 주님의 일을 잘 감당해 낼 수 있을까 하는 두려움에 휩싸인다. 선교지에서 하루 만에 맞는 문화충격인가 보다.

"주님, 부름 받아 이제 이곳에 왔으니 사랑하게 하소서. 저들을 사랑한다고 진실로 고백하는 날이 제게 속히 오게 도와주소서."

아프리카로 갈래?

기쁨이, 사랑이의 장난치는 소리에 일어났다. 꿈속에서 부모 형제랑 고향에서 즐겁게 지내고 있었는데, 눈을 떠보니 한국이 아니라는 사실에 실망이 가득 서려 왔다. 요즘 케냐에 온 이후 밤마다 꾸는 꿈은 한국에서 지내거나 원주민들에게 쫓겨 다니는 것이 대부분이다. 잠에서 깨어나면 장소 공포증에 걸린 사람처럼 한숨을 쉬는 꼴이 참으로 우습다. 그런 나에 비해 남편은 부푼 가슴을 억제하지 못해서 웃음을 입가에 달고 있으며 어떻게 선교할 것인가 하는 계획으로 소풍을 하루 앞둔 아이처럼 마냥 기뻐한다.

남편은 계명대학교 3학년 때, 케냐의 어느 선교사님으로부터 선교보고를 듣고 은혜받은 후 선교사로 헌신을 했다. 그래서 나와 데

이트할 때도 아프리카 선교에 대한 비전을 나누기를 좋아했다. 어느 비 오는 날, 계명대 캠퍼스에서 프러포즈를 할 때도 "나랑 아프리카로 갈래?"라고 물었다. 나는 목사 사모가 되고자 하는 마음이 없었을 뿐더러 선교사가 되고자 하는 마음은 전혀 없었다. 단순히 그를 만나 그의 삶과 그의 전부를 사랑하기로 결심했을 뿐이다.

결혼 후 남편은 방학 때마다 총회 선교부에서 하는 MTI(선교훈련원)에서 선교 훈련을 받았고, 총신대원의 교내 서클 '이방인의 빛'을 통해서 동부 아프리카를 한 달 동안 답사까지 했다. 그의 타오르는 선교 열정에 비해 믿음이 부족한 나는 우리가 정말 선교사로 가서 사명을 잘 감당할 수 있을까 늘 갈등했다. 그러나 남편의 뜻을 따르는 것을 하나님께서 기뻐하신다는 사실 하나만으로도 내 마음은 남편의 아프리카 선교 비전을 나눠 갖기에 충분했다. 믿음이 없고 준비되지 않은 자에게, 남편의 뜻에 순종해서 죽는 한이 있어도 아프리카까지 따라가야 한다는 믿음을 주신 분은 바로 하나님이셨다. 그래서 매번 선교 훈련을 함께 받았다. 임신해서도, 아기를 낳아서 데리고서도 함께 선교 훈련을 받으며, 어린 딸 기쁨, 사랑에게도 "아프리카로 가자"라는 말을 달고 살았다.

그럼에도 두려운 마음은 늘 떨칠 수가 없었는데, 어느 날 "보내 주소서, 보내 주소서!"라고 울부짖던 날이 찾아졌다. 가만히 돌이켜 보니 고등학교 1학년 때도 그 기도를 했었다. 학생회 금요기도회에서 은혜를 받고 하나님의 살아 계심과 예수님이 나의 구세주이심을 고백했다.

"주님께서 보내시는 곳, 그곳이 아프리카 땅 끝이라도 주께서 보내시는 곳이라면 어디든지 가서 주의 일을 하겠으니 저를 사용하여 주세요."

그렇게 울면서 서원을 해놓고는 까마득히 잊고 그저 바쁘게만 살아왔다. 그런데 하나님은 어린 나의 기도를 결코 외면하지 않고 기억하고 계셨고, 그 길로 인도해 주신 것이다. 가장 부족한 자의 기도도 잊지 않으시고 선교의 꿈을 가진 사역자를 만나서 가정을 이루게 하시고 또 신학교에서 공부하며 선교 훈련도 받게 하시어, 이제 이렇게 우리 가정을 번쩍 들어서 이곳에 옮겨 놓으셨다.

그런데도 지금 감사하기보다 눈만 뜨면 한국이 아니라는 사실에 실망하며 고국에서 오는 한 통의 전화에도 목메어 말을 잊지 못하는 나약함에 빠져 있다. 혹 하나님께서 실수로 잘못 선택하신 건 아닐까 하는 어리석은 생각과 어떻게 이곳에서 살아나갈 수 있을까 하는 두려움에 빠졌다. 남편은 그런 나를 눈치챘는지 성경을 펴서 내 눈앞에 내민다.

"성령도 우리 연약함을 도우시나니 우리가 마땅히 빌 바를 알지 못하나 오직 성령이 말할 수 없는 탄식으로 우리를 위하여 친히 간구하시느니라……하나님을 사랑하는 자 곧 그 뜻대로 부르심을 입은 자들에게는 모든 것이 합력하여 선을 이루느니라"(롬 8:26-28).

며칠간 장소 공포증에 빠진 나약한 나에게 로마서 8장의 이 말씀은 전기에 감전된 듯이 온몸을 뜨겁게 달구며 다가왔다. 순간 고국의 교회에서 수많은 성도님들이 기도하고 있는 모습이 떠올랐다. 선교는 내가, 우리 가정이 하는 것이 아니라 우리 성도님들의 눈물과 기도와 물질을 통해서 하나님께서 하는 것임을, 우리는 하나의 도구로 주님 앞에 쓰임 받을 뿐이라는 사실을 깨달으며 모든 두려움과 잡념을 떨치고 일어날 수가 있었다. 두려워 말라 하시며 나의 등 뒤에서 도우시는 성령님의 위로하는 기도 소리가 들리는 듯하다.

"주님, 겸손히 주님의 소리에 귀를 기울이며 주님만 바라보게 하소서. 하나님께서 보내신 이 땅에서 두려워하지 말고 말씀 안에서 승리하는 삶이 되게 도와주소서."

스와힐리(Swahili) 언어학교에서

새로운 언어 스와힐리어 공부

나이로비에 있는 모든민족선교회 본부 게스트하우스에 거하면서 3주 동안 디렉터이신 목사님께로부터 오리엔테이션을 받으며 원주민으로부터 영어 연수도 짬짬이 받았다. 이곳에서 맞는 성탄절에는 거리마다 요란한 캐럴도 들리지 않았고 눈이 내리는 화이트 크리스마스를 그리던 낭만도 없었다. 그저 뜨거운 기후 속에서 우리를 위해서 이 땅에 육신의 몸을 입고 오신 아기 예수님의 크신 사랑과 구속의 은혜에 깊은 감사를 드리며 조용한 성탄절을 보냈다. 새해에도 한국에서 누리던 떠들썩한 분위기는 온데간데없고 그저 몇 분의 선교사님들과 모여서 신년예배를 드리고 한국 음식을 먹으며 윷놀이

한 게 전부였다. 부모 형제가 그리워서 눈물이 나왔지만 날마다 보고픈 사람들이 고국 하늘 아래에 있다는 사실만으로도 감사하자고 타일렀다.

　1월 10일, 우리는 케냐에 온 지 3주 만에 선교본부에서 다시금 보따리를 싸서 리무루(Limuru) 지방의 브레컨허스트(Brackenhurst) 미국인 침례교 선교사 언어학교에 6개월 과정의 스와힐리어를 배우고자 기숙사에 들어갔다. 디렉터 사모님께서 사 주신 우간다 쌀 한 자루와 비행기로 가지고 온 우리의 짐들을 챙겨 들고 찾아간 학교는 리무루의 푸른 언덕 위에 자리 잡은 아름다운 곳이었다. 우리는 학교에 갈 동안 기숙사에서 기쁨이와 사랑이를 돌봐줄 루야(Luhya) 부족의 자매 리디아(Lydia)를 만났다. 아이들은 갑자기 새로운 장소에서 부모가 학교에 갈 동안 떨어져서 까만 사람과 지낸다는 사실에 예민해져서 밤에 여러 번 오줌을 싸기도 했지만 그런 대로 잘 적응해 주었다. 눈을 부비며 창밖을 바라보면 뽀얗게 안개가 서려 있었다. 아침이면 행여나 마늘 냄새가 나서 옆 사람을 거북하게 할까 봐 커피와 빵을 먹었는데, 책을 들고 교실로 향하는 그 아침이 즐거웠다. 발을 디딜 때마다 잔디가 으스러지는 소리와 발에 촉촉하게 젖어오는 푸른 잔디에 맺힌 이슬방울, 그리고 흐드러지게 피어나 반겨주는 이름 모를 꽃들은 언제나 가슴 설레게 했다.

　영어로 진행되는 스와힐리어 수업은 쉽지가 않았다. 교사들은 주로 원주민들이었는데 침이 튀게 열심히 가르쳤다. 우리 반 학생들은 영국에서 온 빌(Bill) 부부와 미국에서 온 덕(Duck) 부부와 스웨덴 출신의 에바(Eva)와 아일랜드 출신의 주근깨 아가씨인 질리안(Gilian) 그리고 우리 부부로 모두 8명이었다. 우리는 모두 출신은 달랐지만 하나님의 복음을 전하러 온, 색깔 다른 한 형제자매였다. 오후 4시까지의 수업을 마치고 나서 기숙사에 돌아오면 스와힐리어 예습·복습을 하면서 아이들과 시간을 보냈다. 푸른 잔디 위에서 놀다가 해가 지면 집으로 들어와 모닥불을 피웠다. 리무루 지방은 해발 2,300m의 고산지대라서 아침저녁으로 쌀쌀했다. 화롯가의 불씨가 아스랗게 되면 감자, 고구마를 구워먹는 즐거움도 누렸다.

임신 7개월의 배부른 나는 모든 게 힘들 수밖에 없었다. 일주일 전에 발이 삐어서 퉁퉁 부은 발을 질질 끌고 수업에 들어가곤 했는데, 오늘 나는 수업 도중에 쓰러져 버렸다. 학교 내의 미국인 의사 선교사가 찾아와서 친절하게 진찰해 주었는데, 저혈압과 저혈당과 영양실조였다. 그래서 고단백질 음식과 당분을 많이 섭취하며 무리하지 말라고 했다. 오후에는 우리 반의 외국인 선교사들이 찾아와서 기도해 주며 함께 건강을 염려해 주었다. 리무루의 날씨는 춥지만 그다지 춥다고 느끼지 않는 것은, 함께 공부하는 동료 선교사들이 있어서 외롭지 않기 때문이었다. 이렇게 리무루에서의 하루하루가 저물어 가고 있었다.

삼부루(Samburu) 부족 답사

절반은 이슬비가 내리거나 안개 자욱했던 리무루 학교에서의 생활이 벌써 3개월이 되었다. 오늘도 여전히 보슬비가 소리 없이 내리고 있었다. 남편은 수업이 없는 날을 이용해서 우리가 선교할 사역지를 답사하러 간다고 여행 가방을 챙겨들고 우리의 조그만 스즈키 차를 타고 어슴푸레한 새벽 속으로 떠났다. 이곳에서 만나 친해진 존이라는 청년과 키가 큰 삼부루 부족 출신 아저씨와 함께 마랄랄(Maralal)의 삼부루 부족을 향하여 잔뜩 기대를 안고 간 것이다. 마랄랄 지방에 한국인 선교사가 하나도 없다는 사실과 마사이(Maasai) 부족과 닮은 삼부루 부족에게 호기심을 갖고 있었던 터라 막연히 생각해 오던 그곳을 가기로 결정한 것이다.

토요일이라서 아이들과 놀아 주기 위해서 아이들이 유일한 즐거움인 그네를 함께 밀어 주기도 하며 아이들과 꽃을 따서 집에 돌아와서 볶음밥을 해 먹고 쉴 때였다. 카지아도(Kajiado)에서 마사이 부족 사역을 하시는 선배 선교사님께서 키자베(Kijabe)의 아이들 학교에 다녀오시는 길에 들르셨다. 기뻐서 어쩔 줄 몰라 하는데 전화가 왔다며 사무실 직원이 찾아왔다. 한국에서 친정엄마가 만삭인 딸을 걱정해서 전화하셨나 보다 생각하며 수화기를 드는데 남편의 착 가라앉은 목소리가 전화선을 타고 흘러나온다. 돌아오는 길에 모래 언덕 내리막길에서 차가 굴러 떨어졌는데 다친 데는 전혀 없으니 걱정 마라면서 안심시키는 것이다. 차가 많이 망가져서 손 좀 봐서 내일 갈 테니 염려 말고 문단속 잘하고 자라고 한다. 콩닥거리는 가슴을 진정시키며 이 사실을 선배 선교사님께 말씀드렸더니 놀라서 걱정하신다. 해 질 무렵 선교사님께서 평안을 비는 기도를 해주고 돌아가신 후에 아이들 저녁을 먹이고 누웠는데 온갖 두려움이 엄습해 와서 잠을 청할 수가 없었다.

기도하다가 살포시 잠이 들었는가 보다. 문을 두드리는 요란한 소리에 시계를 들여다보니 새벽 3시이다. 누구냐고 묻자 "나야"라는 목소리에 얼른 문을 열어 보니 시커먼 흙먼지를 머리부터 발끝까지 뒤집어 쓴 남편이 부르르 떨면서 서 있었다. 문도 다 부서지고 창문도 다 깨진 차를 덜덜거리며 끌고 오는데 바람이 얼마나 세차게 때리는지 추워서 혼났다면서 먼지를 뒤집어쓰고 서 있는 남편을 나는 한참 끌어안고 있었다. 굴러가는 차를 보니 마음이 변해서 내일 오려다가 행여나 사고 소식을 듣고 아내가 충격을 받고 조산하지나 않을까 염려되어서 도저히 밤을 넘길 수가 없어서 깜깜한 밤 험한 길을 달려왔다고 한다.

가로등 하나 없는 캄캄한 어둠 속에 돌밭 길을 다 부서진 차를 몰고 6시간씩이나 달려온 남편이 고마웠다. 사고 소식을 들었을 때의 놀라움보다 나를 사랑하는 남편의 애정을 발견한 이 순간이 더욱 큰 놀라움이 되어 행복감에 젖어든다. 커튼 사이로 비쳐 드는 창밖의 별들이 유난히 아름다운 까닭은 남편의 사랑이 저 별빛만큼이나 아름답다고 느끼기 때문이다. 그리고 차가 두 바퀴나 굴러 다 망가진 가운데서도 그 차 속에 있던 남편과 함께 간 원주민 두 사람이 하나도 다치지 않게 지켜 보호해 주신 주님의 기적 같은 놀라운 사랑을 발견했기 때문이다.

케냐에서 아들 요한을 낳다

새벽에 일어났는데 배가 사르르 아프기 시작했다. 가만히 누워서 한참을 기다려도 통증이 사라지지 않았다. 분만 예정일이 아직 2주는 더 남았는데 아무래도 해산날이 다가온 것 같아서 곤히 잠든 남편을 흔들었다. 어제 저녁 늦은 시간까지 스와힐리어 시험 준비하느라 늦게 잠든 남편을 깨우며 오늘 아기가 나올 것 같다고 말했디. 잠결에 들은 남편은 벌떡 일어나서 놀란 토끼마냥 눈을 둥그렇게 뜨고는 허둥지둥 무얼 챙기는지 부산을 떨었다. 아프기 시작한 배를 움켜잡고는 한 달 전부터 챙겨 둔 출산 준비물 보따리를 꺼내 놓으며 안절부절못하며 허둥대는 남편에게 제발 침착하게 움직이라고 말을 해주었다. 너무도 담담한 나를 어이없다는 듯이 바라보던 남편은 나이로비의 선교부에 전화를 하러 나갔다. 마랄랄 지방에 삼부루 부족 답사를 갔다가 차가 굴러서 다 망가졌기 때문에 도움을 청하기 위해서이다.

한 시간 후에 선교부에서 동역자인 현지인 무사(Musa) 아저씨가 와서 짐을 싣고 한 달 전에 예약해 둔 나이로비 병원으로 갔다. 세상에, 아프리카는 아프리카인지라 병원 절차를 2시간씩이나 밟고 분만실로 들어갔다. 선교부의 디렉터 사모님께서 달려와서 진통을 겪는 나의 손을 꼭 붙잡고 쓰다듬어 주신다. 담당 의사인 폴란드인 의사 리꼬(Lyko)가 아직 오지 않았는데 아기가 금방이라도 튀어나올 것만 같아서 불안했다. 아픔으로 눈물 콧물 범벅이 된 나를 들여다보며 눈물을 글썽이는 남편이 곁에 있다는 사실이 든든하다.

서울에서 공부하며 교육전도사로 바쁘게 지내던 남편이 두 딸아이를 낳을 때 한 번도 곁에 있어 주지 않아서 섭섭한 일이 있으면 그 일을 꺼내며 넋두리하곤 했는데, 이제 그 레퍼토리가 사라지는 순간이 온 것이다. 이곳에서는 아빠가 분만실에 함께 들어갈 수 있어서 지난날의 빚을 갚을 때가 와서 아내의 고통에 동참하게 되었다고 좋아하더니 진통을 겪는 아내를 보면서 남편은 눈물을 흘렸다.

현지인 간호사 둘이 왔다 갔다 하며 의료기구들을 챙기는데 아기가 머리를 내밀고 튀어나왔다. 그때 양쪽에서 내 손을 잡고 있던 사모님과 남편의 옷에까지 양수가 튀어 옷을 적셨다. "오, 주님. 감사합니다"라고 외치는 남편의 감사를 드리는 소리와 "아들이다" 하고 외치는 사모님의 소리와 "응애" 하고 울음을 터뜨리는 우렁찬 아기의 소리를 들으며 몽롱하게 환희가 가득한 잠 속으로 빠져 들어갔다.

순산을 했기에 바로 다음날 퇴원 수속을 밟고 병원을 나와서 파송 교회에 전화를 드렸다. 온 성도님들이 순산을 위해 그것도 차량 사고 때문에 차를 못 이용하므로 도움 받기 좋은 낮에 출산하도록 열심히 기도하셨다면서 축하해 주셨다. 아프리카에서 아기를 낳는다고 늘 염려하며 기도해 주신 부모 형제들의 사랑과 대성교회 많은 성도님들의 기도를 생각하니, 나의 진통의 고통보다 성도님들의 해산하는 고통의 기도가 있었으므로 아들을 순산했음을 느꼈다. 그것도 의사가 오기도 전에……. 남편은 아들이 성경에 나오는 세례 요한처럼 예수님의 길을 외치는 자가 되게 해달라고 요한이라고 이름을 지었다.

지금 남편은 그릇이 부서져라 신나게 덜거덕거리며 미역국을 끓이고 있다. 결혼 후에 처음 해보는 어색한 부엌일을 저렇게도 기쁨으로 할 수 있는 건 아내의 고통을 가장 가까이에서 동참했기 때문이리라.

리무루를 떠나며

리무루 언어학교에서의 생활이 저물어 가고 있다. 남편은 6개월 과정을 다 마쳤지만 나는 아이의 출산으로 인해서 2개월 반을 하고 그만두었다. 수업 도중에 쓰러지면서도 끈질기게 버티었는데 밤마다 피로 때문에 다리 근육이 뭉쳐 올라와서 비명을 지르면서 일어나야 했고, 그럴 때마다 남편은 다리를 주물러야 했다. 주일이면 학교에서 가장 가까운 티고니 교회에 가서 예배를 드렸는데, 전혀 알아듣지 못하는 설교를 들으면서 찬양을 따라 부르는 건 고역이었다. 가끔 아는 단어가 하나씩 나오면 반가워하면서도 세 시간씩이나 딱딱한 의자에 앉아서 예배드리는 것은 현기증이 나서 출산으로 몸이 허약해진 나는 두 번이나 쓰러졌다.

한국에서 좋은 예배당에서 우리말로 마음껏 찬양하며 설교를 듣던 그 시절이 얼마나 행복한 건지 깨달았다. 원주민들은 북을 치면서 온몸을 흔들어 가면서 즐겁게 찬양했지만 언어를 잘 알지 못하면서 드리는 예배는 가슴에 와닿지 않았다. 그래서 선교사는 역시 원주민들의 언어를 배워서 원주민들의 가슴에 와닿게 하는 말씀으로 그들을 가르쳐야 효과가 있겠구나 하는 것이 절실하게 느껴져서 열심히 공부하려 했지만, 마음과 달리 몸과 마음과 시기가 잘 들어맞지 않아서 중간에 포기하게 되었다. 짧은 언어 훈련 기간이었지만 원주민들과 인사도 나누며 어느 정도의 자질구레한 이야기들도 서슴없이 나누게 되었다.

외국에서 온 여러 선교사들과도 다정다감하게 지냈는데, 특히 부룬디에서 2년간 사역하던 중 내전 때문에 이곳에 와서 쉬는 미국 선교사 가족과 가장 친하게 지냈다. 하루는 마파차(기숙사의 우리집 이름)에서 김치볶음밥을 해준 적이 있었는데, 얼굴이 발개져서 호호거리면서 먹고는 며칠 후 우리를 초대해서 함께 음식을 나누며 즐거운 시간을 가졌다. 그의 부인은 직접 만든 빵과 케이크, 토마토소스를 얹은 스파게티를 맛보이면서 요리법까지 친절하게 가르쳐 주었다. 떠듬거리는 영어로 대화하다가 막히면 얼른 사전을 들고서 단어를 찾아가면서도 우리는 즐거운 만남을 계속 가졌다.

리무루에서의 우리의 생활은 모든 것이 순조로웠고 아름다운 만남이 있었다. 그런데 만남이 있으면 이별이 있는 것이 당연하듯 이곳 아프리카에 와서 두 번째 보따리를 싸며 이별의 아픔을 씹고 있다. 우리는 이별이라는 단어 앞에서 언제쯤이면 덤덤해질 수 있을까? 그러고 보니 결혼식을 올리고 엄마의 눈물 젖은 얼굴을 뒤로하고 친정을 떠나올 때부터 이별 연습은 시작되었던 것 같다.

남편이 서울에서 공부할 때 혼자 시집에서의 1년간의 생활을 접고 기쁨이를 업고 나올 때 동구 밖까지 따라 나오시며 슬픈 내색하지 않으시려 애쓰시던 어머님, 떠나는 버스를 향해 잘 가라고 허공 속을 연거푸 휘젓던 시어머니의 그 손짓을 잊을 수가 없다. 멀리 떨어져 있어도 같은 한국 하늘 아래 있다는 사실만으로도 족해 하시던 부모님의 그늘진 미소와 우리에게 둘러싸인 모든 울타리를 제쳐두고 서울을 떠나 이곳 아프리카에까지 왔을 때 난 알았다. 이 모든 것이 이별의 훈련이었으며 이제 또 다른 이별의 시작을 하고 있다는 것을……. 이제 이곳에 언어를 공부하러 오신 선교사님들과도 만남의 날개를 접어야 한다.

"모쪼록 가족들 건강하고 사역 잘하도록 해요."

나이가 지긋하신 선배 사모님께서 손을 꼭 잡고 말씀하시는데 출국할 때 우리 교회의 사모님께서 하신 그 말씀과 똑같아서 눈물이 나오는 것을 억지로 꾹 참았다. 주님만을 바라며 홀로 서기를 해야 하는 나그네 같은 삶이 원망스러워도 오늘도 주님만 바라보며 주님을 따르는 주바라기가 되어 가고 있다.

보이(Voi) 지방으로 이사하다

우리의 사역지 보이(Voi)

1996년 9월, 햇살 따스한 오후에 리무루 학교에서 나와서 카지아도(Kajiado)의 선교사님 댁에서 잠을 자고, 다음날 우리는 새벽 5시에 모두 일어나서 새벽별이 쏟아지는 마당에서 간절히 기도했다. 우리 가족이 언어학교를 마치고 이제 선교지로 이사하는 날이라서 출발을 앞두고 장거리 여행의 안전과 사역의 시작에 주님께서 선히 인도하시길 간절히 기도했다. 늦게 자서 피곤할 아이들도 깨우자마자 눈을 반짝거리며 기도하고 차에 올랐다. 어리지만 부모를 따라다니는 일에 익숙해진 아이들은 조금도 칭얼거리지 않고 순순히 잘 따라 주었다.

마랄랄 지방의 삼부루 부족 답사를 갔다가 차가 두 바퀴나 구른 사고를 겪은 뒤 그곳은 주님의 뜻이 아니라고 느낀 우리에게 디렉터 목사님께서 남쪽의 보이 지방이 어떠냐고 제의하셨다. 보이 지방은 나이로비에서 동남쪽으로 340킬로미터 떨어진 오지이고 현재 선교사가 하나도 없다고 하셨다. 덥고 말라리아가 많은 열악한 지방이라는 것은 개의치 않았고, 남편이 여러 번 답사를 한 후 오늘 가족들과 함께 사역지로 들어가는 것이다.

남편과 태권도 사범 선교사가 작은 스즈키 차에 짐을 가득 실은 채 앞서고, 나와 아이들은 선배 선교사님의 차를 타고 달리기 시작했다. 새벽을 달리는 차창으로 찬란한 아침 태양이 쏟아져 들어왔다. 앞으로 우리의 사역도 이 새벽의 어둠 속을 달리는 것처럼 시작은 어둡고 힘들지만 저 태양 빛처럼 밝은 앞날이 되기를 내내 기도했다. 나는 보이 지방의 타이타(Taita) 부족 선교에 대한 기대도 있었지만, 동시에 아무도 의지할 사람 없는 외롭고 새로운 지방에서 살아가야 할 두려움도 가득했다. 한국에서 비행기를 타고 케냐로 향하는 그 심정과 똑같았다.

3시간을 달려 중간 주유소에 닿아서 우리는 케냐에서 즐겨 마시는 차이(Chai) 한 잔씩으로 아침을 때우고 차를 타고 다시 열심히 달렸다. 험한 길을 3시간이나 더 달려서 6시간 만에 무사히 보이 지방에 당도했다. 차창으로 훅 덮쳐 오는 열기와 빨간 흙들을 바라보는데, 이곳에서 과연 우리 가족이 살아갈 수 있을까 하는 두려움이 마음을 짓눌러 왔다.

주유소의 식당에서 점심을 대충 해결하고서 남편이 일주일 전에 와서 계약한, 우리가 살 집으로 찾아갔다. 집주인과 시간 약속이 되어 있음에도 아무도 나타나지 않았다. 철사 여러 가락으로 엮어져 안이 훤히 들여다보이는 울타리의 대문 밖에서 주인이 나타나기를 2시간이나 초조하게 기다렸다. 아프리카 사람들이 약속을 잘 지키지 않는 것을 선교지에 온 첫날부터 배우기 시작했다.

그때 타이타(Taita) 부족의 험상궂게 생긴 주인이 나타나서 선뜻 문을 열어 주지 않고서 집 계약 이야기를 하는데, 분위기가 심상치 않았고 한동안 옥신각신하는 듯했다. 그렇게도 기대하던 사역지에 도착했는데 첫날부터 일이 안 풀리는 것에 대한 안타까움과 불안함으로 한구석에서 어린 아기 요한이를 안고서 엉엉 울었다. 그토록 기다리고 언어를 준비하면서 사랑하며 섬기러 온 선교지에서 박대를 받아 갈 곳 없는 처량한 신세가 되어서 주님께서 도와주시기를 간절히 기도했다.

한동안 언쟁 후에 우리는 집안으로 들어갈 수가 있었다. 선교사가 가족들을 다 데리고 짐까지 가지고 나타나니까 다시 돌아가지 않으리라고 생각한 집주인이 집세를 더 요구했던 것이다. 어쩔 수 없이 남편이 양보하여 지난번에 계약했던 것보다 집세를 더 많이 지불하기로 하면서 타협이 된 것이다. 첫날부터 선교사를 맞아들이는 그 사람의 못된 모습을 보면서 보이 지방의 인심이 어떠하리라는 짐작이 되었다.

어느새 해가 뉘엿뉘엿 넘어가기 시작하였다. 전기가 들어오지 않는 집이라서 일찍 저녁을 먹기 위해서 부엌에 들어가서 가스를 설치하고 가스레인지 하나만 놓고 가지고 온 쌀로 저녁 식사를 준비했다. 철사 몇 가닥으로 엮어진 우리 집 울타리 사이로 동네의 어른 아이 할 것 없이 우리를 들여다보고 있었다. 갑자기 우리는 이곳에서 동물원의 원숭이처럼 그들의 구경거리가 되어 있었다. 이것을 본 선배 선교사님은 우리 가족의 안전을 위해서 남편에게 가게들이 문 닫기 전 타운 철물점에 가서 양철과 나무를 사오게 해서 태권도 선교사와 어두워진 밖에서 차의 헤드라이트를 밝히고서 울타리를 치기 시작하셨다.

4개월 된 요한이를 업고서 어두워지는 부엌에서 촛불을 켜놓고 저녁을 준비하는데, 등에서 땀이 비 오듯이 흘러 내렸다. 그래도 우리를 위해 먼 여행으로 많이 피곤하실 터인데도 내색하지 않으시고 어둠 속에서 사랑의 울타리를 치시는 두 선교사님들로 인해서 감사의 눈물을 흘렸다.

나이로비 나들이

나이로비 병원에서 아기 요한의 예방접종을 하기로 한 달 전에 오후 2시로 예약해 두었기에, 그리고 파송 교회에서 차량 헌금을 해주셔서, 우리는 좋은 차를 사러 간다고 한껏 마음에 부풀어서 새벽 5시에 일어나서 짐을 꾸리고 일찌감치 출발을 했다. 어둠 속을 달리다가 서서히 동이 터 오는 아침햇살을 바라보며 달리는 기분은 아침 공기만큼이나 신선했다. "참 아름다워라 주님의 세계는……." 찬양이 입에서 저절로 쏟아졌다.

이른 새벽, 어둠 속을 달리는 차창 밖으로 눈이 부시도록 아름다운 태양이 오렌지 빛으로 하늘을 물들였다. 그동안 보이 지방에 갇혀 있던 우리들에게 오늘 나들이는 부푼 가슴을 더욱 흥분되게 했다. 우리의 작은 차는 1시간 30분 동안 험한 길을 콩콩거리면서 잘도 달려서 무티토안데이(Mtitoandei) 지방까지 도착했다. 아침식사로 차이와 오믈렛을 먹고서 다시금 신나게 출발했다. 비가 내려서 메말랐던 초목들이 파랗게 펼쳐져 있는 들판과 얼룩말이 풀을 뜯고 있는 모습을 바라보면서 달리는 기분은 무척 상쾌했으며 행복함을 느끼세도 했다.

그렇게 1시간을 달리던 차가 심바(Simba) 마을과 에말리(Emali) 지방의 중간 지점에서 그만 요란한 소리를 내면서 덜컥 멈춰 서 버렸다. 남편은 놀라서 차에서 내려서 차를 살피기 시작했고, 조금 전까지도 행복에 젖어 있던 나는 겁에 질렸다. 이곳은 도로 가에 무성한 풀숲이 있어 떼강도들이 많이 숨어 있다가 지나가는 차량을 노려서 강도 사고가 잘 나기로 소문난 곳이었다. 남편이 차가 요란한 소리를 낸 것은 차 밑의 배기 가스관이 터진 것이라고 설명해 주었다. 그러나 차가 왜 갑자기 섰는지는 알 수가 없으니 답답하여 보닛을 열어놓고 전기선을 이리저리 만지고 있었다. 겁 많은 나는 갑자기 몰려오는 두려움으로 눈물이 쏟아졌다.

"주님, 제발 시동이 걸려서 나이로비까지 무사히 가게 해주세요."

흐르는 눈물을 닦으며 간절히 기도했다. 어린 아이 셋을 데리고 있고, 게다가 교회 성도님들이 어려운 가운데서 차량 헌금으로 보내 주신 거금까지 가지고 있었다. 지금 사용하는 소형 스즈키 차는 선배 선교사님이 타던 차인데 차체가 너무 가벼워서 남편이 5개월 전에 마랄랄 지방의 삼부루 부족 답사를 갔다가 비포장도로에서 차가 두 바퀴나 굴러서 차가 완전히 망가져서 겨우 고쳐서 사용하고 있는 것이다. 먼 시골 지방에서 사역하는 우리는 험한 자갈밭길을 많이 다녀야 하고 또 장거리 운전을 해야 하므로 더 튼튼한 차를 사라고 교회에서 차량 헌금을 보내 주신 것이었다.

풀숲 어디에선가 강도들이 불쑥 튀어나올지도 모른다는 두려움과 지나가는 차를 세워서 도움을 받고 싶지만 오히려 그들을 믿을 수 없다는 현실이 참으로 안타까웠다. 이리저리 손을 대보며 차를 살피던 남편은 차의 앞머리에 손을 얹고 주님께서 기적 같은 손길로 도우시길 간절히 기도하고서 시동을 걸었다. 부르릉부르릉 하고 시동이 걸리는 소리가 세상 어느 소리보다 아름답게 들릴 만큼 기뻤다. 정말이지 갑자기 차가 멈추더니 전혀 시동이 걸리지 않다가 다시 시동이 걸린다는 것은 주님의 기적 같은 도우심이었다. 이번에는 감사의 눈물이 절로 나왔다. 마후라가 터져서 시끄러웠지만 그것은 신경 쓸 문제가 되지 않았다. 하여간 이 위험한 도로 중간에서 벗어나서 차가 움직이며 간다는 사실이 감사하기만 했다.

차 소음이 너무 컸기 때문에 심바(Simba) 타운에 이른 우리는 길거리 푼디(차 기술자)를 만나 주유소에 들러서 마후라를 땜질한 후 다시금 나이로비를 향해 출발했다. 열심히 달려서 나이로비에 도착하니 오후 2시였다. 우리는 너무 놀랐고 많이 지쳐 있어서 요한이의 예방접종을 다음날로 미루고 바로 선교부의 게스트하우스로 향했다. 디렉터 사모님의 반갑게 맞아 주시는 미소를 보니 하루의 피로가 다 풀리는 듯했다. 오는 동안의 일을 털어놓으며 우리는 서로 순간마다 지켜 주시고 도우시는 주님의 손길에 감사하는 시간을 나누었다.

"주님, 아침 태양보다 더 찬란한 당신의 사랑으로 인해서 오늘도 너무나 감사해요."

전갈이 예쁘다고?

전기가 아직 들어오지 않았다. 어두컴컴한 넓은 집안에서 어디가 어딘지 통 분간이 되지 않아서 벽을 짚고 더듬거리며 화장실을 찾았다. 다리에 뭔가 타고 올라와서 나도 모르게 세게 탁 치면서 뿌리쳤는데 벌레가 좀 큼직했던 것 같았다. 다음날 아침에 화장실에 가서 소스라치게 놀랐다. 화장실 바닥에 독거미 한 마리가 죽어 있었다. 어젯밤에 무심코 손바닥으로 때려죽인 게 분명했다. 아직 전기가 들어오지 않은 집에 들어와 살면서 겪는 어려움은 허다하지만 까무러칠 만큼 놀란 것은 이 독거미 때문이다.

게다가 말로만 듣던 아프리카 열대지방의 전갈을 우리 집안에서 발견한 것은 너무도 큰 충격이었다. 아들 요한이가 온 집안 구석구석을 기어 다니는데 전갈에 물리면 어떡하나 하는 불안감에 잠을 설쳐서 그날은 하얀 밤이 되고 말았다. 거기에다가 우기 철이라서 가지각색의 벌레들이 방안에 켜둔 촛불을 보고 기어 들어오는데 기겁을 할 지경이었다. 시커먼 지네도 안방에 들어온 것을 손전등을 켜놓고 전화를 받다가 놀라서 빗자루를 찾아 내리찍어 죽였다.

그 후로 침대에 누워서도 잠을 깊이 못 들 정도로 예민해졌다. 뭔가 몸에 스멀스멀 기어 다니는 느낌만 들어도 벌떡 일어나서 이불을 털어 내곤 했는데 그럴 때마다 남편은 곤한 잠을 깨운다고 신경질이었다. 그럴 때 왜 이런 곳에 데리고 와서 고생을 시키느냐고 한마디 대꾸를 하면 못 들은 척 돌아누워서 일부러 코를 골며 자는 척 딴청을 피운다.

모처럼 볼일을 보러 나이로비에 올라 왔다가 카지아도의 선교사님 집에 방문했다. 인사를 드리고 저녁식사를 나누고 여러 선배 선교사님들과 한자리에 앉아서 지냈던 이야기들을 두런두런 나눌 때였다. 사모님께서 보이 지방에서 어떻게 지내느냐며 물었는데 요즘 가장 신경이 쓰이는 게 집안에 들어오는 전갈이라고 말을 하면서 울상을 지었다. 모두 심각하게 나를 이해한다는 듯이 듣고 계셨는데 그때 옆에 계시던 어느 사모님이 깔깔거리며 웃으셨다.

"사모님, 전갈이 얼마나 예쁜데요. 자세히 보면 예뻐요."

그 말에 어안이 벙벙해졌다. 그 사모님이 진심으로 그 말을 했는지 아니면 나에게 일부러 걱정하지 않도록 그런 말을 했는지 알 수는 없었지만, 전갈이 예쁘다고 표현하는 그 사모님이 얼마나 위대해 보였는지 모른다. 전갈이 예뻐 보일 정도라면 이곳 원주민들이 속 썩이며 괴롭게 해도 아무렇지 않을 만큼 이곳의 삶에 푹 젖어 들어 있으며 이곳 아프리카를 진정으로 사랑하고 있다는 느낌으로 와 닿았기 때문이다.

그깟 전갈이 방안에 들어온다고 밤을 새우며 이러다가 아이들이 물려서 큰일 나기 전에 한국에 돌아가야겠다고 하룻밤에도 여러 번씩 유치하고 헛된 결론을 내렸던 나 자신의 모습이 떠올라서 우스웠다. '그래, 그깟 전갈, 초월하자. 생명을 주관하시는 이는 하나님이시니까 하나님께서 어린아이들과 가족을 책임져 주실 거야.' 선교사는 어떠한 위험과 어려움이 닥칠지라도 초연해져야 함을 깨달은 시간이었다.

"주님. 뱀을 집으며 무슨 독을 마실지라도 해를 받지 않게 도우시는 주님께서 우리 가족들을 전갈의 위험에서 지켜 주세요."

만나는 모든 족속에게 복음을

이곳 케냐에 와서 만난 외국인 중에서 가장 친한 친구는 중국인 황리핑(Hwang Liping)이다. 그녀는 나이가 나보다 한 살 위이지만 언제나 친구처럼 다정하게 대해 준다. 처음 보이 지방에 왔을 때 그녀도 보이에 온 지 얼마 되지 않은 우리와 같은 이방인이었다. 보이 지방에서 대학교 건축을 담당하면서 통역일을 하고 있던 그녀는 주말이 되면 우리 집을 찾아와서 함께 식사를 하며 서로의 나라와 가족에 대해서 이야기를 나누곤 했다. 우리도 그녀가 머무는 곳에 가서 함께 중국 음식을 먹기도 하며 여러 중국 사람들과 교제를 나누었다. 그들은 모두 가족을 고국에 남겨 두고 이곳에 와서 돈을 많이 벌어서 중국에 돌아가서 잘살겠다는 희망을 가지고 있었다.

황리핑, 그녀는 이제 나이로비에서 아파트 건축을 맡아서 일하기 때문에 나이로비에 올라가서 살지만 한 달에 한 번씩 보이 지방에 출장을 오는데, 그럴 때면 잊지 않고 꼭 우리 집을 찾아와서 선물을 주기도 하며 한나절 동안 함께 시간을 보내고 간다. 남편과 일곱 살짜리 아들 하나를 고국에 남겨 두고 직업상 이곳에 왔지만 그녀의 나라 중국을 늘 그리워하며 자랑을 하곤 했다. 비가 오면 향수병이 도져서 힘들다고 했다.

그녀는 중국인이며 나는 한국인이라는 벽도 허물어진 채 우리는 같은 동양인으로서 다정한 친구가 될 수 있었다. 우리는 대화를 할 때 영어를 사용했다. 가끔 모르는 단어는 사전을 찾아가면서 우리의 즐거운 대화를 충분히 소화했다. 나는 그녀에게서 중국어 인사말을 배웠고 그녀는 나에게서 김치 담그는 법을 배웠다. 그런 그녀가 우리 가정에 대해서 가장 이해 못하는 것 중의 하나는 왜 이곳 오지에 와서 이렇게 고생하느냐는 것이다. "복음을 전하기 위해서"라고 설명을 하면서 그 복음을 전해 주었다. 그랬더니 그럼 환경이 좀 더 좋은 나이로비에 살면서 복음을 전하면 되지 않느냐면서 자기가 살고 있는 아파트 근처에 와서 함께 지내자고 했다.

그런 그녀가 어제 보이에 출장 왔다면서 우리 집을 또 찾아왔다. 라면과 김치로 함께 점심을 먹고 난 그녀가 거실의 벽에 걸린 예수님의 십자가에 달린 사진을 바라보면서 "왜?"라고 질문을 했다. 그렇게 복음을 전해도 미소만 짓던 그녀의 입에서 스스로 예수님께서 왜 저렇게 가시 면류관을 쓰고서 십자가에 달렸는지 알고 싶어 한다는 사실에 우리는 너무 좋아서 흥분되기 시작했다. 남편은 가장 쉽게 영어로 차근차근 설명하느라 이마에 땀방울이 맺혔다.

우리의 만남은 우연이 아니라 하나님의 섭리였음을 깨달았다. 선교사로서 이곳 아프리카 원주민들에게만 복음을 전하는 것이 아니라 만나는 모든 족속마다 복음을 전하는 것이 우리의 사명임을 다시금 깨닫게 된 것이다. 지난번에 우리 교회에 부탁해서 받은 중국어 성경 두 권이 있었는데, 그 중 한 권을 그녀에게 선물했다. 아직 남은 한 권의 주인은 찾지 못했지만 주님께서 또 우리에게 중국인 귀한 한 영혼을 보내 주시리라는 확신이 들었다. 그녀는 중국어 성경을 받아들고서 매우 기뻐했다. 곁에 두고서 날마다 조금씩 읽어 보라고 권했다. 그녀가 하루 속히 진정으로 주 예수 그리스도를 영접하길 소원하며 기도를 드렸다.

그녀가 선물한 향긋한 재스민 차향이 왠지 그녀의 마음만큼이나 따뜻하고 그윽하게 느껴지는 오후이다. 그녀가 언젠가 예수님을 마음 깊이 영접하고 그리스도의 향기를 날리는 사람이 되기를 간절히 기도한다.

4장
그래도 사랑하자

메리의 거짓말

남편이 타운에 가서 연장을 사 와서 책상을 만들겠다고 나가더니 10분도 되지 않아서 다시 돌아왔다. 입고 있던 바지에 돈을 넣어 두고는 새 바지를 갈아입고서 빈털터리로 가다가 생각이 나서 돌아왔다면서 주머니 속에 있는 돈 1,000실링을 꺼내 달라고 했다. 얼른 안방에 가서 벗어 둔 바지를 찾아서 주머니를 뒤졌지만 돈이 보이지 않았다. 그래서 남편에게 바지를 내보이면서 돈이 없다고 했더니 이상하다는 듯이 갸우뚱거린다. 분명히 아침에 이 주머니에 넣어 뒀는데, 그 돈이 어디로 갔느냐는 것이다. 지갑에서 돈을 꺼내 주면서 다른 바지에 넣어 두고는 착각한 게 아니냐면서 빨리 타운에나 다녀오라며 등을 떠밀었다. 분명히 이 바지가 맞다며 고동색의 바지를 다시 손가락으로 가리켰다. 남편이 나가는 걸 물끄러미 바라보던 나는 그때 빨래를 하면서 신나게 찬양을 하고 있는 메리(Mary)를 바라보았다.

그녀는 우리 집에 온지 3주가 된 26살의 아줌마였다. 남편이 돈을 벌어오겠다고 2년 전에 집을 나가서는 다시 돌아오지 않아서 어린 나이에 세 아이를 키우고 있는데 살기가 힘들다면서 우리에게 일을 좀 달라고 했었다. 사정을 듣고 보니 참으로 딱했다.

사실 전기가 없는 집에서 세탁기를 돌리지를 못해서 날마다 빨래가 밀렸고, 게다가 수돗물은 새벽에 1시간씩 나오고는 끊겨 종일 나오지 않기에 새벽에 물을 받아서 물통마다 채워 두었다가 요한이 기저귀를 빠는 데 지쳤기에 그녀를 기쁘게 맞아들였다. 이곳 임금이 싸기 때문에 가능했고, 그녀 역시 살아갈 길이 막막한 여인이라서 서로에게 좋은 일이었다. 그리고 그보다 더 좋은 일은 그녀가 무슬림(Muslim) 여인이라서 선교사의 집에서 함께 일하면서 말씀을 가까이하다 보면 개종될 수도 있다는 희망이 생긴 것이다.

아침에 그녀가 오면 함께 스와힐리어로 예배드리고 나서 그녀는 빨래와 청소를 해주었다. 그녀를 통해서 스와힐리어를 사용하기 시작하며 보이 지방과 타이타 부족에 대해서 이야기를 나눴다. 그녀는 15살에 시집을 가서 아들이 셋이 있는데 둘은 우리가 하는 우펜도(Upendo) 유치원에서 무료로 공부하도록 도와주었다.

여태껏 한 번도 저렇게 신나게 찬양하며 빨래를 한 일이 없었는데 무슨 기쁜 일이 있어서 저렇게 즐거울까 생각하던 나는 혹시 그녀가 남편의 바지에서 돈을 가져간 게 아닐까 하는 의심이 문득 스치기 시작했다. 그래서 잠시 고민하다가 그녀를 불러서 혹시 돈 1,000실링을 보지 못했느냐고 물었다. 고개를 살래살래 흔들며 돌아서는 그녀가 왠지 미심쩍었으나 선교사가 의심하는 것도 큰 죄라는 마음이 들어 그만 생각하기로 했다.

타운에 갔다가 돌아온 남편은 돈을 찾았냐고 물어왔다. 할 말이 없어 그저 쳐다보았는데, 가만히 생각해 보니 우리 집에 아이들은 어려서 돈을 모르고 아빠의 바지를 만질 리는 더더욱 없는 일이다. 그래서 메리를 불러서 만약 돈을 가지고 갔어도 솔직히 말을 하면 용서해 주겠다고 했는데, 갑자기 그녀가 버럭 화를 내면서 보란 듯이 웃옷의 단추를 풀어 젖히기 시작했다. 예상치 못한 반응에 놀랐지만 강한 부성은 긍정이라고 생각한 내가 슬며시 다가가는데, 오른쪽 브래지어 아래에 1,000실링의 종이돈이 삐져나온 것이 보였다. 설마 했던 나도 깜짝 놀랐고 그녀 역시 예상치 못한 일이었던지 멈칫하며 눈치를 살폈다.

조금 후 그녀는 바닥에서 주웠는데 돌려주려고 잠시 넣어 두었다가 깜빡했다면서 어설픈 변명을 늘어놓기 시작했다. 눈에 훤히 들여다보이는 그녀의 거짓말이 더욱 기가 막혔다. 안방까지 들어가서 남편의 양복바지 주머니에서 돈을 꺼내 가는 그녀를 어떻게 믿고서 한집에서 일을 할 수가 있을까 고민하다가 남편에게 이 일을 털어놓았다.

남편은 사람이 실수는 다 하는 법이라면서 다시는 그런 일이 없도록 하나님 말씀으로 정직에 대해서 잘 가르쳐 보라고 한다. 남의 돈을 훔쳐 놓고 그리도 신나고 멋들어지게 찬양을 하는 그녀, 아무렇지 않게 거짓말을 술술 늘어놓는 그녀를 통해서 이곳의 사람을 배워 가는 것 같다. 그녀를 만나게 하신 주님께서 이 처지에서 어떻게 하기를 원할까 고민하다가 허물을 덮어 두고 용서하기로 했다. 처음으로 이곳에 와서 겪은 이 일은 충격이었지만 하나님의 사랑을 원주민들에게 전하는 자로서 앞으로 어떻게 헤쳐 나갈지를 가르쳐 준 일이었고, 그녀에게는 정직의 중요성을 다시금 깨우친 날이 되었을 것이다.

죠셉의 도둑질

이곳 보이 지방에 온 후 갈 곳도 없고 만날 사람도 없이, 전혀 모르는 생소한 지방에서 적응하기 위해 안간힘을 썼다. 그래서 채소밭을 가꾸는 데 마음을 쏟고 있었다. 돌밭을 곡괭이로 파헤쳐서 돌과 자갈을 골라내고 거기에다가 호미로 이랑을 만들어서 한국에서 가지고 온 채소 씨앗을 종류대로 뿌렸다. 고추, 깻잎, 열무, 호박, 오이, 쑥갓, 얼갈이배추, 상추 등 그리고 아침저녁으로 콧노래를 부르며 물을 주는 게 일과 중 하나가 되었다.

오늘 아침에도 밭에서 파랗게 자라나는 채소를 보면서, 자연 속에 베푸시는 주님의 일반 은총을 누리며 찬양을 하고 있었다. 상추가 싹을 틔우고 고개를 내민 지 나흘째인데 그 작고 연한 잎들이 시들시들해지고 있다. 햇볕이 너무 강해서인지 아니면 부지런한 개미들이 보드라운 잎들이 맛있어서 야금야금 먹어 대는지 거의 다 시들어 가고 있다. 그래도 이 열대지방에서 다른 채소들이 잘 자라나는 게 신기하고 고마워 밭에서 풀을 뽑는데 남편이 부르는 소리가 들렸다. 후다닥 뛰어갔더니 라디오가 어디 있느냐고 찾아달라고 한다. 전기가 없어서 큰 맘 먹고 산 발전기를 시끄럽게 돌리면서 시험 삼아 라디오를 연결해 보려고 하는 것이었다. 그런데 거실 한 귀퉁이에 정리되지 않은 여러 짐들 옆에 있을 라디오가 보이지 않았다. 분명히 어제까지도 본 것 같은데 왜 없을까 의아해하면서 남편에게 없어섰냐고 했다.

그때 남편의 옆에서 전기선을 연결하면서 일을 거들고 있는 죠셉(Joseph)의 얼굴을 유심히 살폈다. 설마 하면서도 자꾸만 그의 모습을 살폈다. 왜냐하면 그는 며칠 우리 집 거실에서 잔 적이 있었기 때문이다. 저녁 성경 공부를 하고 함께 저녁식사로 한국 음식을 먹기도 하고 늦으면 그냥 집에서 자라고 했던 것이다. 21살의 루오(Luo) 부족의 청년이었는데 우리 집에 처음으로 온 그는 아주 순수해 보였다. 그렇게도 소원하며 섬기러 온 선교지에서 우리 눈에 순수해 보이지 않는 원주민들은 없었다. 남편은 보자마자 그를 데리고 함께 일을 하고 성경을 가르치고 그가 원하는 것들을 잘 도와주며 정말 친동생처럼 아꼈다. 어젯밤에도 그는 우리들에게 찬양을 루오 부족의 말로 가르쳐 주었다. "아이에 아비로 루워 예수"(주님 뜻대로 살기로 했네). 그런 그를 나도 모르게 자꾸 의심하다가 아이들이 뒷밭에 가 보자고 자꾸만 졸라서 물 조리개를 들고서 뒷밭으로 갔다.

아이들에게 채소 이름을 가르쳐 주면서 물을 주게 하고서 울타리 옆에 버티고 서 있는 아카시아 꽃을 올려다보았다. 노랗게 피어 있는 아카시아 꽃을 보면서 왜 아프리카의 아카시아 꽃은 노란 색일까, 1년 내내 뜨거운 태양 빛에 타서 색깔마저 누렇게 변하고 향기마저 타버렸나 보다 생각하던 때였다.

세상에, 벌어진 나뭇가지 사이로 남편의 슬리퍼가 꽂혀 있었다. 아, 이제야 라디오를 훔쳐간 게 죠셉의 짓이라는 걸 깨달았다. 우리 집에 죠셉 외에 메리가 있지만 남편도 없는 그녀가 남자의 신발을 훔칠 리는 없었다. 아마도 그는 이렇게 울타리에 걸쳐져 있는 아카시아 무성한 나뭇가지 사이에 물건을 올려두었다가 집으로 갈 때 울타리 밖 나무 밑으로 돌아가서 가지고 가는 것이 분명했다.

남편에게 조심스레 말했더니 남편은 그를 불러놓고 거짓말과 도둑질은 죄다, 만약 가지고 간 물건이 있으면 돌려 놓으라면서 라디오도 네가 가지고 갔냐고 물었다. 그는 절대 그런 일이 없다고 딱 잡아떼면서 제발 믿어 달라고 눈물까지 뚝뚝 흘렸다. 자기의 잘못이 아님을 드러내는 눈물을 보면서 공연히 잘못이 없는 사람을 의심하는 것 같아서 죄책감까지 들었고 옆에서 보고 있자니 민망해서 없었던 일로 하자고 남편을 말렸다.

점심을 먹고 난 후였다. 우리가 사역하는 AIC(Africa Inland Church: 아프리카 내륙교회) 교단의 교인이며, 캄바(Kamba) 부족의 경찰이 우리 집을 찾아왔다. 반갑게 맞이하고서는 여러 이야기를 나누다가 마음속에 찜찜하게 남아 있던 라디오 이야기와 슬리퍼 이야기를 했다. 가만히 듣고 있던 경찰도 미심쩍은 표정을 짓더니 직접 죠셉을 만나 보고 싶다면서 마당에 있는 그를 데리고 밖으로 나갔다.

서너 시간이 지난 후에 경찰은 다른 젊은 경찰 한 명과 죠셉을 데리고 들어왔다. 경찰이 우리가 그렇게도 찾던 한국에서 가지고 온 큰 라디오와 또 잃어버린 지도 모르고 있던 우리의 얇은 이불까지 들고서 돌아온 것이다. 경찰은 아주 일을 잘 해내었다는 승리의 미소를 짓고 보란 듯이 물건들을 들어 보이며 그의 집에 가서 침대 밑에서 찾아내었다고 했다. 그러면서 그들은 죠셉이 도둑질을 했기 때문에 우리가 리포트 한 장만 써 주면 지금 당장 감옥에 넣을 것이라고 했다. 그 말을 듣고 있는 죠셉은 겁에 질려서 떨고 있었는데, 그 모습이 물에 빠졌다가 나온 생쥐처럼 측은해 보였다. 남편은 자신은 예수님의 사랑을 전하러 온 선교사이니 리포트를 쓰지 않고 용서하고 잘 가르쳐 보겠다면서 경찰들에게 물건을 찾아줘서 고맙다고 깍듯이 인사를 했다. 그들도 우리의 말에 처음에는 갸우뚱하더니 선교사의 진심을 알아챘는지 좋아하면서 돌아갔다.

남편이 죠셉의 등을 토닥거리며 다시금 거실로 데리고 들어오고 있었다. 솔직히 남편이 그를 돌아온 탕자처럼 여기며 집안으로 데리고 들어오는 것이 못마땅했다. 몇 시간 전까지만 해도 그는 라디오를 가져가지 않았다고 눈물을 뚝뚝 흘렸는데, 그의 거짓과 위선이 깡그리 드러난 지금 그와 다시금 함께 지낸다는 것이 탐탁치가 않았다. 루오 부족어로 '주님 뜻대로 살기로 했네' 찬양을 가르쳐 주면서 도둑질을 하고 있었다니, 기가 막힌다. 그냥 돌려보냈으면 좋겠다는 생각을 하는데, 남편이 맛있는 저녁을 장만하라고 한다. 부엌에서 요리를 하면서 기분이 그다지 개운치가 않았다.

문득 어쩌면 저렇게도 이곳의 아카시아 꽃과 닮았을까 하는 생각이 들었다. 순수하지도 않고 선교사 앞에서 보여주기 위한 퇴색된 거짓 믿음과 향기 없는 그의 행위가 더운 날씨에 누렇게 바래진 꽃빛과 향긋한 향기를 전혀 뿜어내지 않는 이곳의 아카시아 꽃처럼 느껴졌다. 그의 마음 밭은 우리 집 뒷밭과 같이 돌과 자갈이 수두룩한지도 모르겠다. 그래, 그래도 날마다 돌과 자갈을 골라내고 말씀의 씨를 뿌리고 물을 주면 그가 푸른 싹이 나서 꽃이 피고 열매 맺을지도 모른다. 자라게 하고 열매 맺게 하시는 분은 하나님이시니 우리는 그저 물을 주며 가꾸어 나가야겠다.

남편은 거실에서 호롱불을 켜놓고 기타를 치며 죠셉과 함께 찬양을 부르고 있다. "아이에 아비로 루워 냐새 마옥 아비독 치엔"(Ayie abiro luwo nyasae maok abodok chien: 주님 뜻대로 살기로 했네 뒤돌아서지 않 겠네).

"주님, 죠셉이 이제부터 다시는 뒤돌아서지 않고 정말 주님 뜻대로 살게 해 주세요."

우팬도 유치원에서 벌어진 일

자고 일어났는데도 개운하지가 않고 온몸이 욱신거리고 아팠다. 아침밥을 차려 달라는 남편에게 아프다고 투정을 부려 보지만 아무런 대답도 없이 밥 먹고 빨리 사이슬(Sisal) 교회에 가서 바닥 공사를 해야 한다고 했다. 사이슬 교회는 우팬도 교회 다음으로 개척한 우리의 두 번째 교회이며, 유치원이다.

첫 개척 교회인 우팬도는 우리 집의 거실에서 가족들과 일꾼 둘과 예배드리며 시작되었다. 마을 사람들이 하나 둘 나오기 시작하면서 마당에 있는 컨테이너를 비우고 고동색으로 페인트칠을 하고 작은 설교대와 나무 의자를 만들어서 주일 예배를 드리게 되었다. 그리고 6개월 후 사이잘 농장을 하는 인도 사람에게 부탁해서 다 쓰러져 가는 예전의 술집을 얻어서 비가 새는 지붕을 막고 기존의 건물을 깨끗이 손질해서 페인트칠을 하고 사이슬 나무로 벽을 엮어서 사이슬 교회를 열었다.

　남편은 그곳에 가서 다 뚫려 흉해진 바닥을 공사하는 중이었다. 그래서 아내가 아프다는 말에도 얼마나 아프냐고 대꾸하지 않고서 차려 주는 아침밥을 먹고 나갔다. 그래도 더 이상 투정을 부리지 못하는 이유는, 남편이 사람이 보지는 않지만 하나님 앞에서 코람데오(Vita Coram Deo)의 삶으로 열심히 사역하기 때문이다.

　눈 속까지 파고드는 통증으로 쉬고 있을 때였다. 갑자기 밖이 너무도 소란스러웠다. 마당의 컨테이너는 보이 무니스플(Municipal)의 인정을 받아서 교육청에 등록을 하고서 평일에는 우팬도(Upendo: 사랑) 유치원이 열리고 있다. 실은 우리 아이들 기쁨이와 사랑이가 다닐 만한 학교가 없어서 어떻게 할까 고민하다가 유치원을 시작한 것인데 이것이 계기가 되었다. 가난해서 학교에 다니지 못하는 아이들이 골목에 뒹굴고 있었는데, 선교사가 무료로 가르친다는 소문이 나자 순식간에 아이들이 몰려들었다. 너무 많은 숫자라서 도무지 감당을 못해서 시청 직원의 도움을 받아서 부모가 다 있는 집안의 아이는 받지 않고 편부모 가정의 자녀들과 고아들을 가려내어서 유치원생으로 입학을 시켰다.

　학생들이 40여 명이었는데 고아 세 명도 있었고 이슬람교 가정에서 자란 자녀들도 여럿 있어서 이제 막 사역을 시작하는 단계에 있는 우리들에게는 보람과 즐거움이었다. 아직 스와힐리어가 부족한 나는 고등학교를 졸업한 18살의 죠스핀(Josphen)을 교사로 세우고 함께 유치원을 시작하였다. 그래서 우리 집은 쉬는 시간은 아주 시끌 벅적하지만 아침에 공부할 때는 어린아이들이지만 아주 조용했다. 그런데 조용해야 할 시간에 보이 타운의 시장 바닥만큼이나 소란스러워서 무슨 일인가 잔뜩 긴장해서 밖으로 나갔다.

나가 보니 웬 낯선 남자가 소리치고 있었다. 가만히 보니 여태껏 글을 익히지 못해서 우리 유치원에 들어온 9살짜리 케케(Keke)의 아버지였다. 그는 죠스핀 앞에 소리치고 있었고, 어린 유치원생들은 무슨 구경거리가 생긴 듯이 빙 둘러서서 시끄럽게 놀고 있었다. 케케의 아버지는 나를 보더니 다짜고짜 돈 15,000실링(300불)을 내놓으라고 소리쳤다. 그래서 왜 그러냐고 물었더니 자기 아들이 우리 집의 개에게 물렸는데 치료비를 내놓아야 하지 않느냐고 했다. 깜짝 놀라서 얼른 방으로 뛰어가서 약상자를 가지고 와서 소독해 주려고 물린 자국이 어디 있느냐고 했다. 아이가 반바지를 걷어 올렸는데 허벅지에는 아무런 흔적이 없었고 긁었는지 조금 불그스레하기만 했다. 상처가 없었던지라 괜찮다면서 웃었는데 그의 아버지를 쳐다보니 그의 키 작고 험상궂은 얼굴은 하나도 괜찮지가 않았다. 안심시키는 내게 그는 무작정 15,000실링을 내놓으라고 윽박질렀다.

조용한 사람은 무섭지만 큰소리치는 남자는 하나도 무섭지 않았고 오히려 나를 더욱 담담하게 만들었다. 그래서 어쩌다가 이런 일이 생겼는지 케케와 교사 죠스핀에게 자초지종을 물었다. 항상 집 뒤쪽 개집에 가두어 둔 개가 어떻게 나와서 아이를 물려고 했는지 가만히 생각해 보니 정말 어처구니가 없고 얼토당토않은 이야기였다.

교사의 말에 의하면, 간식 시간에 옥수수죽을 먼저 먹고 나서 심심해진 케케가 개집 앞으로 갔다고 했다. 수업 중간의 오전 10시는 휴식 시간인데 학교의 방침에 따라서 그 시간에 옥수수 죽을 주었다. 개집 앞에 간 케케가 철사 줄로 엮어진 개집 안을 마주 보고 으르렁거리며 장난을 치고 있는데 그 옆에서 한 아이가 개 문고리에 꽂힌 굵은 못을 빼자 작은 강아지가 쏜살같이 뛰쳐나와서 물려고 했다는 것이다. 너무도 짧은 순간에 아이들의 짓궂은 장난이 빚어낸 일이었다.

이야기를 다 듣고 나서 우리 강아지는 광견병 주사를 맞았기 때문에 설사 물렸다고 하더라도 후유증은 없을 것이며, 만약을 대비해서 아이를 병원에 데리고 가서 주사를 맞히겠다면서, 절대로 요구하는 그 큰돈을 줄 수는 없다고 했다. 아이들의 장난으로 인한 일을 빙자해서 선교사를 뜯어먹으려는 그의 못된 수법을 훤히 볼 수가 있었기 때문이다. 그동안 여태껏 글을 배우지 못한 자기 아들 둘이나 무료로 우리 유치원에서 공부하고 있으면서 고맙다고 말 한마디는 못할망정 아이들의 얘기를 듣고 트집을 잡아서 돈을 빼먹으려는 그의 못된 심보가 너무도 고약했다. 누그러지기는커녕 떨떠름한 인상을 지으며 돌아서는 그를 바라보면서 왜 그의 아내가 못 살겠다고 집을 나갔는지 알 것만 같았다.

유치원 아이들에게 칠판에 적을 것을 주고 일하는 메리에게는 아이들을 잠시 돌보고 있으라고 한 후 교사 죠스핀과 케케를 데리고 타운의 현지 병원으로 갔다. 의사에게 자초지종을 이야기하고서 아이에게 예방 주사를 맞혔다. 아무런 이상이 없다고 진단을 내렸고 필요치는 않지만 이틀 후에 2차 주사를 맞힐 거냐고 해서 그러겠다고 대답을 하고서 병원 문을 나섰다. 왠지 아무것도 모르는 아이가 불쌍해졌다. 케케에게 아무 걱정 마라고 하면서 오는데 배가 고프다고 했다. 가게에서 만다지(빵)를 사 주고서 데리고 오는데, 아이가 어제 아버지가 자기와 동생이 개 장난 친 이야기를 듣고서 밥도 못 먹게 하면서 계속 개 짖는 소리를 내라고 했다는 것이다. 그리고 오늘 아침에도 아무것도 못 먹게 하고서 자기를 앞세우고 왔다는 이야기였다. 그 말을 들으면서 또 한 번 아찔했다. 어제 아이가 장난칠 때 그 안에 가두어 둔 큰 개가 두 마리나 더 있었는데 그 큰 개들이 나와서 진짜 물었으면 어쩔 뻔했을까 하는 아찔함이었다.

집에 돌아와서 나는 더운 날씨에 사이슬 교회에서 땀을 뻘뻘 흘리고 있을 남편을 기다리며 오이냉채를 준비했다. 전기가 없어서 냉장고도 없고 뜨거운 날씨라서 냉채가 미지근하다. 아, 우팬도 유치원을 열고 나서 이렇게 힘든 일이 생기기 시작하는데 또 사이슬 유치원을 열어야 하나 하는 걱정이 앞섰다. 이런 일도 모르고 남편은 사이슬 교회 안에 유치원 개원을 앞두고 시멘트로 바닥 공사를 하고 있다. 남편이 돌아오면 사이슬 유치원을 또 열어야 하나 물어볼 생각을 하고 있는데, 기쁨이와 사랑이가 유치원 수업 때 배웠다며 노트를 들고서 환한 얼굴로 달려와서 보여주었다. 밖을 내다보니 아이들이 반짝이는 눈빛으로 잘 있으라고 손을 흔들며 대문을 나선다. 저 아이들의 맑은 눈망울이 어두운 밤에 반짝이는 샛별 같았다. 케케 아버지의 일로 속상했던 마음이 어느새 스르르 녹아 내리며 미움보다는 불쌍하다는 생각이 들었다.

유치원 사역을 통해서 학부모들을 전도하고 어린아이들에게 공부를 가르치며 어릴 때부터 복음을 전할 수 있다는 것은 이곳에 있는 우리에게 주어진 길인지도 모른다. 아마 케케의 아버지도 오늘 이 일을 통해 깨달은 바가 있을 것이다. 그가 언젠가는 복음 안에서 무너져서 신실한 신앙인으로 살아가길 조용히 기도한다.

우리를 쫓아낸 집주인

보이 지방에 와서 삭막하기만 했던 우리들의 삶이 점차 안정되어 가고 정이 들어 가는 때에 집주인이 거의 날마다 우리를 찾아와서 괴롭혔다. 우팬도 교회는 우리 집 거실에서 예배드리다가 마을 사람들과 유치원생들이 오면서 컨테이너에서 예배드리는 우리의 첫 개척 교회가 되었다. 교인들은 적지만 그래도 컨테이너 안에서 주일마다 기쁨으로 모여서 예배를 드리고 있었고, 유치원도 안정되어 가는 중이었다. 지난 7월부터 시작한 두 번째 사이슬 교회와 유치원도 주님의 도우심 가운데 잘되어 가고 있었다. 그리고 집에도 늦게나마 전기가 들어왔고, 뒷밭에는 싱싱한 한국 채소들이 자라나고 우리가 심어 둔 울타리의 분홍빛 가시꽃도 많이 자라서 울타리를 예쁘게 장식하고 있었다. 뒤뜰에는 바나나 나무와 파파야 나무를 군데군데 심어서 날마다 물과 거름을 주고 가꾸어서 내년이면 열매가 열려서 먹을 수 있겠다는 기대감으로 가득 찼다.

그런 우리에게 주인이 나타나서 이 집에서 나가라고 했다. 1년을 계약하고 들어왔지만 더 살 경우에는 다시 1년을 계약할 수 있는 처지이고, 케냐의 법은 살고 있는 사람은 못 쫓아내게 되어 있다는 것을 들어서 알고 있었다. 집주인이 우리 집의 마당에서 유치원을 해서 시끄럽다는 등의 이유를 댔지만 그건 변명거리에 불과했다.

일주일 전에도 그는 부인을 시켜서 편지를 보냈는데, 우리가 하는 사업들을 5일 안에 중단하고 이달 말일에 집을 비우라는 어처구니없는 편지와 협박을 일삼았다. 우리가 하는 사업이란 유치원인데, 그들은 아마 우리가 유치원을 통해서 돈이라도 버는 줄 알았나 보았다. 남편은 제자훈련 하는 우리 청년들에게 이 일을 어떻게 받아들여야겠냐고 물었는데 한결같이 주인의 시기심이라고 대답했다. 전기도 들어오고 잘 가꾸어 놓고 사는 우리의 모습을 바라보면서 그들의 가족이 들어와서 살고자 한다는 것이다. 그 말이 진짜라는 것이, 우리가 이사하면서 그곳을 떠난 후에 바로 다음날에 그들이 들어와서 사는 것을 보고서 알게 되었다.

주인의 횡포로 우리는 그들의 요구보다 며칠을 더 연기하고 집을 찾아다녔다. 이곳 보이 지방에서 괜찮은 집을 찾는다는 것은 정말로 어려웠다. 물론 보이 지방의 부자들이 살지만 그것은 자기들이 사는 집이었고 좀 괜찮다 싶으면 외국인이라고 엄청난 값을 불러 대기 일쑤였기에 아프리카의 오지 마을에서 좋은 집을 찾는다는 것이 참으로 힘들었다. 언제까지 우리 가족이 이리저리 찾아 헤매며 철새처럼 옮겨 가며 살아야 하는지 눈물겨웠다.

우리는 우선 전기가 잘 들어오는지, 수도 시설이 되어서 몇 시간 물이 나오는지를 조사하며 찾아 헤맸는데, 일주일 만에 하나님께서 예비하신 곳을 만나게 해주었다. 지난번에 살던 곳보다 더 나은 푸른 나무들이 보이고 옥수수가 자라는 들판이 보이는 마킹갈리 마을로 그저께 이사를 하였다. 이층집이라도 완전 아프리카 식의 구조라서 그다지 좋지는 않지만 지난번에 살던 집보다는 훨씬 훌륭했다. 흠이라면 울타리가 없고 대문이 없어 세 집이 나란히 붙어 사는 연립주택이라는 것이다. 하지만 원주민 이웃들과 한 마당을 사용하면서 지내면 오히려 안전하고 아이들도 친구가 생겨서 좋고 덜 외로울 것만 같았다. 우리는 컨테이너도 옮겼고, 우리의 유치원생들은 좀 일찍 방학과 졸업을 하였다.

요즘도 일과로 다시 몇 평 남짓한 텃밭을 일구고 채소 씨앗을 뿌리고 물을 주고 있다. 이제 울타리에 예쁜 꽃나무도 심고 할 일이 많다. 들판에 옥수수가 알알이 익어 가는 풋풋한 향내를 애써 느끼면서 여호와 이레의 하나님을 찬양한다. 이사를 앞두고 또 옮겨야 하나 하는 두려움이 가득했지만 이제 내 마음속에는 기쁨이 충만하다. 더 좋은 곳으로 인도하시려는 주님의 의도를 눈치 채지 못하는 우둔함을 깨닫고 앞으로 나그네와 같은 우리의 인생에 더 좋은 것으로 인도해 주실 하나님을 확신하며, 그 사랑을 기대하는 마음으로 기도해야겠다. 우리를 괴롭히고 온갖 협박으로 쫓아낸 그들이 미웠지만, 이제는 그들을 불쌍히 여기는 마음으로 기도하게 만들어 주신 하나님의 인도하심을 깨달았다.

2부

눈물 흘리며 가는 길

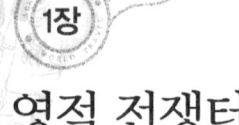

영적 전쟁터

무슬림과의 소리 없는 전쟁

한 울타리 속에서 사는 이웃과의 좋은 관계를 위해서 선교사로서 향기를 내려고 늘 애썼다. 가끔 한국 음식을 접시에 담아 보내기도 하고 아이들의 학용품도 선물하곤 했다. 그런데 가까우면 가까울수록 고달프기만 했다. 설탕이니 우유니 음식들을 꾸러 오는 일들이 하루에도 여러 번씩 있을 정도로 잦아졌다. 그렇다고 이웃 간에 거절한다는 것도 뭣했다. 그런데 이런 것들은 주고받는 정이려니 여기지만 정말 힘든 것은 아이들의 싸움 때문이었다.

두 딸아이는 현지인 초등학교에 다녀서 학교에서 오후 4시에 마치고 돌아오면 숙제하고 자기들끼리 놀기 때문에 문제가 없는데, 누나들의 놀이에도 끼지 못하는 한창 개구쟁이인 아들 요한이가 말썽이었다. 그리 야단스럽게 노는 건 아니지만 집안에만 있지 못하고 바깥에 나간다. 옆집 캄바 부족의 세 살의 여자애랑 소말리아(Somalia)에서 온 또래의 남자애들이랑 어울려서 흙장난을 하면서 잘 노는데, 항상 어느 정도의 시간이 지나면 넘어갈 듯한 아이의 울음소리가 들려온다. 아이들의 자지러지는 울음소리를 신호로 집집마다 젊은 엄마들이 나와 보면 별것 아닌 것들, 돌맹이라거나 나무막대기 등을 서로 가지려고 밀치거나 때리고 하는 것이다. 네 살의 요한이도 언제나 지기 싫어하는데 어떤 때는 맞아서 울고 오고 어떤 때는 옆집 아이를 한 대 쥐어박고는 걸음아 날 살려라 하면서 도망쳐 오는데, 그럴 때면 이웃집 여인의 따가운 눈총도 함께 따라와서 내 얼굴에 박힌다. 그래서 장난감을 주면서 밖에 나가지 말든지 아니면 싸우지 말고 사이좋게 지낼 것을 당부하는데 그럴 때면 아이는 대답을 "예" 하고 시원하게 해놓고는 금방 마당에 나가 있다.

오늘도 아이의 울음소리가 들려서 뛰어나갔더니 요한이가 이슬람교인 집의 아들 이브라힘(Ibrahim)을 때린 모양이다. 새파랗게 질려서 뛰어오는 요한이의 등 뒤에서 그 집에서 일하는 17살의 남자 키수위(Kisuwi)가 다짜고짜 하는 말에 질렸다.

"니타카타 신고 야코 꽈 판가"(큰 칼로 너의 목을 잘라 버리겠다).

눈을 부라리며 소리치는데 정말 이걸 두고 피가 거꾸로 치솟는다고 하지 않을까 하는 생각이 들었다. 저리도 섬뜩한 말을 쉽게 내뱉는 그를 가만둔다는 것은 참을 수가 없는 일이었다. 분한 마음을 삭이며 손짓을 해서 가까이 불렀다. 너희 집 아이도 우리 요한이를 허다하게 때렸는데 그때마다 이런 말을 하면 기분이 좋겠느냐고 물었더니 아무 말도 하지 않는다. 아이들이 서로 다투면서 크는 걸 이렇게 심한 말을 함부로 하면 되겠느냐고 나무랐는데, 미안하다는 말을 내뱉고 있지만 떨떠름한 표정으로 돌아서는 그를 보니 소 귀에 경 읽은 것 같은 심정으로 나도 떨떠름한 기분이었다.

집안에 들어와서 요한이를 나무라면서 절대로 이웃집의 아이들과 다투지 말라고 했는데, 숙제를 하면서 듣고 있던 둘째 사랑이가 겁먹은 얼굴로 아무에게도 말하지 말라고 하면서 일주일 전의 일을 털어놓았다. 무슬림 집 앞에 가서 아이들과 소꿉놀이를 하면서 놀고 있는데 갑자기 주인 마마(Mama)가 나오더니 너의 가족들을 다 칼로 잘라 죽이겠다고 했다는 것이다. 그래서 사실이냐고, 왜 이제야 그 말을 하느냐고 했더니 우리 식구가 죽으면 어떠하느냐고 눈물을 글썽거리며 사랑이가 잔뜩 겁에 질렸다. 그 어린것이 일주일 동안 아무에게도 말을 못하고 혼자 속으로 삼키며 두려워했을 것을 생각하니 마음이 아팠다. 그래서 우리 가족은 하나님께서 지켜 주시니 아무 일도 일어나지 않고 안전하다고 아이들을 안심시켰다.

이제야 알 것 같다. 날마다 악귀를 쫓아낸다고 아침마다 나무 같은 것을 태워서 향을 피워 한 집 건너 있는 우리 집까지 그 고약한 냄새가 날아왔는데, 그 의미를 이제야 깨달았다. 이슬람교 신자인 그들이 선교사를 향해서 저주의 기도를 하고 있다는 것을 들은 적이 있었는데, 아이들에게 너의 가족을 칼로 죽이겠다고 한 그 아줌마의 말이 그 뜻이었던 것이다. 날마다 시커먼 망토를 머리끝부터 발끝까지 둘러쓰고서 쳐다보던 무슬림 여인의 그 싸늘한 눈빛이 떠올랐다. 우리가 이슬람교 선교지에 와 있다는 것을 새삼 깨달으며 긴장을 늦추지 말고 기도와 말씀으로 무장해야 함을 일깨워 준 일이다.

이곳 시골의 작은 보이 타운은 우리가 올 때 이슬람교의 성전인 모스크가 3개였다. 그런데 지금은 벌써 5개로 늘어났다. 스피커를 통해서 하루에 다섯 번씩이나 기도 시간을 알리는데 "알라니 아크바르"(알라는 위대한 신이다)이라고 외쳐 댄다. 아마 그들은 알라는 위대한 신이라는 말을 스피커를 통해서 쉼 없이 들려주어서 사람들이 자신도 모르게 익숙해지도록 잠재의식 속에 심어 두려고 하는 게 아닐까 생각해 본다. 마을마다 가장 큰 중심지에 모스크를 크게 세워 두고 원주민들에게 마음의 성전인 것처럼 인지시키려는 그들의 전략 같기도 하다.

두 달 전 꼭 이맘때였다. 그들의 라마단 기간에 오후 6시부터 스피커에서 들려오던 그들의 방송이 자정이 넘어가는데도 계속 시끄럽게 들려왔다. 타운의 바로 뒤쪽에 살고 있는 우리 집까지 들려오는데 정말 잠을 들 수가 없을 정도로 시끄러웠다. 보이 타운에 살고 있는 기독교인들은 저 소리를 들으면서 무얼 생각하고 있으며 또 사람들은 왜 그리도 참을성이 강한지 모르겠다며 혼자 불평하고 있었는데, 남편이 도저히 안 되겠다며 보이 경찰서로 다이얼을 돌렸다. 제발 사람들이 잠을 잘 수 있도록 저 소리를 멈추어 줬으면 좋겠다고 했다. 전화를 끊은 지 정확하게 3분 만에 모스크에서 흘러나오는 그 시끄러운 소리가 끊기고 우리는 단잠을 잘 수가 있었다. 아무리 종교 자유의 나라이지만 그 기분 나쁜 소리를 들으면서도 보이의 크리스천들은 저항하지도 않고 많은 시민들도 불평하지 않는 걸 보면 한심스럽기까지 하다.

이러한 곳에 우리가 살고 있다는 것은 말 없는 영적인 전투이다. 단순한 아이들의 싸움으로 인해서 오늘 많은 것을 생각하게 되었다. 이웃집에 무슬림들이 있다는 것은 어른들의 영적인 싸움이 벌어진다는 것이다. 무슬림과 선교사를 한 울타리 안에 나란히 세워 두고 원주민들이 우리들의 삶도 평가하고 있지 않을까를 의식하니 깨어 있어야 함을 깨닫는다. 아이들의 싸움은 그냥 끝나고 내일 다시 함께 웃으며 뛰어놀 수 있지만 어른들의 세계는 그렇지 않다. 선교사와 무슬림과의 끝없는 영적인 전쟁이 계속 이어지고 있다.

"주여! 새 힘 주시고 당신의 능력으로 날마다 저 이슬람 교도들과의 영적인 선한 싸움에서 승리하게 도와주소서."

가정 심방

남편은 매주 금요일과 토요일이면 교인들의 가정마다 심방을 가서 예배를 드린다. 어떤 때는 점심 끼니를 거르면서 다니는데, 다녀올 때의 얼굴은 언제나 활기가 넘친다. 집에 와서는 교인들이 살아가는 형편들과 마을 사람들에게 복음을 전했는데 영접기도를 함께 드렸다, 무슬림 아줌마가 회개했는데 주일에 교회에 나오기로 했다는 등의 하루 동안 가정 심방한 기쁨을 함께 나눈다. 그리고 예배 후에 대접하는 손길을 거절하지 않고서 주는 대로 잘 먹고는 그 가정을 위해서 기도해 주고 온다.

이곳 아프리카에서는 손님을 잘 대접하면 복을 받는다는 것이 시골 사람들의 인정이고 문화라서 없는 살림에 마당에 거니는 닭도 잡아서 요리할 정도로 손님 접대는 소홀하지 않게 한다. 이곳에서 음식 대접 받는 것을 생각도 하지 않지만 내놓는 음식을 거절하지 못한 남편은 그 정성에 감사하고 기특해 먹고 와서는 배탈이 나서 밤새 괴로워하며 혼난 적도 여러 번이나 있다. 게다가 이곳 사람들은 식사량이 많아서 음식을 접시 가득 담아 준다. 차이는 컵이 철철 넘칠 정도로 붓는 것이 이곳의 문화라서 거절하면 싫어한다. 아프리카 사람들이 굶어 죽는다는 말이 거짓말처럼 느껴질 정도로 손님들에게 잘한다.

나는 성도들의 집을 방문하면 그 집에서 주는 음식은 조금 꺼리는 편이다. 그게 나쁘다는 것은 알지만 벌써 몇 번이나 배탈로 고생했기 때문이다. 집집마다 수도시설이 잘 되지 않아서 큰 기름 드럼통에 빗물을 담아 놓았는데 누런 물에 기름이 둥둥 떠 있는 걸 보면 음식이 잘 넘어가지가 않는다. 장티푸스나 콜레라로 죽어 가는 아이들도 많이 보아 왔기에 비위가 약하고 조심하는 나에 비해서 남편은 믿음으로 먹으라는 것이다. 아이들에게도 어딜 가나 목마르다고 주는 대로 무조건 다 받아 마시지 말고 살짝 목만 축이라고 가르친다. 그래서 교회에 갈 때나 집을 나설 때면 끓인 물을 꼭 챙기는 것을 잊지 않는다.

그런데 믿음으로 잘 먹고 다니는 남편이 오늘 심방을 다녀와서는 크게 배탈이 난 것이다. 잠결에 어디선가 "나 죽을 것만 같아"라는 소리가 들리는데, 눈을 떠 보니 남편이 화장실에 앉아서 힘이 다 빠진 목소리로 신음하고 있는 것이다. 잦은 설사로 일어나지도 못 하겠다는 걸 보니 엄살은 아니있다. 배를 움켜쥐고 통증을 견디지 못해서 정말 울상을 짓고 있었다. 구토와 복통까지 겹쳤다면서 여간 괴로운 표정에 말도 제대로 하지 못하는 지경이 된 걸 보니 탈진이라도 될까 봐 걱정이 되었다.

남편은 낮에 심방 갔다가 저녁 늦게 와서 내가 식탁에 차려 놓은 음식은 입에도 대지 않았다. 오늘 밖에서 무얼 먹었느냐고 물어 보니 음보고(Mbogo) 집사의 부인이 차려 주는 키망가(Kimanga)를 먹었다고 했다. 키망가는 타이타 부족의 전통음식으로 뿌리음식인 카사

바와 옥수수와 콩을 삶아서 짓이겨 빻아서 기름을 두르고 소금을 쳐서 먹는 음식이다. 나도 먹어 본 적이 있었는데 참 맛있었던 기억이 난다. 그 음식이 배탈을 일으킨 것 같지는 않고 아무래도 물 때문인 것 같았다. 지사제를 찾아서 먹이고 남편을 부축해서 침대에 눕혔다. 대접하는 원주민들의 손길에 감사해서 거절하지 않고 주는 대로 다 받아먹는 융통성이 없는 남편이다. 그들이 주는 음식도 어떨 때는 거절하는 것도 용기이며, 당신의 거절에 그들이 상처받을까 염려하는 마음도 믿음이 약한 것이 아니냐고 조심스레 충고한다. 내 말을 진지하게 듣고 있는 남편의 창백해진 얼굴을 바라보면서, 주님께서 당신의 사랑하는 종을 고쳐 주시길 간절히 기도한다.

헌금과 조엘

타이타 부족의 교회를 개척하며 사역한 지도 여러 해가 흘렀지만 우리 교회 성도들 중에는 십일조와 감사헌금을 하는 사람들이 드물었다. 남편은 선교사로서 성경 말씀을 바로 가르쳐야 한다며 헌금의 중요성을 힘겹게 가르치지만 교인들은 그저 물 구경하는 듯이 잘 따라 주지를 않는다. 그럴 때면 이곳 사람들이 가난하기 때문에 이해하자고 하는데, 목사인 남편은 그들도 얼마든지 있으면서도 아까워서 내기를 싫어할 수도 있고 바치는 생활이 습관이 되지 않았기에 가르쳐야 한다는 것이다. 사실 그들의 외양간에는 소와 염소와 양들이 수두룩하면서도 늘 선교사에게 손 내미는 것에 익숙해져 있기는 하다.

그래도 믿음이 있는 성도들은 밭에서 막 따온 옥수수와 콩과 과일들을 가지고 와서 내놓았다. 예배 시간에 인도자가 경매에 붙여서 그것을 사는 사람이 돈을 내면 그대로 헌금으로 올린다. 그런데 예배 시간에 서로 물건 값을 부르고 흥정하는 이곳의 예배 문화를 보면서, 왠지 예배가 가벼워지고 장사하는 곳만 같아서 마음에 들지 않았다. 그렇다고 이들의 예배 문화를 무조건 나쁘다고 무시할 수도 없었다.

남편은 몸바사 신학교에 보내서 후원하는 신학생 룻(Ruth)을 우팬도 교회의 전도자로, 제자훈련 하는 엘리우드(Eliud)를 사이슬 교회의 전도자로, 마찬제(Machanze)를 이캉가(Ikanga) 교회의 전도자로, 신학생 소엘(Joel)을 마보미니 교회의 전도자로 세웠다. 그리고 성도들에게 십일조 헌금과 감사 헌금을 가르치면서 교인들이 낸 헌금으로 전도자들의 생활비를 도와주자고 했다. 신학생들의 장학금은 선교사가 후원하지만 교통비와 생필품 정도는 성도들의 힘으로 마련해 보자고 몇 주 동안 열심히 가르쳤다. 교인들은 기쁨으로 받아들였고 처음에는 헌금 생활에 무척 애쓰는 것 같았다. 우리는 어쩌면 이것을 계기로 교회 자립이 가능하리라고 여기며 기뻐했다.

그런데 오늘 남편이 새로 개척한 탈리오 교회에서 주일 낮 예배를 드리고 오후 4시경에 돌아와서 쉬고 있을 때였다. 조엘이 시장을 갔다 왔다면서 한 보따리를 들고 나타난 것이다. 주일에는 아주 다급한 일이 아니면 돈도 쓰지 말고 쓸데없이 시장 돌아다니지 말라고 늘 가르쳐 왔는데 조엘이 들킨 것이었다. 그래도 피곤한 탓인지 남편은 언짢은 표정만 살짝 지었고 아무 말도 하지 않고 있었다. 그런데 저녁 식사 후에 신학생 룻이 일러 주기를, 조엘이 교인 자네트(Janet)에게 그저께 월급을 받았으니 십일조를 빨리 내놓으라고 해서 억지로 내놓은 십일조 헌금을 들고서 시장을 봐왔다는 것이다. 룻이 내게 하는 말을 듣고 있던 남편을 슬쩍 바라보았더니 성질 급한 그는 벌써 일어나서 문을 열고 나가고 있었다.

저녁 9시라서 늦은 시간이니 내일 조용히 불러서 가르치라고 말렸지만 벌써 열이 난 남편이 들을 리가 없었다. 남편은 어두운 밤에 차를 몰고 조엘을 찾아가서 그를 데리고 나타났다. 내일이면 마음이 식어져서 그냥 아무렇지도 않게 넘어갈 수도 있다면서 오늘 잘못을 이 밤에 가르쳐 놓지 않으면 잠을 청할 수가 없다고 막무가내였다. 조엘을 책상 앞에 앉혀 놓고서 남편은 헌금을 어떻게 교인들에게 강제로 내놓으라고 할 수가 있으며, 그것도 교회를 통하지 않고 바로 가로채서 주일에 시장으로 간다는 것은 믿을 수가 없는 일이라면서 나무랐다.

책망을 받고 있는 조엘의 검은 얼굴은 벌겋게 달아 있었고 남편도 제자를 바로 가르쳐야 삯꾼 목자가 되지 않는다면서 얼굴이 벌개져서 가르치고 있었다. 나는 늦은 밤 열띤 두 사람을 위해서 차이를 끓이면서 주님께 기도했다.

"주님, 주님의 것을 바로 주님께 드릴 줄 아는 신학생들과 성도들이 되게 도와주세요."

부엉이

그저께부터 집주인이 일꾼 둘을 보내서 집수리를 하느라 야단법석을 떨고 있다. 새로 이사를 온 이 집은 세 집이 나란히 한 울타리 안에 산다. 우리 집이 길 쪽으로 난 첫 번째 집이고, 그 다음 집은 캄바 부족의 원주민 의사이고, 셋째 집은 소말리아에서 이주해 온 소 3천 마리를 복죽하는 알부사인네 이슬람교를 믿는 무슬림들이다. 서로 한 마당을 쓰면서 이웃 간에 서로 어려움 없이 살고 있지만 대문이 없어서 수시로 원주민들이 찾아와서 늘 피곤했다.

그런데 이곳에 와서 더 좋지 않은 일은 천장 위에 수백 마리의 박쥐가 들어 있다는 것이다. 박쥐똥 가루와 벌레가 늘 방바닥에 떨어지기도 하고 우기 철이면 허술한 지붕 사이로 비가 새서 눅눅한 박쥐 똥오줌 냄새로 머리가 아플 지경이었다. 밤이면 박쥐의 찍찍거리는 기분 나쁜 소리를 들어야 하며, 천장을 바라보면 박쥐의 오줌 자국이 얼룩져 있어서 늘 불쾌했다.

그래서 우리는 천장 위에 고춧가루를 뿌렸다. 박쥐들이 해질 무렵에 나갔다가 매운 냄새를 맡고 다른 집으로 도망간다고 해서 박쥐가 들락거리는 구멍마다 아까운 고춧가루를 뿌려 놓은 것이다. 그것도 효과가 없어서 독한 약을 뿌리기도 했지만 한동안 조용해졌다가는 약 냄새가 사라지자 다시금 제집으로 돌아왔다. 견디다 못해 주인한테 불평을 했는데 한번 생각해 보자 하더니 감감 무소식이었다. 우리가 할 수 있는 마지막 대안은 천장의 빈틈에 모조리 종이를 오려 붙이고 테이프로 바르는 것이다. 이곳 아프리카의 오지에서 이런 집이 있다는 것만으로도 감사하자며 늘 스스로 타이르고 있었다.

최근 이웃집의 불평 때문인지 아니면 집세를 올릴 요량인지 집주인의 마음은 알 수는 없지만, 천장 위의 박쥐를 모두 쫓아내고 박쥐가 다니는 구멍을 막느라 목수와 일꾼이 집안을 들락거리며 일을 하고 있었다. 우리 집과 옆집의 일을 이틀간에 걸쳐서 마친 일꾼들이 마지막 집의 소말리아 사람들의 집을 수리하다가 부엉이 세 마리를 발견했는데, 목수가 잡아서 박스에 담아 두었다.

이것을 본 남편은 신기해하면서 우리가 키울 테니 달라고 했다. 남편은 요즘 비둘기와 칠면조를 기르면서 여가만 나면 옥수수를 빻아 주며 즐거워했는데, 이번에는 부엉이를 보고 가만있을 리가 없었다. 남편이 일꾼들에게 그 부엉이를 달라고 했더니 지켜보던 많은 사람들이 깜짝 놀란다. 부엉이는 사탄이라서 부엉이가 새로 들어가는 집은 식구들 중에 한 사람이 꼭 죽게 된다고 했다. 부엉이의 울음소리만 들어도 그 집은 망하기 때문에 건드리지 말고 조용히 제자리로 돌려놓아야 한다고 했다. 남편은 그냥 새일 뿐이라며 달라고 했지만 부엉이를 잡은 목수가 화를 입을지도 모른다며 겁에 질려서 다시 지붕 위의 그들의 자리로 되돌려놓았다.

헛된 전설을 진리처럼 믿는 그들을 바라보면서 남편과 마주 바라보고 웃었지만 왠지 돌아서는 마음이 떨떠름했다. 부엉이를 놓친 아쉬움보다도 미신을 진짜인 양 믿는 그들의 진지한 모습이 안타까웠다. 그때 바로 이웃집의 기독교인인 캄바 부족 부인이 손짓하면서 불렀다. 부엉이를 집안에서 기르면 큰일 날 수도 있으니 앞으로 또 보거든 못 본 체하라고 걱정스러운 듯이 일러 준다.

예수님을 믿는다고 말하면서도 터무니없는 미신과 나쁜 관습 속에 절어 있는 이곳 사람들, 우리 집에서 제자훈련 받던 사갈라(Sagala) 부족의 그레이스는 머리카락을 돌돌 말아서 천으로 꿰매서 항상 몸속에 지니고 다니다가 들켜서 내게 혼난 적이 있다. 이유를 물어 보았더니, 마을의 무강가(Mganga: 무당)가 물질의 복을 받으려면 부적처럼 항상 지니고 다녀야 한다고 했단다. 입으로는 하나님의 자녀라면서 교회에 와서 뜨겁게 찬양하고 기도하고 하나님의 말씀을 들으면서 아직도 미신과 토속 신앙에 빠진 그들을 보면서 작은 충격을 받았다. 오늘 하찮은 부엉이를 통해서 이들에게 하나님의 복음을 바로 가르쳐야 한다는 것을 다시금 깨닫는다.

2장 우리는 청지기

말라리아에 걸린 요한이

요즘 밤마다 개들이 짖어대서 제대로 잠을 잘 수가 없었다. 한낮 동안 달구어진 천장은 또 얼마나 뜨거운지, 추운 겨울과 같은 2,300미터의 고산지대인 리무루 지방에서 화로에 불을 때면서 지내다가 해발고도가 600미터의 더운 지방에 온 것은 우리에게 적지 않은 문화충격이었으며 아직도 적응하기가 어렵다. 아이들은 자다가도 일어나서 덥다고 찡얼대었고 모기장을 치고 자는데도 뒤척이다가 모기에 물려서 간지럽다고 긁으면서 울어댔다.

그런데 어젯밤에는 어린 아들 요한이의 몸이 불덩이가 되어서 놀라게 했다. 밤새 40도까지 올라 불덩이 같은 요한이에게 해열제를 먹이고 좌약을 넣어도 뜨거운 체온이 떨어지지 않아서 찬물 찜질을 하면서 밤을 꼬박 새웠다. 이 새까만 밤에 아이를 업고 갈 마땅한 병원이 없다는 것과 도대체 어린 아이가 무엇 때문에 열이 올랐는지 알 수가 없으니 더욱 안타깝고 두려웠다. 눈물콧물 범벅이 되어서 기도를 했건만 한 번 올라간 열이 좀처럼 떨어지지 않으니 엄마로서 아이의 아픔을 대신할 수 없음이 마음 아팠다. 내가 할 수 있는 것은 오직 기도하며 기다리는 것뿐이었다.

"주님, 제 아이가 아닙니다. 당신의 귀한 아들이오니 제발 살려 주세요."

아침에 날이 새자마자 아이를 들쳐업고 가까운 사이슬 농장 안의 사이슬 병원으로 달려갔다. 지푸라기라도 잡는 심정으로 달려간 현지인 병원은 너무 허름해서 실망했다. 나이가 많은 힐이비지 의사가 배를 불룩 내놓고 의자에 기대앉아 있는 모습과 그 옆에 현미경 하나 내놓고 피 검사하는 간호사 아주머니가 보였다. 이곳 아프리카에 오기 전에는 시설 좋은 한국 병원에 익숙해져 있었고 또 요한이의 예방접종을 나이로비 병원에서 하다가 이곳 보이 지방의 낡고 초라한 병원을 보고 실망한 것이다. 아무것도 먹지 못할 만큼 탈진 상태로 울기만 하는 아이를 의사에게 내보이며 말라리아 피 검사를 하고 싶다고 했다. 그랬더니 간호사 아주머니가 바늘을 가지고 와서 아이의 왼쪽 중지를 찔러서 피를 내고는 조그만 유리조각에 묻혀서 현미경 앞으로 가지고 갔다.

 밖에 나와서 초조하게 거의 한 시간을 기다렸을 때 간호사 아주머니가 불러서 아이를 안고 다시 의사의 책상 앞에 앉았다. 의사는 종이쪽지를 내보이며 말라리아에 걸렸다고 했다. 감기 증상도 겹친 것 같다면서 의사가 손전등으로 목 안을 유심히 들여다보더니 목이 부었다고 했다. 설마 했는데, 아이의 병이 말라리아라는 것은 충격이었다. 아프리카의 아이들이 많이 죽기도 한다고 말로만 듣던 그 공포의 말라리아에, 하필이면 어린 아들 요한이가 걸렸다는 것은 감당하기 힘든 고통이었다. 의사가 주사를 맞히자고 해서 나는 불안에 떨면서 혹시나 해서 집에서 가지고 온 일회용 주사기를 건네면서 이걸로 맞혀 달라고 했다.

 말라리아 약과 해열제와 항생제 시럽을 받아들고서 나오는데 눈물이 흘렀다. 아무것도 모르는 이 어린것이 불쌍하고, 이곳에서 이렇게 살아야 하나 하는 고통과 서러움이 몰려왔다. 날마다 살아가고자 발버둥치는 우리의 연약함을 잘 아시는 주님께서 왜 이러한 고통을 주시는지 원망스러워 이 밤에 주님께 매달린다.

 "주님, 이곳에 우리 가족을 부르신 당신께서 아들 요한이의 말라리아를 고쳐 주세요."

온유야!

좋으신 하나님은 넷째를 임신한 나의 기도에 귀를 기울여 주셔서 열 달 동안이나 한 번도 말라리아에 걸리지 않게 하셨다. 그리고 건강한 딸을 순산하게 도우셨다. 말라리아가 많은 지방에 살면서 남편과 아이들이 번갈아 가면서 말라리아에 걸렸기에 아침마다 위험한 일을 당하지 않게 해달라고 기도했다. 임신한 상태에서 말라리아에 걸리면 독한 말라리아 약을 먹어야 하기에 산모와 아기가 위험하다고 알고 있어서 늘 긴장 상태에 있었다. 그러면서도 나는 간이 컸다. 시골에 살다 보니 현지 병원에 따로 산부인과가 있는 것도 아니었고 또 한국에서 검진 때마다 하는 초음파 검사도 나이로비에 가면 할 수 있는데 얼마나 비싼지 만삭이 될 때까지 한 번도 검진을 받아 보지 않았고, 보이의 우리 집에서 아기를 낳으려고 했다.

그 소식을 들은 선교부의 디렉터 목사님께서는 대권도 선교사를 보내어서 우리를 나이로비에 데려오도록 했다. 세 아이를 모두 순산했기에 이번에도 순산하리라고 확신하고 있는 내게 선교부의 디렉터 사모님께서는 만약 위험한 경우가 생기면 먼 오지 지방에서 어떡할 거냐고 걱정이 태산이었던 것이다. 가만히 생각해 보니 주위의 어른들을 걱정시키고 있었고 예정일이 다가오니 나도 서서히 불안해져서 나이로비로 올라왔다. 몇 개월에 걸쳐서 엄청난 비가 내린 엘니뇨 기간이라서 도로가 다 파헤쳐져서 이건 길이 아니라 빨래판이었다. 장거리 운전에 남편이 지치면 태권도 선교사가 핸들을 잡고 조심스럽게 운전을 해주었다. 평소에는 6시간이면 갈 수 있는 길을 도로가 폭탄 맞은 것처럼 엄청 부서지고 패여서 9시간이나 걸려서 나이로비에 도착했다.

나이로비 산부인과 병원에 예약하러 갔더니 초음파 검사 사진이 없어서 받아 줄 수가 없다고 했다. 만약의 경우 좋지 않은 일이 생기면 책임을 질 수 없으니 산모와 태아가 건강하다는 증거로 초음파 사진을 확인해야 한다고 했다. 그래서 초음파 사진을 찍어 가서 예약을 했더니 기미가 보이면 언제든지 전화하고 찾아오라고 했다. 요한이를 낳을 때 아기가 먼저 나와서 나중에나 와서 탯줄을 끊었던 그 폴란드인 여의사 리꼬가 새로 연 산부인과 병원이었다. 금방이라도 낳을 것만 같이 무거운 몸이었는데, 고산지대인 나이로비에 올라오니 갑자기 처진 배가 가벼워졌다. 한 달 계약으로 병원에서 가까운 곳에 집을 구하고 이제나 저제나 우리는 해산일을 기다리며 기도하였다.

예정일 바로 전날인 어젯밤, 잠자리에 들려고 하는데 배가 아파 왔다. 아이들에게 병원에 가는데 예쁜 아가를 데리고 올 테니 걱정 말고 자라고 안심을 시키고 나왔다. 왜냐하면 요한이를 낳을 때, 선교부 목사님 댁에 아이들을 맡기고 병원에 갔는데 당시 5살 기쁨이와 3살 사랑이가 엄마 아빠 찾아서 간다고 비닐봉지에 자기들의 옷과 양말을 다 챙겨들고 겁도 없이 둘이서 손잡고 집을 나갔다고 했다.

전화를 하고서 병원에 가니 밤 11시 30분이었다. 자다가 나왔는지 부스스한 얼굴로 가운을 걸치며 들어선 의사는 상태를 진단하고서는 촉진제를 놓아 주었다. 아파서 어쩔 줄 모르는 나를 바라보면서 남편은 눈물을 글썽거렸고 의사는 조용히 등을 계속 쓰다듬어주었다.

그렇게 4시간 진통을 겪고서 넷째 아이를 순산했다. 아침 일찍 소아과 의사가 찾아와서 손가락 발가락을 세어 보고 눈을 뒤집어 보고서는 100불을 요구했다. 건강하다는 진찰을 내렸기에 그만한 진료비가 필요하다는 것이다. 기가 막혀서 남편이 약간의 불평을 했지만 우리는 건강한 아이를 낳았다는 사실만으로도 감사하며 기쁨의 날에 절대로 속상해하지 않기로 했다.

나의 기대와는 달리 예쁜 딸이었다. 셋째 요한이를 가졌을 때와 같이 입덧도 유난하지 않았고 식성도 비슷해서 낳기 전까지만 해도 아들인 줄로 혼자 착각하고 있었기 때문이나. 그래서 이들을 낳으면 성경 속의 바울과 같은 훌륭한 주의 일꾼이 되었으면 하는 바람으로 바울이라고 이름까지 지어 놓고 기다렸는데, 그건 나만의 욕심이란 게 드러났다. 그걸 아는 태권도 선교사는 선교부 사모님과 미역국을 끓여 와서는 마구 웃었다.

"사모님, 바울이가 아니라 바순이라고 이름 붙여요. 와하하."

그때 남편은 퇴원 수속을 마치고 병실로 들어오면서 아기에게 "온유야"라고 부르고 있었다.

"온유한 자는 복이 있나니 그들이 땅을 기업으로 받을 것임이요. 아멘. 주님, 아기가 건강하게 자라며 예수님의 성품을 닮아 온유하게 해 주세요."

엄마, 안 들려

"주님, 제발 빨리 고쳐 주세요."

그렇게도 간절하게 주님께 매달렸는데 기쁨이의 말라리아는 나흘째 계속 되고 있다. 열이 주기적으로 오르내리기에 그저께 병원에 데리고 가서 피 검사를 했더니 악성 말라리아라고 의사가 말해 주면서 여러 가지 약을 주었다. 주님께서 고쳐 주실 거라는 믿음을 가지고 기도하면서 기다려도 아이의 구토와 설사는 계속 이어지고, 전혀 먹지를 못하고 고열에 들떠 있다. 오늘 저녁도 억지로 밥을 세 숟가락을 떠먹였는데 더는 못 먹겠다면서 소파에 가서 푹 고꾸라졌다. 순간 겁이 덜컥 났다.

지난주에 우리의 우팬도 유치원의 다섯 살배기 자네트(Janet)라는 여자아이가 말라리아로 죽어서 조그만 관을 준비해서 보냈었다. 남편은 이곳에 와서 어린아이들의 장례예배를 많이 치렀다. 우리가 유치원 사역을 하기 때문이기도 하지만 이곳 아프리카의 시골 어린아이들은 풍토병의 저항력이 약해서 많이 죽어 가기 때문이다. 물론 부모들의 무지로 인해서 약값이 없다고 어린것들을 오래 동안 말라리아에 걸린 채 방치해 두었다가 충이 뇌로 들어가서 죽는 경우도 많이 보았다.

얼른 저녁상을 물리고 의사가 준 약이 효력이 없다는 걸 느끼고 다른 말라리아 약을 먹여 보기로 했다. 말라리아를 오랫 동안 방치해 두면 말라리아충이 뇌에 들어가서 90퍼센트 생명의 위험이 오기 때문에 의사들은 말라리아 환자에게 첫째 날 약을 가장 강하게 먹인다.

기쁨이는 약 먹을 기력도 없어 눈만 동그랗게 뜨고 있어서 마음을 더욱 아프게 했다. 아이를 안고서 토하는 약을 세 번 만에 성공적으로 먹이고서 방으로 데리고 가서 방바닥에 담요를 깔고 얇은 옷으로 갈아입히고서 찬물에 담근 수건으로 온몸을 닦아 주었다. 열이 조금 내린 듯해서 체온계로 재어 보았더니 그래도 39.5도이었다. 아이를 안고서 엄마의 기도를 따라하라면서 기도를 시작했다.

"하나님, 오늘 하루도 지켜 주셔서 감사합니다."

"……."

"오늘밤에 기쁨이의 말라리아 병을 고쳐 주세요."

"……."

"예수님의 십자가 보혈로 고쳐 주세요."

"……."

기도를 따라하기를 바라면서 천천히 기다렸지만 아무런 반응이 없었다. 눈을 뜨고서 안고 있는 아이를 흔들면서 다시금 엄마의 기도를 따라하라고 했다. 그런데 내 눈을 멍하게 한참이나 바라보던 기쁨이가 내 손을 잡아끌면서 말했다.

"엄마, 엄마가 하는 소리가 하나도 안 들려. 지금 뭐라고 말했어?"

가슴이 쿵 내려앉는 걸 느끼면서 다시금 힘주어서 침착하게 말을 했다.

"기쁨아, 기도하자. 엄마처럼 기쁨이도 기도하면 하나님께서 더 빨리 기쁨이 기도 들어주실 거야."

"엄마, 안 들려. 내 귀가 이상해진 것 같아."

내 입을 유심히 바라보던 기쁨이는 말소리가 하나도 들리지 않는다고 했다. 물을 가져오겠다고 말을 하며 아이를 바닥에 누이고 부엌으로 갔다. 아이가 앞으로 듣지 못하면 어떡하나 하는 두려움이 가득 몰려와서 부엌의 차가운 시멘트 바닥에 엎드려서 엉엉 소리 내어서 울었다. 거실 겸 서재에서 설교 준비를 하느라고 바쁜 남편은 아이가 갑자기 못 듣는다는 사실은 전혀 모르는 채 나의 울음소리만 듣고서 부엌으로 와서는 하나님께서 기쁨이의 말라리아를 고쳐 주실 테니까 더 이상 울지 마라면서 다시 나가 버렸다.

얼른 눈물을 닦고서 방으로 돌아와서 아이를 안고 찬물을 계속 먹였다. 며칠 제대로 먹지 못한 아이에게 독한 말라리아 약을 먹여서 이런 탈이 생긴 것만 같았다. 늦은 밤 이 시골 구석에서 아이를 데리고 달려갈 병원이 마땅찮은 환경과 엄마로서 어떻게 해볼 도리가 없는 한계를 느끼며, 아이를 무릎에 누이고서 2시간 동안이나 간절히 기도했다. 주님의 십자가 보혈 외에는 아무것도 의지할 수 없음을 절실히 느끼며 눈물 콧물 범벅이 되어서 인간의 생사화복을 주관하시는 하나님만을 간절히 부르짖었다.

"기쁨아, 이제 그만 자자."

지친 나는 아이의 열이 내린 것을 확인하고서 아이를 일으키며 침대로 옮기려는데 기쁨이가 잠결에 엄마의 말소리를 들었는지 대답을 했다.

"알았어, 엄마. 지금 몇 시야?"

아무것도 들리지 않는다던 아이가 엄마의 말을 듣고서 몸을 서서히 일으키며 침대로 가고 있다. "오, 주님. 감사합니다." 나는 환희의 기쁨으로 눈물범벅이 되어서 주님을 찾았다. 우리의 기도를 늘 들어주시는 고마우신 하나님께 진심으로 감사했다. 이 순간에 세상에서 가장 아름다운 소리가 무엇인지 알 것 같다.

기쁨이의 RVA 전학

"언니, 엄마 아빠가 보고 싶어."

기숙사 욕실 문 앞을 지나쳐 기쁨이가 지내는 방으로 들어가려는데 욕실 안에서 울먹이는 소리가 들려서 발걸음을 멈췄다. 욕실 안에서 탄자니아 선교사님의 딸 열 살의 아이에게 기쁨이가 울면서 말하고 있었다. 순간 왈칵 눈물이 솟구쳤다. 사역을 위해서 이렇게 먼 학교의 기숙사에 아이를 떼어 놓아서 어린아이의 마음에 상처를 주어야 하나 하는 아픔이 목메게 했다.

보이 지방의 현지인 학교에서 유치원과 초등학교 2학년까지 다녔는데 아이들이 받는 스트레스가 이만저만이 아니었다. 유치원은 우리가 운영하는 학교에 다녀서 언제든지 엄마가 찾아가고 교사들도 잘 대해 주어서 별 어려움이 없었다. 그런데 초등학교부터는 타운의 현지학교에 보냈는데 현지 선생님들이 많이 때리고 또 아이들이 가방 속의 학용품을 훔쳐 가거나 머리카락을 당기고 괴롭혀서 날마다 울면서 집으로 돌아올 지경이었다. 그래도 기쁨이는 스와힐리어를 잘해서 공부를 잘 따라가고 있었다. 한 학급에 50명이나 되는 아이들 중에서 늘 3등을 유지하고 있어서 우리는 기뻤지만, 언제까지 아이들을 이렇게 스와힐리어 권에서 이들의 문화를 익히며 공부해야 하나 염려하다가 키자베 지방의 AIM 미국 선교사들이 운영하는 RVA(Rift Valley Academy) 학교로 옮기게 된 것이다.

만 8살의 어린아이를 처음으로 품에서 떼어 놓은 어제, 아이를 기숙사에 데려다 놓고서 미리 예약해 둔 모텔로 와서 많이도 울었다. 아이가 어젯밤에 너무 울더라고 미국 선교사이신 기숙사 보모가 전화를 해서 오늘 저녁에 이렇게 아이를 달래려고 찾아왔는데 아니나 다를까 지금도 욕실 안에서 흐느끼고 있는 것이다. 울지 않으려고 애를 쓰면서 욕실 안으로 들어섰다. 샤워를 끝낸 아이가 울고 있다가 우리를 보더니 반가움과 설움이 겹쳐서 눈물범벅이 되어서 와락 안겨 들었다.

"기쁨아, 울지 마."

더 이상 말을 이을 수가 없어서 그냥 끌어안고서 눈을 마주치지 못했다. 얼른 방으로 데리고 와서 젖은 머리를 타월로 닦아 주었는데 아이가 오들오들 떨고 있었다. 아프리카인데 왜 이리도 추워서 아이를 떨게 하는지, 갑자기 이곳의 날씨가 원망스러울 정도로 내 마음도 엄동설한의 추위를 맞은 것처럼 시려 왔다.

"엄마가 또 올 테니 울지 말고, 항상 성경 읽고 기도 많이 해야지."

아이는 대답 대신 찬 바닥에 털썩 주저앉아서 더욱 크게 울었다. 아이를 일으켜 무릎에 앉히고 꼬옥 안고서 기도를 하는데 얼마나 목이 뜨겁게 메이는지 잠기가 힘들었다. 엄마의 눈물을 보면 어린 마음의 아이가 더 마음이 약해질 것만 같아서 아이 앞에서 절대로 눈물을 보이지 않으려고 입술을 지근지근 물며 울음을 무진장 삼켜야 했다.

"엄마, 토요일에 꼭 와."

돌아서는 우리에게 아이는 눈물 젖은 얼굴로 새끼손가락을 내밀며 토요일에 다시 찾아오라고 했지만 내일 아침에 보이로 내려가면 이제 중간 학기까지는 올 수가 없을 것 같아서 아무 대답을 않고서 미소를 지어 주면서 나왔는데 가슴이 아팠다.

학교 근처의 모텔에 돌아와서 저녁도 하지 않고 울었다. 네 명의 아이들을 한국에 데려가서 혼자서 얼마든지 교육을 잘 시킬 테니 당신은 가족 걱정하지 말고 홀가분하게 선교하면 어떠냐고 얼토당토 않은 이야기들을 쏟아놓으며 울었다. 남편은 나의 등을 쓰다듬으며 걱정하고 운다고 더 나아질 게 뭐가 있느냐고 하나님께 맡기고 기도하자며 위로했다.

우리가 한국을 떠나올 때도, 이곳에서 간혹 전화를 드려도 목이 메어 말을 잇지 못하던 부모님의 심정을 이제 이해할 것만 같다. 우리 가정을 케냐로 떠나보낸 1995년도의 겨울이 얼마나 춥고 힘들었는지 모른다며 있을 때에 더 잘해 주지 못했음을 마음 아파하셨다. 그래도 하늘 아래에 함께 있다는 사실만으로도 위로를 얻으며 잘 나가지 않던 새벽기도회를 다니며 우리를 위해 늘 기도를 쉬지 않으시던 고국에 계신 부모 형제들의 얼굴이 떠오른다.

이 시간, 부모들 못지않게 자녀들도 선교사임을 실감한다. 부모들의 사명감 때문에 먼 아프리카까지 따라와서 잘 먹지도 못하고 잘 입지도 못하면서 이곳의 문화와 풍토병들과 싸우면서 고생하는 선교사의 모든 자녀들을 생각하면서 기도하게 된다.

"주여, 선교사의 자녀들이 복을 받아서 주의 영광을 보게 하소서!
세계 각지에 흩어져 있는 선교사 자녀들의 기도를 들어주시고 주님께서 그들의 장래를 책임져 주세요. 늘 지켜 보호하시며 그들과 함께하여 주세요."

내일 아침에 기숙사에 가져다 놓을 기쁨이의 옷들마다 이름표를 달면서 기도한다. 모세 어머니가 아기 모세를 위해서 갈대 상자를 정성껏 만들어 역청을 칠하고 아기를 그 속에 넣어서 애굽 강가에 띄워 보냈을 때 하나님께서 도우시길 간절히 기도했듯이 주님께서 기쁨이를 온전히 도와주시길 간절히 기도한다.

기숙사 아이 기쁨이

방학으로 집에 온 기쁨이가 자는 침대에 누워 보았다. 아이의 숨결을 가만히 느껴 보기 위해서였다. 아이가 항상 안고 자는 빨간 베개가 눈에 들어왔다. 강아지 세 마리가 그려진 이 작은 베개는 기쁨이가 학교 기숙사에 갈 때도 빠뜨리지 않고 꼭 챙겨 가는 물건 중의 하나였다. 이건 기쁨이가 세 살 때 케냐에 오기 1년 전에 사당동의 골목 어귀에서 사 준 것인데 아이는 어릴 때의 추억이 담겨 있다며 아직까지 아주 좋아했다. 베개를 만져 보는데 무언가 만져지는 게 있어 궁금함에 지퍼를 열어 보았다.

줄이 그어진 노트에 적어 놓은 일기들과 혼자 적어 본 듯한 시들이었다. 다른 사람에게 들키지 않으려고 일기장에서 찢어낸 것 같았다. 호기심이 발동해서 운동하러 마당에 나간 아이 몰래 살짝 읽어보기로 했다. 남의 일기를 훔쳐보는 것은 나쁘지만 딸을 알아야 하는 것이 부모의 도리라며 스스로 변명하면서 뒤적거려 보았다.

최근에 발이 아파서 겪은 고통들을 하나님께 왜, 라고 털어놓은 내용들이 있었는데 눈물이 나서 더 이상 읽을 수가 없었다. 아이가 혼자 아파한 흔적이 고스란히 거기에 있었던 것이다. 부모를 걱정하며, 자신의 위치를 스스로 타이르고 위로하며 지낸 딸의 가슴이 그리움으로 멍들어 있다는 것을 까마득히 외면하고 지낸 것이다. 여기에 아이가 연필로 적어 놓은 영어 시를 한글로 그대로 옮겨 본다.

기숙사 아이

나는 기숙사에 사는 아이다.

나는 만약 부모님을 1년 동안 볼 수 없으면 어떡하나 생각이 들어 놀란다.

나는 지금 엄마가 부드럽게 말하는 소리를 듣고 있다.

나는 아빠가 우리에게 성경 읽으라고 말하는 것을 보고 있다.

나는 교육을 위해서 학교에 지내는 것을 원하고,

우리 가족과 함께 지내는 것도 원한다.

나는 작은 여동생이 놀자고 부르는 소리를 듣고 있는 것처럼 가장한다.

나는 엄마가 부드럽게 어루만져주는 것도 느낀다.
나는 작은 여동생이 슬퍼하는 것처럼 만져 준다.
나는 우리 부모님을 위해서 늘 걱정한다.
나는 우리 가족이 그리워서 날마다 울고 있다.
나는 기숙사에 사는 아이다.

나는 우리 가족과 함께 살지 않는 것을 이해하고 있다.
나는 우리 가족들을 그리워하고 있다고 혼자 말한다.
나는 내 베개가 눈물로 젖지 않게 이제 울지 않으려고 노력한다.
나는 하나님께서 날마다 나를 도와주시기를 기도한다.
나는 기숙사에 사는 아이다.

기쁨이의 마음이 고스란히 들어 있는 시와 일기들을 하나씩 읽어 나가면서, 부모로서 부족한 우리의 모습이 부끄러워지고 사춘기 아이의 아픔을 제대로 어루만져 주지 못하고 달래 주지 못함에 가슴이 아팠다. 항상 밝은 얼굴로 웃는 아이가 이렇게 많은 고민과 아픔으로 얼룩져 있는 줄은 차마 몰랐다. 함께 지내던 기숙사의 아이들이 괴롭히던 일들과 친구들이 따돌려서 외로웠다는 것과 가족들이 그리워서 기숙사에서 눈물로 지낸 일들이 잔뜩 적혀 있었다. 어린 나이에 혼자 겪기가 힘들었는지 모든 일기의 끝은 하나님께 호소하는 기도문들이었다. 그래도 아이는 하나님께 응답해 달라며 매달리고 있었고 전적으로 하나님을 의지하고 있어서, 기쁨이의 믿음을 엿볼 수 있어서 한편으로는 감사하다는 느낌도 들었다.

만 네 살부터 부모의 선교 사명에 따라서 아무런 자기 의지 없이 열악한 아프리카에 와서 자라며 갖은 풍토병과 말라리아로 고생한 아이, 맏이라는 책임감 때문에 한 번도 부모인 우리 앞에서 투정 부리지 않고 동생들을 먼저 생각하며 자라온 아이, 초등학교 2학년부터 학교 기숙사에서 자라온 아이였다. 그저 아무 탈 없이 무난하게 잘 자라며 공부 잘해서 효도한다고 좋아하기만 했다. 아이들의 성적표는 항상 상위를 유지했고, 이번 학기에도 기쁨이와 사랑이는 만점의 성적표를 우리에게 보여주었다. 부모인 우리를 기쁘게 해주려고 열심히 공부만 하고 불평불만할 줄 모르는 아이들에게 그저 만족하고 있던 못난 우리의 모습을 발견했다. 아이가 가족을 그리워하며 눈물로 지낼 때 우리는 뜨거운 선교 열정에 들떠 사역 위주로 살았던 것이다. 늘 엄마 앞에서는 괜찮아요, 라는 말만 달고 사는 아이들의 혼자만의 세계는 아픔이 그득했다.

지난해에 기쁨이는 시를 잘 써서 청소년 시 대회에서 상을 받고서 그 시가 영국에서 발간하는 청소년 시집에 실린 적이 있었다. 아이가 감성적이라서 글을 잘 쓴다고 무턱대고 좋아만 했었다. 그런데 이제야 보니 내성적인 아이가 가슴 속에 담아둔 외로움과 아픔을 말로 표현하지 못하고 이렇게 베개 속에 혼자만의 아픔을 글로 적어 숨기고 있었던 것이다.

이제 아이들에게 말해 줘야 하겠다. 선교사인 부모를 먼저 생각하느라 가슴속에 삭이지 말고 그저 아프면 아프다고, 슬프면 슬프다고, 힘들면 힘들다고, 있는 그대로 표현하고 마냥 투정부리는 아이가 되라고……

"주님, 이 아이들은 우리의 소유가 아닙니다. 하나님 당신께서 우리 가정에 선물로 주신 당신의 소유입니다. 우리는 단지 청지기일 뿐입니다. 당신의 것이오니 당신이 우리 아이들의 장래를 책임져 주세요. 아이들이 흘린 눈물을 직접 어루만져 주시고 평강으로 인도하여 주세요. 부모인 우리가 다 채워 주지 못하는 것들을 하나님께서 채워 주시고 축복하여 주세요. 아이들의 삶을 주님의 손에 올려 드립니다. 좋으신 하나님께서 강한 오른손으로 붙들어 주시고 가장 좋은 길로 인도하여 주세요. 무엇보다 지혜와 계시의 영을 주시어 아이들이 말씀을 깨달아 알게 하시며, 하나님을 더욱 알아가며 하나님의 말씀에 순종하며 소망 가운데 자라가는 아이들이 되게 해 주세요. 예수님 이름으로 기도합니다. 아멘."

3장 살면서 배운다

화요일은 시골 장날

쌀자루를 들고서 눈부신 햇살을 받으며 시장을 향했다. 요즘은 30킬로그램의 쌀을 사면 한 달 만에 동이 난다. 우리 식구는 대가족이기 때문이다. 남편과 나, 그리고 우리 아이들, 함께 거하는 자네트와 방학이라서 이곳에 와 있는 신학생 조엘과 룻, 그리고 일꾼 핫산(Hassan) 이렇게 모두가 곱절을 먹기 때문에 쌀이 금방 떨어진다. 그들은 어느새 한국 음식에 익숙해져서 매운 김치랑 라면도 잘 먹는다. 그래서 여자들에게는 아예 김치 담그는 법을 가르쳐 주었다.

남편은 우리 집을 드나드는 수많은 성도들을 집안으로 불러들여 함께 밥 먹는 걸 좋아해서 식사 때가 되면 돌려보내지 않고 꼭 밥을 해서 챙겨 먹여야 했다. 그리고는 빈손으로 보내지 않고 양말이나 수건이나 설탕이라도 챙겨 주어야 했다.

네 개의 유치원 교사들과 개척한 여러 교회의 성도들과 전도자들이 우리 집에 오면 나를 바라보며 한국말로 '밥, 김치' 하면서 웃는다. 그래서 요즘 남편에게 잔소리 아닌 잔소리를 늘어놓았다. 괜히 원주민들에게 김치 맛을 들여서 아내를 귀찮게 만들고 있다며, 이곳에서 고춧가루를 구하기도 힘들기 때문에 이제 사람들이 찾아오면 절대로 한국 음식을 먹이지 않고 그냥 그들의 주식인 우갈리나 수쿠마 위키 음식이나 해주겠다고 했다.

비 온 후라서 습도가 높아서 얼마나 후덥지근한지 땀을 뻘뻘 흘리며 자네트와 함께 시장으로 걸어갔다. 이곳 보이 시장은 매주 화요일에 열린다. 대부분의 야채가 비가 많고 서늘한 운다니(Wundanyi) 마을에서 내려온다. 루오 부족의 쌀가게 아주머니를 찾아가서 루오 부속어로 인사를 건넸더니 자기 부족어를 해준다고 감격하며 반겨준다. 숟가락을 들어올리면 풀풀 춤추며 날아가는 밥일지라도 이 골짜기에서 쌀을 구할 수 있다는 사실에 감사한다. 그들과 똑같이 옥수수 가루로 떡처럼 삶아 먹지 않아도 되니까 말이다.

지난달까지 싼 값에 주던 쌀인데, 오늘은 두 배로 올랐다고 우긴다. 단골손님이니 싸게 해달라고 애교를 떨어도 몸집이 푸짐한 아줌마가 덩치처럼 마음이 넉넉하지는 않는지 끝내 거절한다. 정거장까지 배달을 부탁하고서 발길을 돌려서 배추를 파는 아줌마를 찾아갔다. 타이타 부족의 아주머니가 반기면서 배추를 달라고 말을 하지도 않았는데, 중국 사람들에게 배추를 다 팔았다면서 먼저 미안하다는 말을 꺼낸다.

매달 첫 주의 화요일 시장 날에 배추가 온다니 마을에서 나왔는데 오늘 늦게 와서 그만 사지를 못하게 되었다. 이곳 보이의 빈도 마을에 정부 교육 대학교를 건축하는 중국인들이 여럿 있는데 그들이 귀한 배추를 다 사간 것이다. 유일한 동양인이라고 서로 마주치기만 해도 반가워서 인사를 주고받았는데 우리가 먹을 배추를 한 포기도 남기지 않고 다 사갔다고 한다. 그래서 아주머니에게 다음에는 배추를 다 팔지 말고 내 것도 꼭 남겨 달라고 했다.

그곳을 돌아서는데 처음 보는 중국인 한 사람이 나를 바라보며 카메라 셔터를 계속 눌러 대고 있었다. 그 사람을 의식하면서 모르는 척 돌아서는데 가까이 다가오더니 "니하우"라며 인사를 건넸다. 그래서 나도 중국어로 "니하우"라고 답했더니 중국인으로 생각했는지 아예 중국어를 줄줄 늘어놓았다. 그래서 그의 말을 중단시키며 중국인이 아니고 한국인이라고 밝혀 주었다. 40대 초반으로 보이는 그 중국 남자는 웃으면서 영어로 "당신이 참 아름다워요"라고 말했다. 그래서 다시 중국어로 고맙다고 답해 주었는데, 가만히 생각하니 뭐가 아름답다는 건지 헛웃음이 나왔다. 허름한 옷을 입고서 마른 바나나 풀잎으로 엮은 모자를 눌러쓰고서 시장을 보는 한 동양 여자의 초라한 모습 속에서 무엇이 아름답다고 한 건지 선뜻 이해가 되지 않았다. 뜨거운 땡볕 아래에서 젖먹이 아기를 안고서 몇 실링이라도 더 팔려고 애쓰는 저 강인한 생활력이 물씬 풍겨나는 원주민 아줌마의 모습이라면 몰라도 처음 보는 나에게 뭐가 아름답다는 건지 우스웠다. 배추는 사지 못했지만 쌀도 샀고 아이들이 좋아하는 맛있는 망고랑 파파야, 패션 과일을 사들고서 집으로 발길을 돌렸다.

　엄마의 손을 잡고 시장에 와서 수수깡을 질겅질겅 씹고 있는 어린 꼬맹이들의 모습이 예쁘다. 하나라도 더 팔겠다고 소리치는 아저씨의 굵은 목청과 흙 묻은 여인의 주름진 손에서 삶의 애절함을 배운다. 아침을 드시지 않았는지 옥수수죽 한 컵을 들고 앉아서 오렌지 몇 개 펼쳐 놓고 팔고 계시는 할머니의 굽은 등에서, 산다는 것은 슬픔이며 동시에 아름답다는 것을 느낀다. 바구니 가득 바람의 향기와 보석처럼 빛나는 땀방울과 삶의 생기와 수고를 담뿍 담아서 집으로 돌아온다.

고동색은 예쁜 색

　온몸이 찌뿌드드해지며 머리가 무거워서 바람을 좀 쐴까 싶어 밖으로 나왔다. 우기 철이라서 날씨가 쌀쌀하고 하늘은 회색빛 먹구름으로 잔뜩 깔려서 금방이라도 비가 내릴 것처럼 음산하고 어두워졌다. 메마른 이곳에 하나님께서 요즘은 단비를 듬뿍 내려 주셔서 들판은 온통 푸르고 눈이 부실 정도로 초목들이 싱그러웠다. 우리 집 뒤뜰에 심어둔 바나나도 큰 꽃송이를 늘어뜨리고 열매를 기다리고 있다. 들판에 알알이 익어가는 옥수수는 수염을 늘어뜨렸다. 어디에도 주님의 손길이 뻗치지 않은 곳이 없었다. 무딘 우리의 감각이 깨닫지 못할 뿐이지 주님의 숨결은 여기저기서 묻어나고 있다는 생각을 하고 있는데, 우리 집 자네트와 옆집에 일하는 도로시라는 여자아이가 까르륵까르륵 넘어가는 웃음소리를 내고 있었다.

유쾌한 소리에 저절로 기분이 좋아져서 무슨 이야기가 저렇게 재미있을까 궁금해서 그들 가까이 다가갔다. 우리가 이곳에서 스와힐리어를 빨리 배운 것은 이곳 보이 지방에는 한국 사람이 하나도 없어서 한국어로 대화를 할 일이 없고 원주민들과 부대끼며 살아가기 때문이 아닐까 싶다.

캄바 부족의 여자애가 타이타 부족인 자네트에게 '나는 피부가 하얀데 너는 유난히 피부가 검다'고 말을 하고 있었다. 그러면서 자기는 희어지게 하는 약을 밤마다 바르고 있는데 너도 그 약을 발라보라고 하고 있는 중이었다. 그들도 조금 더 희면 우월해하고 있다는 것과 또 얼마나 흰 피부를 선호하는지를 이미 알고 있었다. 무심코 보면 그들의 피부가 그저 검은색의 한 색깔로 보이지만 사실 알고 보면 부족마다 피부 색깔의 짙고 연한 정도가 다르다.

내가 보기에는 루오와 루야 부족이 유난히 검었던 것 같다. 여자애들의 피부 색깔 이야기를 들으니 어릴 적의 나도 아버지를 닮아서 피부가 검어서 불평불만이 많았던 기억이 난다. 이곳에 와서는 이들도 자기들의 검은 피부를 결코 좋아하고 있지 않다는 것을 알기 때문에 절대로 피부 색깔을 들먹이지는 않는다.

그 사실을 확실히 깨우쳐 준 일은 우팬도 유치원에서였다. 유치원에서 미술 시간에 그림을 그리는데 그들은 어느 누구도 자기들의 피부색을 검은색으로 칠하지 않았다. 황토색이라든가 고동색을 주로 칠했는데, 물론 예수님의 얼굴도 그들과 똑같은 고동색을 칠했던 것이다. 그때 유치원에서 함께 공부하던 사랑이가 눈치 없이 너희들 왜 검은색을 칠하지 않았느냐고 했는데, 한 아이가 발끈 화를 냈다. 손바닥을 펴 보이면서 너랑 똑같지 않느냐고 하는 걸 본 적이 있었다. 그래서 우리 아이들에게 절대로 그들에게 피부색이 검다고 말하면 안 된다고 알려 주었다. 피부색이 짙고 연한 정도가 다를 뿐이지 우리는 똑같은 피부를 가졌다고 아이들에게 가르쳤다. 그래서인지 우리 아이들은 요즘 색깔 구분 없이 이곳 사람들을 너무 잘 따르고 좋아해서 오히려 주의를 줄 정도이다.

옆집의 여자애가 약을 바른다는 것을 듣고서 자네트에게 절대로 약을 바르지 말라며 하나님께서 주신 그대로가 가장 아름다운 모습이라고 일러 주었다. 그 약을 바르면 피부에 멜라닌이라는 색소가 빠져나가서 피부는 희어질지는 모르지만 상처가 나면 잘 아물지 않고 피부 트러블이 생길 수도 있다고 말해 주었다. 그리고 외국 사람들이 아프리카에 와서 몸바사 바닷가에서 선탠을 하는 것은 너희들처럼 검고 윤기가 나며 매끄러운 피부를 갖고 싶어서 그런 것이라고 했다. 그리고 하나님께서는 우리의 외모를 보시지 않는다는 말을 웃으며 덧붙였다.

자기들의 피부를 부러워한다는 말에 그들의 입이 함박꽃만큼이나 벌어져서 웃고 있다. 사실이다. 그들의 피부는 반들반들하고 진짜 예쁘다. 나 또한 아프리카에서 검게 그을리고 기미가 낀 내 얼굴이 하나도 부끄럽지 않다. 저 하늘 먹구름 빛으로 변한다 할지라도…….

있을 때 잘혀

'어쩌면 이리도 쉽게 갈 수가 있을까?' 마음이 짠해졌다. 우팬도 유치원의 교사 조이스(joyce)의 남편이 어젯밤에 숨을 거두었다는 것이다.

그저께 아침, 조이스가 근심이 가득한 얼굴로 찾아와서 남편이 아파서 돌보아야 하니 일주일 휴가를 달라고 했다. 그래서 일주일 동안 병간호 잘하라며 보내 놓고도 염려가 되어서 그날 남편과 제자들은 병문안을 갔었다. 그저께 남편이 심방을 갔을 때, 조이스의 남편은 제대로 먹지를 못해서 눈이 퀭하고 광대뼈가 불거져 나왔고 앉지도 못할 정도였다고 했다. 목에 혹이 생겨서 지난주에 몸바사 병원에 가서 혹을 제거하는 수술을 하고 왔는데 물도 못 넘길 정도로 힘들다고 했다. 그래서 병원에 가서 링거 주사를 맞든지 비타민을 빻아서 물에 희석시켜서 먹여 보라고 종합 비타민과 약값을 주었다.

남편은 어제 오후에도 다시 방문해서 그를 위해 기도해주고 왔는데 왠지 자꾸 눈물이 나온다며 마음이 편치 않은지, 오늘 아침에 전도자 도미닉을 보냈는데 죽었다는 소식을 듣고 온 것이다. 어제 찾아갔을 때 그가 일어나 앉는 모습을 보고 왔는데 죽었다는 소식에 남편은 멍하니 시선을 떨어뜨리며 충격을 금치 못했다.

'아, 이렇게 죽을 줄 알았으면 어제 찾아가 볼 것을……'

내일에나 시간이 나면 찾아가 봐야지 하는 생각으로 미루었던 나 자신의 못난 행실에 실망이 되었다. 무엇이 그리도 바쁘다고 찾아가서 손이라도 한번 잡아 주지 못했는지 교사 조이스에게 미안하고 또 후회스러웠다.

작년에 이캉가 교회의 한 할아버지의 딸 장례식에서도 이처럼 마음이 아프고 안타까웠다. 로즈(Rose)라는 이름을 가진 그녀의 주검을 보고 눈물이 나왔다. 로즈는 남편이 도망가서 어린아이 셋을 혼자 키웠는데 젊은 나이에 그렇게 허망하게 세상을 등졌다. 게다가 6개월짜리 젖먹이 아이가 옆에서 아무것도 모른 채 해맑은 얼굴로 웃고 있었다. 어쩌다가 그 몹쓸 에이즈(AIDS)에 걸려서 이 어린아이들을 남겨 두고 가는지 가슴이 답답했다. 함께 웃으며 옆에 있을 때 잘해 줄 것을 하는 마음으로 내내 그녀의 시신 곁을 떠나지 못하고 마음 아파했던 것이 엊그제만 같다.

땅속에 묻기 전에 한 번이라도 더 보고자 그녀의 엄마는 나의 손을 이끌고 뚜껑 열린 관의 시체 앞에 앉혔다. 뜨거운 양철 지붕 아래 좁은 흙집에 앉아 있으려니 이마에 땀이 송알송알 맺혔다. 에이즈에 감염되어 생전부터 이미 썩어 들어간 죽은 육체가 풍기는 냄새에 파리가 들끓어 그 옆에서 나는 손을 휘휘 내저으며 파리를 쫓았다. 그녀의 어머니는 시체 썩는 냄새를 숨기느라고 진한 향수 스프레이를 계속 뿌려 댔다.

그저 귀와 코에 하얀 솜으로 물이 새어나오지 않도록 막았는데 로즈는 입을 굳게 다문 채 조용히 잠자는 모습이었다. 왠지 모를 거리낌으로 한 번도 이렇게 주검을 가까이서 오래 들여다 본 적이 없었는데, 그녀의 잠든 고운 모습에서 그녀가 찬양할 때의 밝은 웃음을 달고 있던 아름다운 모습을 떠올렸다. 우리의 이캉가 교회를 열심히 섬기던 그녀를 천국에서 다시 만나리라.

그 와중에도 그녀의 어머니는 관에 누워 있는 딸을 사진으로 찍어 달라고 했다. 차마 초상집에서 카메라를 꺼내지 못하는 내게 마지막 가는 딸의 모습이라도 사진으로 남겨 두고 싶다고 했다. 그런 부모님의 애절한 심정이 마음에 짠하게 와 닿아서 가슴이 찡했다. 죽어서 관에 누운 그녀를 나중에 사진으로 현상했을 때는 무슨 귀신이라도 보듯이 보기 흉하고 썰렁했다.

내내 기억에 남는 것은 그녀의 6개월 된 아기의 맑은 미소였다. 아무것도 모르는 아기의 말간 미소에서 천국에서 다시 엄마를 만난 듯한 느낌을 잠시 받았던 것은 나만의 착각이었을 터였다. 쾅 쾅 쾅……. 땅속에 묻기 전 관을 꼭 봉하느라 못 박던 망치 소리가 다시금 들려오는 듯하다.

그때, 살아 있을 때 챙겨 주지 못한 내가 미워서 선교지에서 사랑하며 살자고 다짐을 했었다. 그런데 바쁘다는 핑계로 교사 조이스 집을 한 번도 찾아가보지 않았고 이제 그녀의 고통을 이렇게 옆에서 지켜보게 된 것이다. 겨우 네 살의 남자아이 하나와 뱃속에 7개월 된 새 생명이 꿈틀대고 있는데 사랑하는 부인을 남겨 두고 서른다섯 살의 젊은 나이에 세상을 등진 그의 인생을 바라보며, 다시금 삶을 되돌아보고 이웃을 사랑하며 섬겨야 함을 가슴 시리도록 절절히 깨닫는다.

"우리 인생은 오는 것은 순서가 있지만 가는 데는 순서가 없어요. 우리가 언제 하나님 앞에 갈지 한 치 앞을 바라보지 못하니 이웃을 도와주고 섬기며 사랑합시다. 예수님처럼 원수까지도 진정으로 사랑합시다."

장례식에 가서 남편이 설교를 할 때면 늘 하는 말씀이다. 그때는 그냥 흘려들었지만 이제는 더욱 새겨 볼 말씀임을 실감한다.

"있을 때 잘혀, 그러니께 잘혀."

드라마에서 나이든 한 할머니가 중년의 딸에게 노래처럼 늘 하던 말도 순간 떠오른다. 그 대사가 문득 내 가슴에 와닿는 것은 옆에 있다고 괄시하지 말고 사랑하라는 말일게다.

인생이란 이렇게 사랑하며 살기도 짧은 세월인데 왜 그리도 지지고 볶으며 살아야 하는지, 철없는 우리네 인생을 주님 앞에서 다시 돌아보며 회개의 시간을 가진다. 지금도 늦지 않았으니 남편과 아이들에게 사랑한다고 자주 고백도 해야겠다. 선교지에 와서 자주 찾아뵙지 못하는 부모 형제들에게도 전화를 해서 쑥스럽지만 용기를 내어서 사랑한다고 고백해야겠다. 그리고 함께 일하는 전도자들과 교사들과 이웃들도 더 챙겨 주고 더 보살펴 주어야지 다짐을 해본다.

오늘은 슬픔에 젖어 있는 교사 조이스를 찾아가서 흐르는 눈물도 닦아 주고 그녀의 흐느끼는 등도 토닥여 주어야겠다.

요란하게 밀레니엄을 맞이하던 밤

2000년 새해 밀레니엄을 맞이하는 설렘은 지구촌 구석구석까지 흥분으로 퍼졌을 것이다. 아마 한국은 유난했으리라. 부모 형제들과 함께 밀레니엄을 맞이하려고 고향을 찾아가거나 연인들은 사랑하는 사람과 함께하기 위해 여행을 떠나거나 일출을 보러 가기도 했을 것이다. 교회에서는 송구영신 예배를 기억하고 성도들이 한 해의 죄를 주님께 회개하고 새해를 주님께 전적으로 맡기며 주님 앞에 첫 시간을 드렸을 것이다. 이곳 보이 지방의 골짜기에도 예외는 아니라는 듯이 조용한 마을이 뒤숭숭하고 요 며칠 사이에 범죄 사건도 많이 터지고 시끄러웠다.

총회세계선교회(GMS)에서는 2000년 컴퓨터의 혼란으로 인해서 문제가 생길 우려로 2개월분의 선교비를 미리 보냈으며, 지부에서는 경제 공황이 생길 경우 식량난이 올 수도 있으므로 최소한 한 달의 식량과 연료들을 준비해 둘 것을 알렸다. 정말 무슨 일이 생길 것만 같은 불안감과 새해는 좀 특별하리라는 두근거림이 이방 나라의 오지에 사는 우리에게는 더욱 예민하게 다가왔다. 그래서 제일 먼저 시장에 가서 쌀 한 가마를 사들였고, 전기가 나갈 경우를 생각해서 양초를 많이 구입했고 화장지와 설탕 등을 샀다. 컴퓨터의 숫자 입력 혼란으로 인해서 빚어질 문제로 전기가 나갈 수도 있고 수돗물 공급이 끊기며 전화마저 불통이 된다고 세상은 떠들어 댔고, 원주민들은 종말이 올 수도 있다면서 보이 타운에서는 알지도 못하는 교단이 스피커를 틀어 놓고서 밤새 부흥회를 열기도 했다. 그래서 만나는 우리 교인들에게 단지 인간이 만들어 놓은 달력 속의 흐르는 시간이 바뀌는 것뿐이라고 말을 하곤 했다.

오늘 바로 그날이 다가온 것이다. 주일 예배 시간에 남편은 송구영신 예배를 드릴 것이니 각자 양초를 준비해서 밤 11시에 교회로 모이라고 광고를 했다. 분위기 있게 촛불 예배를 드리려는 것이 아니라 교회마다 전기가 아직 들어오지 않았기 때문에 촛불을 준비하라고 한 것이다. 그래서 일찍 저녁식사를 끝내고 남편과 한 해 동안의 사진을 정리하며 우리의 지나온 부족한 사역에 대해서 이야기를 나누며, 한 해 동안 기뻤던 일과 슬펐던 일들도 나누며 이때까지 지켜주신 에벤에셀의 하나님께 감사기도를 드리며 새해를 설계했다.

11시 정각이 되자 남편은 새해 첫 시간을 주님께 드리기 위해서 우팬도 교회를 향해서 집을 나섰다. 남편이 함께 가자고 요청했지만 잠든 아기 온유와 어린아이들을 이끌고 늦은 밤 어둠 속에서 모기에 물려가면서 예배드리는 것이 걱정이 되어서 집에서 대신 예배드리기로 약속했다. 잠든 아이들을 바라보면서 새해에는 아이들이 제발 아프지 않고 건강하기를 간절히 기도하고, 지나온 한 해를 돌이켜보며 나의 어리석음과 교만으로 인해서 지은 죄를 회개했다. 잠언서와 전도서를 읽으면서 새해에는 지혜로운 선교사, 지혜로운 아내, 지혜로운 엄마가 되게 해달라고 주님께 간구했다.

그러면서도 내 눈은 벽시계에 가서 멈춘다. 정말 0시 정각이면 컴퓨터로 인한 문제가 일어날까 괜한 걱정이 생겨서 졸음도 얼씬하지를 못했다. 시곗바늘이 찰각거리며 잘도 돌아가서 12시를 가리켰다. 이제 묵은해가 가고 새해로 바뀌고 있다. 우리 집의 벽시계에서 뻐꾸기 두 마리가 창문을 열어젖힌 후 고개를 내밀고 노래를 부르기 시작했다. 뻐꾹 뻐꾹 뻐꾹……. 마음속으로 '하나, 둘, 셋' 숫자를 세고 있을 때였다.

펑, 펑, 펑, 펑, 펑. 아주 가까이에서 다섯 방의 총포가 크게 들려왔다. 고요한 보이 마을을 일깨우려는 듯이……. 벽시계 속의 뻐꾸기도 열두 번을 외치고는 문을 닫고 들어가고 있을 때 우리 집 뒤의 마킹갈리 마을에서 울부짖는 고함 소리와 휘파람 소리가 뒤섞여서 바람을 타고 들려왔다. 양철 지붕이 뜯겨 나가는 소리와 유리그릇 부서지는 소리도 들려오고 사람들의 울부짖는 고함소리가 조용한 암흑 속을 뒤흔들고 있었다. 12시를 넘어서 큰바늘이 5분을 가리키고 있지만 전기가 나가지 않았다. 읽고 있던 성경을 무의식적으로 내려놓으며 들려오는 비명소리에 가슴이 덜컹 내려앉았다. 이건 분명 총소리였고 사람들의 울부짖는 소리가 이상했다. 나도 모르게 두 다리가 후들거리기 시작했고, 온몸이 사시나무처럼 떨려오고 가슴이 쿵쿵 방망이질했다.

그 순간 남편의 얼굴과 우팬도 유치원의 학부형 로이스(Loice) 아버지의 얼굴이 겹쳐서 생생히 떠올랐다. 무슨 일이 생긴 거 아닐까 하는 두려움으로 창문을 열고 내다보니 옆집 총각 죠셉(Joseph)과 뒷집의 바부(Babu) 아저씨가 손전등을 켜들고 어둠 속으로 달려 나가는 모습이 보였다. 마을의 소란스러운 괴성은 그치지 않고 조용한 천지를 뒤흔들고 있었다. 그때 교회 종소리도 들려왔는데 예배를 마쳤으리라고 생각하며 안절부절못하고 남편이 돌아오는 차 소리를 기다렸다. 남편은 돌아오지 않고 이상한 시끄러운 소리는 계속 들리고, 이제 갖은 나쁜 상상을 하기에 이르렀다. 그 총소리를 보건대 분명 누군가 죽었거나 종말론 신봉자들의 사고가 터졌거나 아니면 남편에게 원한을 품고 있던 로이스 아버지가 혹시 남편에게 무슨 짓을 한 게 아닐까 생각하게 되었다.

로이스 아버지는 우팬도 유치원의 학부형회에서 추천대로 유치원의 공금을 맡아서 관리하고 있었다. 그런데 그는 공금을 개인적인 일로 다 써버렸고, 남편이 그 돈을 돌려놓고 잘못을 회개하라고 했을 때 그는 자기의 잘못을 뉘우치기는커녕 그 일로 남편을 총으로 쏴서 죽여 버리겠다고 소문내고 다녔다. 솔직히 2,000실링의 돈만 있으면 비밀리에 권총을 얼마든지 사서 지닐 수 있는 이곳에서 그 소문은 늘 나에게 스트레스였다. 그러다 보니 기다리다가 불안해지자 남편의 얼굴과 그 로이스 아버지의 얼굴을 겹쳐서 떠오른 것이다.

불안으로 애가 타지만 어둠 속의 밖에 나가 보지는 못하고 차가운 시멘트 바닥에 주저앉아서 두려움으로 울며 주님을 불렀다. 한국이 아닌 이방 나라라는 사실과 이곳 보이 마을에서 동료 선교사라도 있어서 전화라도 할 수만 있다면 이렇게 놀라서 쩔쩔매지 않을 텐데 왜 나를 이곳 골짜기에 홀로 떨어뜨려 놓아서 이 지경에 빠지게 되었나 하는 심정에 서러워서 울었다.

"주님, 아프리카의 밤은 정말 싫어요. 무슨 일인지 마음 놓고 혼자 뛰어나가 보지도 못하잖아요. 제발 남편에게 아무 일도 생기지 않도록 도와주세요."

2000년 1월 1일 0시 42분에 남편은 피를 말리며 기다린 아내의 초조한 마음은 전혀 모른 채 "Happy New Year!"를 외치며 들어와서 컴퓨터를 먼저 켜 보더니 이상이 없음을 확인하고서 싱긋이 웃으며 돌아섰다. 남편에게 교회에서 무슨 일이 있었느냐고 물었더니 경찰들이 터뜨린 밀레니엄 축포에 맞추어서 마을 사람들이 모두 밀레니엄을 맞이하느라고 그렇게 소리치고 울고 야단이었다고 했다. 기쁘면 얼마든지 기쁜 노래를 부르든지 웃어야지 왜 그렇게 야단법석을 떨어서 사람들을 놀라게 하는지 이해가 되지 않았다. 내 평생에 이런 새해를 맞이할 날은 다시는 없으리라.

"주님, 믿음이 연약한 저를 용서하여 주세요. 새해에는 온전히 주님만을 의지하며 믿음으로 담대하게 살아가게 해주세요."

4장

하나님, 힘들어요

알버트의 배신

노동청에서 전화가 왔다. 의논할 일이 있으니 급히 좀 와달라고 노동청 직원이 남편을 불렀다. 남편은 갑자기 노동청에서 무슨 일로 나를 다 찾나 하고 한참 동안이나 의아한 표정을 짓더니 옷을 갈아입고서 집을 나갔다. 오후 2시에 나간 남편이 한참 시간이 흐른 해질 무렵에 들어왔는데 얼굴이 완전히 일그러졌다. 매우 당황한 표정 같기도 하고 붉으락푸르락하는 표정을 보니 무슨 심각한 일이 생긴 게 분명했다. 눈치를 살피며 왜 그러느냐고 물었는데 알버트(Albert) 때문이라고 했다.

알버트는 우리와 함께 3년 동안이나 아침저녁으로 성경 말씀을 나누며 제자훈련을 하면서 일도 함께 했던 스물한 살의 청년이었는데 두 달 전에 우리 집을 나갔다. 그런데 그가 남편이 노동법을 어겼다면서 노동청에 고소했다는 것이다. 참으로 기가 막혔다. 자기의 잘못으로 일도 그만두고 나가서는 선교사에게 이런 식으로 나오다니 정말 어처구니가 없었다.

지난해 초에 남편은 조엘과 룻과 알버트를 몸바사 신학교(Mombasa Bible college)에 보내려고 그들을 데리고 인터뷰를 하러 학교에 갔었다. 그런데 교수들과의 인터뷰에서 친구인 조엘과 룻만 통과하고 그는 떨어졌다. 그 후 그의 말과 행동이 눈에 띄게 달라지기 시작했다. 자기만 낙방한 실망감 때문인 줄로 알고 오히려 남편은 내년에 가도록 준비하자고 그를 위로하기까지 했다. 그러다가 지부 선교사 모임이 있어서 나이로비로 올라가게 되어 우리가 그에게 집을 봐 달라고 부탁하고 집을 비웠을 때 일이 터졌다. 우리는 3일 후에 내려왔는데 집에 키우던 큰 염소 세 마리가 없어서 어떻게 된 일이냐고 물었더니 다 죽었다고 했다. 몇 년 동안 별 탈 없이 자라던 염소가 갑자기 며칠 만에 한꺼번에 병으로 죽었다는 것은 어느 누구도 믿을 수 없는 사실이었다.

예전에도 이런 일들이 여러 번 있었다. 우리가 볼일을 보러 집을 비우고 나이로비를 다녀오면 멀쩡하던 닭들이 사라졌는데, 물어 보면 개가 잡아먹었다면서 닭발 하나만 빨랫줄에 묶어 두었던 적도 있었다. 믿을 수 없는 일들이었지만 우리 눈으로 직접 보지 않은 일들로 의심하는 것도 무리여서 그냥 속아 주었다. 그런데 염소 세 마리가 며칠 만에 한꺼번에 병들어 죽었다는 것은 그냥 넘어갈 수가 없어서 속상한 남편은 그를 집으로 돌려보냈다.

그 일 후 두 달이 지난 지금 우리는 이런 일을 당한 것이다. 남편은 돈을 들고서 노동청으로 다시 갔다. 알버트가 우리와 함께 제자훈련 하면서 지낸 시간들과 주일예배 시간까지 돈으로 계산해 내라고 했기 때문이다. 다달이 생활비를 주면서 제자훈련을 시키며 일을 하게 했는데 영수증을 증거로 제출하지 않았기에 노동청에서도 지불하라는 것이었다. 사실 이런 일이 벌어질 줄 알았으면 미리 영수증을 작성했을 테지만, 한집 식구로 믿었으며 자칭 제자였기에 이런 일은 꿈에도 상상을 못했기에 사례비를 줬다는 영수증을 남겨놓지 못했던 것이다. 남편은 억울하다고 털어놓았지만 팔은 안으로 굽게 되어 있는지라 노동청 직원도 선교사의 심정을 이해는 하지만 도와주는 셈 치라면서 알버트 편을 들었다고 했다.

남편은 집에 와서 저녁도 먹지 않고 방으로 들어가서 나오지 않았다. 배신감으로 괴로워하는 남편을 바라보니 견딜 수 없이 속상했다. 나는 남편보다도 그에게 더욱 잘해 주었기 때문이다. 말라리아에 걸려서 부들부들 떨면서 신음하는 것을 보고 병원에 데리고 가서 의사에게 보이고 약도 사주고 먹을 것으로 챙겨 주었다. 그가 시도 때도 없이 배고프다고 하면 먹을 것을 챙겨 주었고, 입을 것이 필요하다면 남편의 옷도 아낌없이 꺼내 주면서 친동생처럼 아껴 주었다.

그뿐만 아니라 3년이라는 세월 동안 아이들이 얼마나 좋아하며 따랐는데, 어떻게 인간으로서 그렇게 모든 시간을 외면하고서 돈에 눈이 멀었는지 이해가 되지 않았다. 가끔 그가 거짓말을 하면 언젠가는 말씀 안에서 변화되겠지, 기도하면서 기다렸다. 그가 염소 세 마리를 팔아먹고서는 죽었다고 거짓말한 것을 참지 못해서 우리 집에서 내보냈지만 정말 미워하지는 않았고 언젠가 다시 돌아오기를 기다렸다. 그러나 그건 선교사만의 착각이었다.

우리에게 돌아온 것은 배신감이었다. 돈을 잃었다는 슬픔보다도 3년이라는 세월 동안 하루도 빠짐없이 성경을 가르치며 직접 발도 씻기면서 사랑과 정을 다 쏟았던 제자가 노동청 직원 앞에 스승인 목사를 고소했다는 수치심에 괴로웠다. 함께 찬양하며 교회를 다녔던 그 믿음이 위선이었다는 배신감과 그래도 돌아올 줄 알았던 제자 하나를 영원히 잃었다는 슬픔에 남편은 잠을 이루지 못하고 울고 있다. 물론 나도 얼마나 마음이 쓰라린지 감당을 할 수가 없어서 주님 앞에서 눈물을 흘리며 아뢴다.

"주님, 얼마나 외로우셨어요?

사랑하는 제자들로부터 버림받았다는 사실이

주님, 얼마나 마음이 아프셨어요?

수제자 베드로로부터 세 번씩이나 부인 받았다는 사실이

주님, 얼마나 괴로우셨어요?

제자 가룟 유다에게서 배신당했다는 사실이
주님, 어떻게 용서하셨어요?
십자가에 못 박힐 때 모든 사람들로부터 외면당했다는 사실을
주님, 어떻게 견디셨나요?
그 아픈 고통의 순간을…….

주님, 그 십자가에 달리심으로
끝까지 고난을 견디심으로
구속 사역을 다 이루신 주님의 그 한없는 사랑을
저희들이 어찌 다 알리요.
주님, 이 작은 일들로
배신감에 치를 떨며 몸서리치는데
죄 많고 연약한 저희들이
당신의 그 놀라운 사랑을 어찌 다 헤아릴 수 있을까요?

주님, 제 의지로는 사랑할 수가 없어요.
주님, 도와주셔야 해요.
그를 진정으로 용서하며 사랑하는 마음을 제게 주세요.
예수님의 이름으로 기도합니다. 아멘."

신학생 조엘

똑똑똑…….

노크 소리와 함께 조엘이 문을 열고 불쑥 들어온다. 우리 집 현관 문은 늘 이렇게 오픈되어 있어서 무방비 상태이다. 조엘은 캄바 부족의 21살의 청년으로서 몸바사 신학교에 재학 중인데, 지금은 7월이라서 방학 동안에 우리 집의 뒷방에 기거하면서 남편을 도와 함께 사역하고 있다. 남편은 개척한 여러 교회 사역들로 늘 힘에 부쳐서 벅차하지만 요즘은 우리가 후원하는 신학생 조엘과 룻으로 인해서 매우 뿌듯해한다. 문을 열고 들어서는 조엘을 바라보면서 무슨 일이냐고 물어 보았다. 조엘은 일주일간 집에 다녀오고 싶은데 차비가 없다고 했다.

그래서 남편은 그동안 심방예배와 주일학생들을 위한 성경학교로 선교사를 도와서 함께 사역하느라 바쁘게 지냈으니 부모님도 찾아뵙고 푹 쉬었다가 오라면서 차비를 듬뿍 줘서 보내라고 했다. 짐을 꾸려 가방을 메고 온 그에게 사례비 봉투와 고향 부모님께 선물로 갖다 주라면서 옷을 챙겨서 내밀었다.

그런데 감사해하며 자리에서 일어날 줄 알았던 그가 앞에서 돈을 세어 보더니 얼굴을 빤히 쳐다보는 것이다. 순간 당황했다. 그가 덧붙이기를, 아버지는 연로하고 엄마가 농사를 짓고 있는데 엄마에게 용돈을 갖다주고 싶으니 돈을 따로 더 달라고 했다. 우리에게서 받은 사례비와 여윳돈에서도 줄 수 있는데 오히려 부모님을 핑계로 따로 돈을 더 달라는 그의 모습에 순간 불쾌했다. 우리 집에서 함께 일하면서 제자훈련을 받던 그가 주님께 헌신하고 신학교에 가겠다고 했을 때 우리는 너무도 반가워하면서 수업료를 다 후원하기로 약속했다. 그리고 늘 교통비와 생필품까지 마련하여 도와주었기에 그는 어려움이 없이 공부를 하고 있다. 그런데 우리에게서 따로 돈을 받아서 부모님께 가져다주고 싶다는 말을 들으니 기특해야 할 수도 있지만 한편으로는 왠지 속이 상했다.

남편이 교육전도사로 사역하면서 총신대학원에 다닐 때 우리는 너무도 힘겹게 살았다. 적은 사례비로 단칸방 월세를 내고 나면 돈이 다 떨어져서 굶을 때도 있었고, 정말이지 기적처럼 그 시기를 지나왔던 기억뿐이다. 그래서 우리는 신학생 조엘과 룻에게 수업료 걱정 없이 공부만 열심히 하도록 도우며 필요에 따라 늘 채워 주었다. 방학 동안 우리를 도와 일한 사례비도 여느 일꾼처럼 듬뿍 주었으며, 우리의 귀한 동역자가 되기를 바라며 물심양면으로 돕고 있었다. 그런데 조엘은 늘 감사하기보다는 언제나 부족해하며 선교사에게 손만 내밀면 다 해결되는 것처럼 했다. 너무 받는 것에만 길들여지는 조엘과 룻에게 어떻게 잘 가르쳐야 하나 하는 갖가지 생각이 떠올랐다.

우선 버스가 출발하는 시간이 가까워 와서 조엘에게 조금의 돈을 더 얹어 주고는 부모님께 인사 전해 달라며 고향으로 보냈다. 남편은 이 일로 인내하면서 기도하는 길밖에 없으니 좀 더 시간을 가지고 믿음으로 잘 가르쳐 보자고 했다.

사실 이곳 현지 목사님들도 양식이 떨어졌다느니 가족이 아프다느니 늘 도움을 요청하며 맡겨 둔 돈을 찾으러 오듯이 수없이 우리 집을 들락거린다. 몰라서 속기도 하고 알면서도 속아 주는데, 선교사가 어느 선까지 도와주어야 할지 고민이 되었고 스트레스가 되었다. 그래도 우리는 저들보다 부요하니 힘이 닿는 데까지 도와주자는 심정으로 살아왔다.

어느 날엔가는 현지 목사님이 찾아와서 다른 선교사들은 돈을 잘 준다는데 너희들은 왜 인색하게 구느냐고 했는데, 알고 보니 그에게 아직도 노르웨이의 어느 선교사로부터 매달 그의 구좌로 돈이 들어오고 있었다. 그는 우리에게 이 일을 노회에 알리지 말라고 신신당부했다. 왜냐하면 매월 사례비와 집세가 노회에서도 내려오고 있기 때문에 들통날까 봐 입을 다물어 달라고 하는 것이었다. 그렇게 이중으로 돈을 받고 있으면서도 늘 우리에게 병원비가 없다느니 아이들 학비가 없다느니 하면서 찾아오던 그들을 이해할 수가 없었다.

우리가 현지 노회에 가서 말할 리도 없지만 그런 모습을 보면서 이곳 현지 목사님들이 어떻게 살아가고 있으며 돈이 나오는 구멍이 있다는 걸 알게 되었다. 그래서 정말 딱한 사정이 아니면 거절할 줄도 알아야 한다는 것을 배웠다. 신학생 조엘과 룻은 그들을 닮지 않도록 하나님 말씀으로 더 잘 가르쳐야 함을 깨달았다.

"주님. 조엘과 룻이 물질에 얽매이지 않고 주님께서 기뻐하는 정직하고 신실한 자들이 되게 해주세요. 저희들에게도 지혜를 주셔서 내 것이 아닌 주님의 것을 주님께서 기뻐하시는 대로 청지기로서의 삶을 늘 기억하게 도와주세요."

포도원을 허는 여우

마당에서 남편의 꾸지람이 들려왔다. 신학생 조엘과 룻, 자네트를 꾸짖고 있는 것 같았다. 가슴이 쿵 하고 내려앉으며 떨려왔다. 하도 많은 일들을 겪었던 터라 이제는 또 무슨 일이 생겼나 하는 두려움을 안고서 밖으로 뛰어나갔다. 남편은 불의한 것과 잘못을 보고서는 그냥 덮어 두고 넘어가지 못하는 성격이라서 직선적으로 말을 한다. 그럴 때면 그런 남편의 성격이 늘 못마땅하다. 자존심이 강한 원주민들에게 직선적으로 말을 하면 가슴에 새겨 두고 해코지하려는 마음을 품을지도 모르니 조심하라고 충고하는데, 그 성격이 쉽게 고쳐지지 않아서 남편의 평상시보다 흥분된 소리만 들어도 불안에 떨게 된다.

왜 화가 났느냐고 물으니, 마당에 있는 자전거가 사라졌으며, 사흘 전에 사라진 닭의 털이 도대체 누가 잡아먹었기에 뒷마당의 쓰레기 소각장에 있냐는 것이다. 쓰레기장으로 가 보니 정말 며칠 전에 사라진 우리 닭의 뽑힌 털이 수두룩했다. 정직을 가장 중요시하는 남편에게 이 일들은 충격이었겠지만 괜히 잘못이 없는 그들을 의심하고 있는 것 같아서 가슴이 아팠다. 그들의 짓은 아닌 것 같았지만 나 역시 혹시나 하는 이상한 생각이 스치는 것은 어쩔 수 없다.

이곳에서 우리가 얼마나 많이 속아 왔던가 생각하니 다 헤아릴 수도 없다. 제자훈련 하느라 하루도 거르지 않고 조석으로 성경 말씀을 가르쳤는데, 그들이 우리를 노리던 일들이 떠오른다. 주일날 교회 나오면서도 성경책을 들고 나오지 않던 성도들을 위해서 스와힐리어 성경 20권을 사서 교회에 가져다 놓았더니 차츰 줄어들던 것이 나중에는 한 권도 남지 않았다. 나중에 알고 보니 18살의 하리슨(Harison)이라는 제자훈련 받는 아이가 날마다 한 권씩 타운에 가져가서 반값에 팔아서 그 돈을 사용했다는 것이다.

그뿐이 아니라 가지(Gazi) 마을과 음도매(Mdome) 마을에 교회를 개척하려고 가정집 두 곳을 예배 처소로 열어서 6개월간 주일 예배를 드렸다. 그런데 한 노인이 믿음으로 자기의 밭을 내놓으며 예배당을 지으라고 해서 얼마나 감격했는지 모른다. 그렇게 기쁨으로 예배당 건축에 들어갈 때 그 땅의 진짜 주인이 나타나서 돈을 요구하면서 우리를 절망에 빠뜨렸던 기억이 난다. 거기에다가 가정집 예배를 6개월간 드릴 때 모인 헌금을 다 먹어치우고는 돈이 없다고 오리발을 내밀면 그만인 그들을 보면서 할 말을 잃고 절망에 빠지기도 했다.

주 안에서 믿음으로 정직하게 살기를 수없이 가르치지만 명색이

제자훈련 받는다는 청년들이 집을 비우기만 하면 닭 잡아먹고 염소 잡아먹고, 틈만 나면 집의 물건들을 훔치고 거짓 핑계를 대며 돈을 요구하는 일이 허다했다. 하긴 제일 만만한 게 선교사였다. 아무리 잘못을 해도 용서해 주고 한 번도 경찰서에 데리고 가지 않는다는 것을 이용하는 것이다. 처음에는 그저 뜨거운 선교 열정과 사랑으로 넘어갔지만 속고 나서 그 일들이 밝혀지고 났을 때의 허탈감과 괴로움은 이루 말할 수가 없었다.

언젠가 우리 집에 해골 그림이 그려진 협박 편지가 날아왔는데, 3일 내로 다시 와서 우리를 해치우겠다는 편지였다. 나중에 경찰서를 통해서 알게 된 사실은 우리가 훈련시키는 제자 중의 몇 명이 그러한 음모를 꾸몄다는 것이다. 잘못을 지적하면서 정직을 바로 가르쳐 보겠다는 선교사에게 원한까지 품으면서 괴롭히는 그들을 도대체 어떻게 지도해야 할지 의문이었다. 그러한 그들을 말씀으로 변화시켜 보겠다는 남편에게는 제자들을 향한 실망감으로 가슴을 치며 통곡 할 노릇이었다. 남편은 자신의 부족함 때문이라는 마음에 제자훈련을 잠시 중단했다.

이곳 보이에 사는 우리는 많은 일들을 겪으면서 피해망상증에 걸린 사람처럼 날마다 가슴을 졸이며 살아가고 있다. 사탄은 작은 포도원을 허는 여우처럼 우리 주변에서 서성거리며 끊임없이 노리고 있어서 예상치 않은 곳에서 작은 일들이 생기고 큰일로 확대되면서 우리의 선교 열정을 허물며 절망에 빠뜨리고 있다. 사라진 자전거와 사흘 만에 닭털이 되어서 쓰레기 소각장에 나타난 우리가 키우던 닭 한 마리 사건, 남편은 그냥 넘어가지 못하고 이것도 정직을 외쳐야 할 선교사의 몫이라며 열이 나 있다. 언제나 남편은 직선적인 반면에 다시 돌이키지 않아 뒤끝이 없는 편인데, 나는 그들에게 조용히 꾸짖다가 달래 주고는 오래 기억하는 편이다. 큰일이든지 작은 일이든지 무슨 일마다 부부의 갈등으로까지 번져서 우리의 삶을 무너뜨리려는 사탄의 계략인 것이다. 가족들의 질병으로 또는 함께 사역하는 동역자로 인해서, 또 교회 성도들과 이웃들을 통해서 사탄은 가장 가까이에서 우는 사자같이 입을 벌리고 우리를 삼키려고 노리고 있는 것이다.

범인은 끝내 알지 못했지만 그냥 조용히 넘어갈 수도 있는 일로 그들을 혼내는 남편이 그렇게도 미울 수가 없어서 말다툼을 했다. 아마 사탄이 이것을 우리에게서 노렸던 것 같다. 나중에 서로 사과하면서 잘 마무리되었지만 개운하지가 않다. 선교 현장에 살면서 험한 일들을 많이 겪은 우리들이 피해망상증에 걸려 가는 선교사가 되지 않도록 주님께 간구한다. 또한 우리와 함께하는 신학생 조엘과 룻, 자네트가 정직하고 신실한 자들이 되도록 간절히 기도하는 밤이다.

내일 아침에는 우리가 가는 길에 꽃길이 펼쳐지지 않는다 하더라도 모두에게 떠오르는 태양처럼 밝고 청명한 날이 되었으면 좋겠다.

이캉가 교회 가는 길

샌들을 신고 문을 열고 나서다가 다시 집안으로 들어와서 문을 닫고는 그대로 무릎을 꿇었다. 차가운 시멘트 바닥의 감촉이 시원하게 전해져왔다.

"주님, 지금 사이슬 농장 주인을 만나러 갑니다. 주님, 저 완악한 무슬림들의 마음을 성령께서 움직여 주세요. 그래서 이캉가(Ikanga) 교회로 향하는 길을 열어 주시어 교회 건축하는 데 어려움을 겪지 않도록 도와주세요."

기도를 마치고 따가운 햇살을 받으며 2킬로미터의 길을 걸어서 사이슬 농장의 사무실을 찾아갔다.

이캉가 교회는 우리가 개척한 세 번째 교회이다. 남편이 텐트와 옷을 챙겨 이캉가 교회로 들어가서 그들과 함께 먹고 자면서 하루에 세 번, 새벽기도회부터 시작해서 낮 집회, 하루 공사를 마친 후 호롱불 아래서 저녁 9시 집회를 인도하면서 교회 건축에 들어간 지가 3주째가 되었다. "대문을 나서면 주님의 종"이라는 한마디의 말을 남기고 교회로 들어간 남편은 나오지를 않고서 때마다 이캉가 교회 전도자 제임스(James)를 통해서 필요한 자재를 사달라고 편지를 띄우곤 했다. 그래서 날마다 편지를 받고서 타운에 나가서 공사에 사용되는 나무와 철근을 사거나 모래와 자갈과 시멘트 등을 사서 보내고는 하였다.

이캉가 교회는 보이 타운에서 5킬로미터 떨어진 거리에 있는데, 교회 앞에까지 차들이 들어가지 못한다. 철길이 가로놓여 있어서 도로 가에 차를 세워 놓고 들어가야 하기 때문이다. 그래서 공사에 필요한 돌, 모래, 시멘트 등을 트럭으로 운반해서 길가에 쏟아놓고 가면 일꾼들이 다시 300미터를 나와서 휠바로우에 싣고 교회 마당까지 옮겨야 하기에 여러모로 갑절의 시간과 일꾼 값이 소모되었다. 그래서 남편이 자재를 실은 롤리 차가 사이슬 농장을 통과할 수 있게 해달라고 농장 주인을 설득해 달라고 내게 편지를 보낸 것이다.

이캉가 마을로 가기 위해 정식으로 길이 나지 않은, 사이슬 농장을 통과하는 길을 도보로 주로 이용하는데, 지난번에 사람들이 다니므로 남편이 그 길을 그냥 차로 여러 번이나 드나들었다. 그 일을 안 사이슬 농장의 무슬림 주인과 그의 사람들이 남편을 죽이겠다고 그 길에서 도끼와 판가(큰 칼)를 들고서 여러 날을 기다렸던 적이 있었는데, 다행히 그때마다 우리 교인들이 알려 주어서 위기를 모면할 수가 있었다.

그런데 오늘 남편이 그 길로 트럭이 공사 자재를 운반해올 수 있도록 해달라고 편지를 내게 띄웠다. 처음에는 참으로 기가 막혔다. 죽이겠다고 살기를 띄는 완악한 그들의 마음을 자기도 움직이지 못하고는 아내에게 가서 설득하라는 것이다. 그래서 사람의 마음을 움직이실 분은 하나님밖에 없다는 것을 깨닫고 이렇게 차가운 시멘트 바닥에 무릎을 꿇고서 집을 나섰다. 사무실 문 밖에 서서 1시간 반을 기다리는데 눈물이 절로 핑 돌았다.

"주님, 왜 제가 이런 곳에 와서 그들을 기다리며 냉대를 받아야 하나요? 주님, 아시지요? 제가 남들한테 손 내밀거나 부탁을 잘 하지 않는 것을. 저 무슬림들에게 이렇게 낮아져서 부탁을 하는 것은 정말 싫어요."

자존심은 발바닥 밑에 깔렸고 구걸하러 온 듯한 내 모습이 초라하고 비참해졌다. 그러나 그 자리에서 버티며 참을 수 있었던 것은 우리 이캉가 교인들의 얼굴이 떠올라서였다. 개척할 때에 우리는 진흙 벽돌로 교회 벽을 막고서 양철 지붕을 덮었는데 작년에 그 교회 지붕이 회오리바람에 완전히 날아가서 성도들은 지붕 없는 교회에서 뜨거운 햇볕을 머리에 이고 예배를 드려야 했다. 또한 우기 철에는 비를 고스란히 맞으며 바닥에 흥건히 고인 빗물을 피해 발을 들고 예배를 드려야 한다고 교인들이 호소를 해왔다. 마침 충청도에서 사역하시는 남편의 동기 목사님 교회의 밀알선교회에서 건축 헌금을 보내셨기에 우리는 시멘트로 벽돌을 찍어서 새로 예배당을 건축하게 된 것이다.

뜨거운 것이 목까지 치밀어 오르는 것을 꾹꾹 내리누르며 기다리는데 번쩍거리는 자가용 한 대가 와서 멈추더니 그 안에서 아주 말쑥한 양복 차림의 인도 사람이 내려서 들어오다가 문 밖에 서 있는 나를 보면서 사장실로 따라오라고 했다. '나는 한국 선교사이다. 지금 이캉가 교회를 건축 중인데 자재를 실은 차가 당신의 농장을 지나가도록 허락을 해달라'고 아주 정중히 부탁을 하면서 다시금 "Please(제발)"라고 했다. 한참을 책상 앞에서 생각을 하고 있던 사장은 매니저를 불러서 한 장의 편지를 타이핑해서 주라고 했다. 그리고 그 편지를 꼭 입구에서 경비원에게 보여주고 통과하라고 했으며, 만약 자재를 실어 나르는 트럭 운전사들이 담배꽁초를 버려서 농장을 상하게 할 경우는 책임을 지고 배상을 해줘야 한다면서 한 달만 그 농장 길을 사용하라는 것이다. 그래서 타이핑을 해온 편지를 읽고서 거기에 나의 사인을 하고 사장의 사인을 받고서 기쁘게 나올 수가 있었다.

고약한 무슬림 농장 주인이 그렇게 선뜻 허락한 것을 보니 정말 주님의 도우심으로 그의 바위같이 단단한 마음을 움직이신 것임을 깨달으며 감사를 올렸다. 남들은 아무렇지 않게 생각하겠으나 주님께서 우리에게 베푸신 은혜임을 가슴으로 느낄 수가 있었다. 날마다 순간마다 주님의 능력의 손 안에서 살아가기에 오늘도 승리의 대열에 서 있는 것이다.

타운에 가서 트럭 운전사와 흥정을 하고 모래와 시멘트 50포를 주문해서 복사한 편지를 이캉가 교회 직원 제임스에게 쥐여주면서 경비원에게 보이고 들어가라고 했다. 무엇보다도 남편이 기뻐할 것이 눈에 선하고 건축이 수월하게 될 것을 생각하니 아까 기다릴 때의 착잡함은 어느새 사라져 콧노래를 흥얼거리며 집으로 돌아왔다.

"주님, 우리의 기도를 들어주심에 감사해요. 이 한 장의 편지도 이렇게 큰 위력을 발휘하며 기쁨을 주는데, 천국의 시민권을 소유한 우리는 얼마나 영광스러운 존재인지요. 그 기쁨과 영광을 세상에서 날마다 누리며 사는 저희가 되게 해주세요. 그리고 저 이캉가 교회의 길이 한 달이 아니라 영원히 열리게 도와주세요."

3부

하나님의 은혜로 살아요

담대한 믿음으로

40일 작성 새벽기도회

우팬도 교회에서 주일 예배 시간이었다. 남편은 1시간 반 정도의 유창한 스와힐리어로 길고도 은혜로운 설교를 마친 후 광고를 했다. 몇 가지 광고를 끝내고 난 뒤 마지막 광고를 하겠다면서 웃음으로 잠시 뜸을 들인 남편이 내일부터 새벽기도회 시간을 6시에서 5시로 옮기겠다고 했다. 아직 교회에 전기가 들어오지 않아서 어슴푸레한 6시에 예배를 시작해서 여러 곡의 찬송을 부르고 나면 날이 밝아오는데, 그때에 맞추어서 성경을 읽고 말씀을 전하고는 했다. 전기 회사에서 전기를 신청하면 두 달 내로 넣어준다고 해서 돈을 다 지불하고 교회에 전기선을 다 설치하고 형광등까지 달아놓고서 기다리는데 그들은 기둥만 하나 세워 놓고서는 1년이 넘도록 연결을 해주지 않았다. 왜 약속을 어기느냐고 수시로 찾아갔는데 몸바사의 사무실에서 서류 처리가 끝나지 않아서라고 늘 변명만 했다.

우팬도 교회는 처음에 한국에서 가지고 온 컨테이너에서부터 시작했는데, 우리가 마킹갈리 마을로 이사하고 새 학기를 맞아서 유치원생을 모집하자 약 150명의 아이들이 몰려들었다. 도저히 작은 컨테이너에서 수업하기가 어려워 학생 수를 줄여 나갔다. 그런데도 어린 학생들은 여전히 불어나고 있었다. 그래서 학부모들을 모아놓고 학부모회를 조직해서 이 일을 어떻게 할 것인지 회의를 했는데 만장일치로 집을 하나 렌트해서 깨끗이 손질한 후에 그리로 옮기자고 했다. 렌트비는 학부모회에서 각 부모들로부터 돈을 받아서 내기로 결정을 하고서 3일 만에 공간을 마련했다. 마강가(Maganga)에게 예전에 닭을 사육하던 두 칸의 큰 공간이 있어서 그곳을 빌려서 월세를 내면서 A반과 B반으로 나누어서 공부하게 되었다.

우리는 그곳을 하얀 페인트로 깨끗이 칠을 하고서 학부모들과 함께 책상과 걸상을 옮겼는데, 자연적으로 그곳이 우팬도 교회로 자리 잡게 되었다. 평일에는 유치원으로 주일에는 예배당으로, 예전의 닭 집이 거룩한 곳이 되어 갔다. 사실 사이슬 교회도 다 허물어져 가는 예전의 술집을 사이슬 농장 주인에게 허락을 받고서 새로 페인트칠을 하고 지붕 수리를 해서 예배당과 유치원으로 사용하고 있는 것이다. 선교사가 땅을 살 능력도 없었고 또 그럴 필요도 없다고 생각하는 우리는 말씀에 갈급해서 우리를 부르고 필요로 하는 곳에서 그 마을 사람들이 직접 부를 때 나서는 것이다. 돈으로 땅을 사고 교인들을 불러서 사역하면 얼마든지 쉽고 편하겠지만 우리는 절대로 그렇게 하지 않았다.

우리는 마강가 어머니로부터 닭 집의 맞은 편 땅을 기증받아서 교회 건축을 앞두고 날마다 예배를 마친 후에는 성도들이 그곳에 돌을 하나씩 가져가서 이곳에 교회가 세워지기를 믿음으로 기도를 드리곤 했다. 우리 성도들의 기도로 우리는 닭장에서 1년을 지낸 후에 기증받은 땅에 교회 건축을 해냈고, 이제 낮고 뜨거운 양철 지붕 아래에서 예배를 드리지 않고 넓고 새로운 예배당으로 옮겨서 마음껏 주님을 찬양하게 되었다. 그리고 남편이 새벽을 깨우자는 표어를 내걸고서 새벽기도회를 새벽 5시로 옮기더니 이제는 40일 작정기도회를 한다고 했다. 그러면서 뒷자리에 앉은 나를 가리키면서 사모부터 결석하지 말라고 했다. 왜냐하면 나는 저혈압이라 새벽에 일어나는 게 힘들었고, 또 아이들이 어려서 자는 애들만 집에 두고 가는 게 늘 불안했기 때문이다. 남편의 지적에 많지 않은 성도들의 시선이 일제히 뒤에 앉은 나를 보면서 웃고 있었는데, 그 자리에서 나는 말도 못하고 홍당무가 되었다.

아, 40일 작정 기도회를 이곳 아프리카에서 한 번도 빠뜨리지 않고 다 참석한다는 것은 정말 자신이 없었다. 그래도 순종하자는 마음으로 저녁 9시에는 집안의 모든 전깃불을 다 껐다. 잠을 설쳐 가며 새벽 일찍 일어나서 우팬도 교회에서 들려오는 새벽 종소리에 귀를 기울였다. 청년 마강가가 1년 동안 새벽기도회로 훈련되어서인지 종을 치고 있었다.

40일 작정 새벽기도회라는 말에 원망이 담긴 채 남편을 따라서 예배당에 들어선 나는 그만 엎드려서 펑펑 울고 말았다. 어두워서 교인들이 많이 나오지 않을 줄 알았는데 그게 아니었다. 배터리 충전으로 20W 밝기의 희끄무레한 등을 천장에 달아놓고서 여기저기 앉아 있는 성도들의 반짝이는 눈빛이 눈에 들어오기 시작한 것이다. 여느 때 같으면 5~6명의 고정 인원만 보였을 텐데, 40일 특별새벽기도회를 기억하고 남녀 성도 20명 정도가 어두운 백열등 아래에서 찬송가를 펴들고 각자의 손전등을 밝히면서 찬송을 부르고 있는 모습이 더없이 아름다워 보였다. 원망과 불평으로 이 자리에 나온 사람은 나뿐이었던 것이다. 나는 눈물 콧물 범벅이 되어서 부족한 믿음을 회개하면서 주님의 귀한 은총을 간구했다.

"주님, 믿음이 연약한 저를 용서해 주세요. 이 자리에 나온 모든 성도들이 이번 특별 새벽기도회를 통해서 은혜 받고 신앙이 성숙하게 도와주세요. 그들의 모든 기도를 들어주시고 응답하여 주세요. 성령님께서 모인 우리 가운데 함께하옵소서!"

가정 심방과 찰스

우팬도 교회의 대심방이 시작되었다. 교회 성도들의 대부분이 젊은 엄마들과 미혼모라서 남자들이 낮에는 모두 일하러 나가고 없기 때문에 남편은 기어코 나를 동행시켰다. 그래서 뜨거운 햇살을 피하기 위해서 빛깔 좋은 양산을 쓰고 남편의 꽁무니를 따라서 동네 구석구석을 다니고 있었다.

좁은 흙집의 단칸방에서 30여 분씩이나 앉아서 예배를 드리는 것은 고역 중의 하나였다. 뜨거운 햇살을 다 빨아대는 양철 지붕 아래에서 창문도 크지 않은 어두운 집안에 앉아 있으면 등줄기에서 땀이 시냇물처럼 쉼 없이 흘러내리고 원주민 특유의 냄새가 코를 찌른다. 물이 귀하기에 잘 씻지 않는 탓도 있지만 밤에는 닭도 염소도 집안의 한 귀퉁이에서 잠을 자니 냄새가 배어 있을 수밖에 없는 것 같다.

이곳은 한국처럼 바닥에 좋은 장판을 깔고 벽에는 벽지를 바르고 신발을 벗고 들어가는 바닥 문화가 아니고, 흙집이나 시멘트 벽돌 집안에 신발을 신고 들어가서 방 한쪽 귀퉁이의 나무 침대에서 잔다. 곤로나 숯불화로와 20리터짜리 노란 물통 하나 달랑 들여놓은 것이 가재도구의 전부로 보였고, 구석마다 뭉쳐놓은 옷 더미가 보였다. 아프리카에도 잘사는 부자가 있다지만 우리는 시골의 빈민들을 상대로 사역하기 때문에 가난한 모습만 눈에 보이는 것이다.

골목마다 해진 흙투성이 옷을 입고 맨발로 뒹구는 코흘리개 아이들을 보노라니 어릴 적에 흙담 아래에서 소꿉놀이하던 일들이 생생히 떠오른다. 시골의 조그만 초가지붕 아래에서 7남매가 한 방에서 다닥다닥 붙어서 서로의 체온으로 온기를 나누던 그때가 결코 불행하지 않았다. 집집마다의 굴뚝에서 흰 눈처럼 몽글몽글 피어오르던 연기와 어우러져서 빨갛게 불타는 저녁 하늘을 바라보노라면 행복했던 기억만 떠오른다. 해가 질세라 더욱 신나게 놀았던 흙집 담벼락은 따스하기까지 했다. 물론 이곳 원주민들도 가난하게 살지만 그렇다고 불행해하지 않으며 나름대로 행복하게 살고 있다는 것을 가정 심방 예배를 통해서 느낄 수 있었다.

선교사가 자기네 집을 기꺼이 방문했다고 기뻐하면서 성도들이 없는 중에도 차이를 끓여 내며 과일을 내놓는다. 뜨거운 차이를 마시자니 이열치열이지만 마마들의 정성을 생각해서 거절하지 않고 다 마신다. 청결과 불결이라는 단어가 우리의 머리에서 사라진 지 오래되었다. 이들과 같이 먹고, 마시고, 웃고, 울고, 함께 소통하는 게 즐거움의 하나로 자리 잡았다. 어떤 선배 선교사님께서 하신 말씀이 생각난다. '선교사는 원주민들이 주는 음식을 먹기 싫어도 먹을 줄을 알아야 진짜 선교사가 되는 것이다'라고 했다. 그러나 먹기 싫은 것을 억지로 먹는 것이 아니라 정말 그들과 함께 어울려 먹고 즐기는 게 행복해야 진짜 선교사라고 후배 선교사들에게 말해 주고 싶다. 남편은 대접하는 손길 위에 주님께서 축복으로 이 가정에 채워 주시길 뜨겁게 기도해 준다.

　우팬도 교회 성도들의 심방예배 일주일이 끝나는 오늘 우리를 감동시킨 한 청년이 있다. 흙집에 혼자 사는 24살의 찰스(Chales)라는 청년이다. 언제나 그가 흘리고 다니는 담배 냄새와 인생이 절망인 듯이 살아가며 술에 취해서 혀 짧은 모습만 보이던 그가 남편을 만나서 우팬도 교회에 나온 지 2개월이 되었다. 담배도 줄이고 술도 마시지 않고 교회를 잘 나오는, 그의 변화된 모습에 온 교인들도 놀라워할 정도였다. 오후 4시에 그의 집을 찾아가는데, 그는 우리가 집을 찾지 못할지도 모른다는 생각으로 골목 어귀에 나와서 기다리고 있다가 우리를 반기며 수줍은 듯이 자기 집으로 인도했다. 가구라고는 퀴퀴한 흙 냄새나는 바닥에 깔아놓은 매트리스 하나와 석유곤로와 20리터의 물을 담을 수 있는 노란 물통 하나와 접시 몇 개가 전부였다.

　남편이 잠언 31장 10절의 "누가 현숙한 여인을 찾아 얻겠느냐 그 값은 진주보다 더 하니라" 하는 말씀을 전하며 믿음의 아내를 얻도록 기도를 하고서 일어날 때였다. 그가 우리를 위해 준비한 음식이 있다고 다시 앉으라고 했다. 조금 후 금이 간 컵받침대 위에 주둥이가 깨진 컵에 따끈한 우유를 부어 주면서, 오늘 낮에 일을 갔다가 가정예배를 드린다고 일찍 왔다고 했다. 그러면서 어젯밤 늦게까지 촛불을 켜놓고서 곤로 불에 직접 구웠다고 웃으며 플라스틱 접시에 케이크를 잘라 담았다. 그런 찰스를 보면서 솔직히 너무나 감동

했다. 한국 사람들은 컵 주둥이가 조금만 상해도 다 버리는데 그 컵을 사용하고 있는 검소함이 엿보였다. 우리를 위해 케이크를 만들어 놓고 기다린 그를 바라보는데 감동의 물결이 밀려와 가슴이 따뜻하게 젖어왔다. 빨간색이 둘러쳐진 케이크의 맛은 별로였지만 믿음으로 변화된 삶을 지켜보는 우리에게는 하나하나가 뭉클한 감동이었다.

오후에 다섯 가정의 심방예배로 지쳐 있어야 할 우리는 어스름녘에 발걸음이 날아갈 듯이 가벼웠다. 살랑대는 푸른 바람이 땀으로 얼룩진 우리를 다정하게 어루만져 주었다. 주님께서 사랑하는 그의 택한 영혼들이 아직도 이곳 마킹갈리 슬럼가에 있기에 우리를 여기에 보내셔서 열악한 환경 가운데서 계속 남아 있게 하신다는 것을 느낀다. 다닥다닥 붙어있는 양철지붕과 다 허물어져 가는 흙집들을 돌아 나오는데 아름다운 저녁놀이 비친다. 어릴 적의 고향 골목에서 느끼던 정겹고 따스함이 노을이 되어 맨발로 흙속에 뒹구는 아이들의 얼굴에 화사하게 비쳐 든다.

마보마니 교회와 나귀

보이 산 밑자락에 위치한 마보마니 마을에 사는 주민들이 우리를 찾아와서 자기들의 마을에 교회와 유치원을 열어 달라고 제안했다.

남편은 말씀을 필요로 하는 곳이면 어디든지 찾아가기에 그들의 요구를 받아들여서, 마을 이름을 따서 마보마니 교회를 개척해서 몇 명의 마을 사람들과 함께 큰 나무 그늘에서 예배드리기 시작했다. 마을 사람들이 예전에 유치원으로 사용하다가 지금은 망해서 다 찌그러져 가는 흙담집이 있다며 사용하라고 해서 그곳으로 옮겨서 주일예배를 드렸다. 그리고 마을 어른들과의 회의를 거쳐서 평일에는 마을 유치원을 열었다.

며칠 동안 남편은 거기서 마을 사람들이 주는 현지 음식을 먹으며 텐트에서 지내기 시작했다. 허허벌판에 바람이 많아서 구멍이 나고 뜯겨나간, 양철 지붕을 다시 막아 비가 새지 않게 하고 뚫린 흙벽에 진흙을 파다가 물에 이겨서 벽을 메웠다. 그리고 나무로 조그만 강대상을 짜서 가져다 놓고 의자와 책상도 만들어서 옮겨 놓았고 정성을 쏟기 시작했다. 유치원에 와서 공부하는 아이들은 선교사가 일하는 모습을 보며 '차이나'(China: 중국인)라고 부르며 신기해했다. 어떤 아이들은 자기들보다 얼굴이 하얀, 처음 보는 외국인이라서 무서워서 뒷걸음치며 울기도 했다.

그런데 그곳이 너무나 좁아서 다른 장소를 물색하던 중, 마보마니 교회에 나오기 시작한 홀리네스 아주머니가 집 위의 땅 1에이커를 싼 값에 줄 테니 사라고 했다. 먹고 살기 힘드니 도와주는 셈 치고 값을 주고 땅을 사라고 해서 처음으로 땅을 구입했다. 홀리네스 아주머니는 그 돈으로 소 3마리와 송아지 1마리를 구입했다.

그 땅은 농사가 전혀 되지 않는 버려 둔 쓸모없어 보이는 황량한 벌판이었다. 남편은 교회를 건축할 땅이 생겼다는 사실에 뿌듯해했고 며칠을 굶어도 배고파하지 않을 정도로 그곳에 가서 노동에 매달리면서 기뻐했다. 황무지가 장미꽃같이 될 것을 꿈꾸는 남편에게는 그곳에 대한 기대와 기쁨으로 믿음이 대단했지만, 가시넝쿨이 우거지고 삭막한 잡초 투성이 들판을 바라보는 나의 눈에는 물도 없는 이곳에 교회가 우뚝 설 수가 있을까 싶어 한숨이 뒤섞여 나왔다.

교회 울타리는 무엇으로 심을까? 어떤 모습의 교회를 세울까? 남편은 매일 밤 컴퓨터 앞에 앉아서 예배당 설계도 구상을 하느라 바빴다. 컴퓨터 앞에서 하루에도 여러 개의 교회를 세웠다가 지웠다가 그렇게도 열심이던 남편이 시들해지는 것을 바라보면서, 혹시 교회 건축을 포기하기로 한 걸까, 아니면 적은 사역비 문제로 건축을 고민하는 걸까, 걱정이 서서히 일기 시작했다.

그러던 오후에 남편은 어디 갔다 오겠다더니 어디서 사 왔는지 당나귀 한 마리를 끌고 마당으로 불쑥 들어왔다. 어이없어하는 내게 남편은 마보마니 교회 건축을 할 때에 차가 들어갈 수 없으니 자재를 실어 나르고 물을 운반해 나를 튼튼한 짐꾼이라고 말했다. 남편의 이렇게 엉뚱한 면은 또 생소하게 보인다. 남이 생각하지 못하는 그의 엉뚱함은 늘 미래의 희망으로 연결되고 있다. 나귀 한 마리를 바라보는 남편의 눈빛은 무궁무진한 비전으로 불타오르고 있었다. 오늘 남편은 어미 나귀에 공사도구와 물통을 싣고 가서 교인들과 함께 교회 화장실부터 먼저 파고 있다. 지금 당나귀는 마보마니의 거친 풀밭을 누비며 한가롭게 풀을 뜯고 있다.

"주님, 이곳 마을 사람들이 예수님 영접하고 천국 백성들이 다 되게 도와주시고, 주님의 몸 된 교회가 속히 세워지고 이 황무지 같은 마보마니 마을에 장미꽃과 같은 믿음을 소유한 성도들이 많이 생기게 도와주세요."

뜻밖의 계란 도둑

우리 집의 뒷마당 양철지붕 아래에는 알을 낳는 레아스 닭이 서른 마리나 있다. 전도자 생활비 후원을 위해서 시작한 달걀 프로젝트이다. 그래서 우리는 아이들과 함께 계란을 꺼내오는 즐거움을 날마다 누리고 있었다. 금방 낳은 계란은 따뜻한 온기가 남아 있어서 아이들이 신기해하며 좋아서 볼에 대고 비벼대기도 한다.

그런데 요즘 따라 계란의 수가 훌쩍 줄어들어서 꺼내올 때마다 고개를 갸웃거리게 된다. 매일 20개 이상의 계란이 나오는데 요즘 나오는 갯수는 겨우 10개 안팎에 맴돈다. 누군가가 몰래 슬쩍 하는 게 아닐까 의구심이 생기기 시작했다. 우리를 도와주는 일꾼들과 전도자들이 늘 우리 집을 들락날락하지만 그들은 아닌 것 같고, 누군가가 습관적으로 가져가고 있다고 생각하였다.

그때, 닭장 안에서 순식간에 닭들이 놀라서 날개를 파드득거리며 꼬꼬댁거리기 시작했다. 요란한 소리에 이제야 계란 도둑을 알아냈구나 생각하며 반사적으로 뒷마당으로 달려갔다. 그런데 닭장 문은 닫혀 있었고 인기척도 없어서 돌아서려는 찰나, 닭장 문 밑 틈새로 고개를 쑥 내밀고 기어 나오는 기이한 물체와 눈이 마주쳤다. 사람이 아니고 악어를 축소해 놓은 듯한 고동색의 동물이 고개를 홱 쳐들며 쳐다보는데 순간적으로 섬뜩했다. 무서운 사람의 눈과 마주칠 때 같은 섬뜩함이었다. 길이가 약 100센티미터이고 납작한 높이가 20센티미터 정도로 보였다. 입 안에 든 계란을 꿀꺽 삼키며 돌아서는 낯선 동물을 바라보면서 나는 그제야 소리쳤다.

"야, 이 계란 도둑놈아, 어디 도망가!"

집안에서 컴퓨터 앞에 앉아 있던 남편이 후다닥 뛰어왔지만 도둑 짐승이 달아난 뒤였다. 나는 이제야 사람 도둑이 아닌 것을 깨닫고 안심의 한숨을 내쉬며 남편과 우리 전도자들에게 낮에 보았던 동물에 대해서 자세히 설명해 주었다. 그때 남편은 반드시 그놈을 자기 손으로 잡겠다고 벼르고 있었다. 그러나 우리 전도자들은 절대로 그 동물에게 가까이 가지 말라고 완강히 말렸다.

그 동물의 이름은 '부루캥게'(Burukenge)라고 했다. 부루캥게는 물에서 살지는 않지만 악어과의 파충류로서 악어와 매우 닮았다고 해서 코스트(Coast) 지방에서는 스와힐리어로 그냥 부루캥게(야생 악어)

라고 부른다고 했다. 계란 같은 알 종류나 병아리 같은 새끼를 잡아먹는 동물인데 어딘가에 먹이가 있는 것을 알면 날마다 나타난다는 것이다. 그런데 이놈이 성이 나서 한 번 물면 사람의 살이든지 무슨 물건이든지 절대로 놓지 않는데, 그 이빨의 독이 독사나 전갈의 독보다도 강해서 온몸에 퍼져서 그 자리에서 급사한다고 한다.

그 말을 듣는 순간 그것과 눈이 마주쳤을 때의 섬뜩함보다도 더 무서워져서 온몸이 얼어붙을 듯이 오싹했다. 날마다 아이들과 함께 닭장 안에 가서 모이를 주면서 계란을 꺼내오곤 했는데 그 부루캥게에게 물렸으면 어쩔뻔했을까 하는 아찔함이었다. 이제부터는 닭장 근처에는 얼씬도 하지 말아야 하겠다고 다짐을 하고 또 다짐을 하면서 몸을 떨었다.

그놈의 부루캥게를 본 이틀 후인 오늘 닭장 안에서는 또 한 번 닭들이 푸드득거리는 소리가 요란했다. 점심을 먹던 남편이 수저를 넌지고 벌떡 일어나서 마당에 준비해 놓은 삽을 들고서 닭장으로 달려가고 있었다. 나는 남편을 부르면서 들어가지 말라고 뒤를 따랐고, 마당에서 일을 하던 청년이 눈치를 챘는지 큼지막한 막대기를 집어 들고서 남편의 뒤를 따랐다.

"당신, 제발 부탁인데 그냥 놔둬요. 그놈이 물면 생명이 위험하대요."

그러나 남편과 청년이 닭장 안으로 들어가서 도망가는 부루캥게를 잡느라고 소란스러웠고 닭들은 일시에 위험을 느껴서 꼬꼬댁거렸다. 나는 멀찌감치 서서 여차하면 도망칠 태세를 갖추고 남편과 하나님을 계속 불렀다.

'물리면 죽는다는데 어쩌면 저렇게 겁 없이 그놈의 동물에게 덤벼들 수가 있단 말인가. 어디서 저런 용기가 불쑥 솟을까? 하기야 저런 용기가 아니면 이런 아프리카의 시골에 뛰어들어 선교할 수도 없었겠지.'

하나님, 그리고 교회와 관련되면 무모하리만큼 용기있고 저돌적인 남편의 믿음은 꼭 돈키호테 같다. 못 말리는 남편을 초조하게 기다리고 있는데 닭장 문이 열리고 남편이 부루캥게를 삽에 걸쳐들고 나온다. 계란을 꿀꺽 삼키며 도망가는 뒷모습을 보고서 삽으로 모가지를 내리쳤다고 했다. 쉽게 죽지 않고 얼마나 버둥거리는지 지독한 놈의 머리를 박살냈다고 했다. 지금 청년은 악어 가죽도 비싸지만 부루캥게의 가죽도 엄청 비싸다면서 그 도둑놈의 가죽을 칼로 벗기고 있다.

"돈키호테 서방님, 제발 그런 것에 용기를 내지 마세요. 제가 마당에서 얼마나 불안하게 떨고 있었는지 아세요?"

하나님, 지켜 주세요

안전지대는 없다

　주일 아침 일찍 남편은 교회에 예배드리러 가느라 밥을 한 술 뜨는 둥 마는 둥 서둘러 나갔다. 오늘 예배 중에 성찬식이 있어서 그곳에서 사역하는 전도자의 초청으로 간 것이다. 나는 아이들과 함께 우팬도 교회에서 예배를 드리고 나서 집으로 찾아오는 우리 성도들의 점심을 해먹이느라고 분주했다. 가지도 않고 온종일 버티고 앉아 있어서 손님 대접을 하느라고 지쳐 있을 즈음이었다. 남편은 헐레벌떡 집안으로 뛰어들어오더니 안방에 가서 급하게 나를 불렀다.
　"여보, 엉덩이에 박힌 가시 빨리 좀 빼 줘. 아침부터 찔렸는데 아파서 혼났어. 목사 체면에 예배 시간에 움직일 수도 없고 얼마나 괴로웠는지 몰라."

남편은 엉덩이에 박힌 가시 때문에 예배 시간에 제대로 앉지도 못하고 엉거주춤하게 앉아 고생했다면서 빨리 엉덩이에 박힌 가시를 빼 달라고 했다. 바늘을 찾아들고 보니 가시는 온데간데없고 크고 까만 진드기가 착 달라붙어 살을 파고들어 있었다. 손으로 아무리 빼내려고 해도 잘 떨어지지가 않았다. 주로 동물에 붙어서 피를 빨아먹는 벼룩보다도 더 큰 야생 진드기로서 우리 집의 개에게 많이 붙어 있는 것을 보았다.

"어쩜, 잘 떨어지지도 않고 이렇게 지독하지? 참, 당신도 대단하군요. 하루 온종일 진드기한테 헌혈을 하고 있었다니…… 목사는 참을성도 많아야겠어요."

진드기를 겨우 살에서 떼내어 화장실에 가서 톡 터트리며 즐거운 듯이 깔깔거리며 웃었다. 남편은 엉덩이에 붙은 무언가를 혼자 처리하지도 못하고 더군다나 남에게 말하지도 못하고 그것 때문에 괴로웠다고 하며 씩 웃는다.

"다행히 가시인 줄 알았으니 참을 수가 있었지. 진드기인 줄로 알았으면 더 찜찜해서 견딜 수가 없었을 거야."

아프리카에 와서 우리 아이들은 모기와 벌레, 벼룩에 물려서 가려워서 긁다 보니 전신에 온전한 데가 없이 얼룩덜룩 작은 흉터가 남아 있다. 톡톡 튀어다니는 닭벼룩에 물리면 얼마나 지독한지 꼬박 열흘은 가려움을 참지 못하고 피가 나도록 박박 긁어야 했다.

지난달에는 키자베 학교 선생님이신 미국에서 오신 싱글 여선교사님께서 벼룩 바이러스가 심장까지 들어가서 세상을 떠났다는 소식을 들었다. 잠시도 안심할 수가 없는 열악한 곳에서 우리가 살고 있다는 것을 느끼며 마당에 있는 개벼룩만 보아도 겁이 난다. 우리 집에 있던 덩치 큰 개들도 빈대와 벼룩이 귓속으로 들어가서 차례로 비실비실하더니 세 마리나 싸늘하게 식어져 갔다. 가끔 마당에 약을 쳐서 소독을 해도 뜨거운 날씨에 오래 가지 않았다.

그뿐만 아니라 우기철이 되면 방안의 불빛을 보고 들어오는 전갈과 뒤뜰에 울타리로 막아둔 가시덤불 속에서 시커먼 독사가 튀어 나왔을 때의 그 놀라움과 무서움은 언제나 긴장을 하게 만든다. 아이들이 마당에서 흙장난을 하면서 놀기도 하고 맨발로 뒤뜰을 누비며 놀기 때문이다. 바나나 나무 아래 쳐진 빨랫줄에 널어 둔 옷에다가 독나방이 알을 까서 새까맣게 다닥다닥 붙어 있을 때도 허다했다.

안전지대는 없다! 주님께서 생명 싸개로 지켜 보호하여 주셔야만이 안전할 수가 있으며, 주님만이 우리의 피난처이며 안전지대임을 고백한다. 우리에게 한없는 사랑으로 베푸시는 주님의 자비하심을 이 까만 진드기 한 마리를 통해서도 깨닫게 된다.

"내가 너희에게 뱀과 전갈을 밟으며 원수의 모든 능력을 제어할 권능을 주었으니 너희를 해할 자가 결코 없으리라"(눅 10:19).

독버섯 같은 에이즈

해가 뉘엿뉘엿 넘어가는 시간에 저녁상을 차리려고 바삐 서두르고 있었다.

"여보, 빨리 소독약과 지혈제 가지고 와."

바깥에서 뚝딱거리며 망치질을 하던 소리가 멈추더니 남편의 큰 소리가 들려왔다. 약을 빨리 가져오라고 소리치는 것을 들으니 누군가 다쳤다는 예감에 가슴이 두방망이질을 쳤다. 언젠가부터 큰 소리를 들으면 가슴이 먼저 뛰기 시작했다. 이곳에서 늘 긴장하고 가슴 졸이며 살다 보니 큰 소리만 들려도 간 떨어지듯이 덜컥하는 큰 소리 공포증이 생긴 것이다.

먼저 가스레인지 불을 끄고서 소독약과 지혈제를 찾아 마당으로 달려 나갔다. 해가 저무는 마당에서 남편이 전도자 훈련학교에서 공부하는 제자 스탄리(Stanly)의 발을 잡고 있었고 스탄리의 오른쪽 발에서 피가 줄줄 흐르고 있었다. 물로 발을 씻고 거즈로 발을 닦으니 상처의 부위가 선명하게 드러났다. 오른쪽 발가락 주위에서 발바닥 쪽으로 칼로 깊이 도려낸 듯이 살이 너덜거렸다. 자신의 발에서 붉은 피가 흐르는 모습을 바라보는 스탄리의 얼굴이 통증과 두려움으로 새파랗게 질려 있었다. 얼른 피가 흐르는 발을 소독약으로 닦고 지혈제를 뿌렸다. 붕대를 감은 후에 남편은 그를 차에 태우고 병원으로 갔다.

마당에 제자들을 위한 방 한 칸을 지었는데 양철로 지붕을 올리고 마무리하고 내려오다가 스탄리가 날카로운 양철 날을 밟았던 것이다. 양철지붕에는 피가 흘러내려 말라붙어 있었다. 스탄리를 병원으로 보낸 후 그제야 안도의 숨을 돌리다가 온몸이 후끈 두려움으로 확 달아올랐다. 맨손으로 그의 상처를 소독해 주고 약을 발라 주며 피를 잔뜩 묻혔기 때문이다. 너무 다급했던지라 아무 생각 없이 비닐장갑 하나 끼지 않았던 것이다. 이 사람들에게 에이즈가 많아서 항상 조심해야 한다는 것을 알면서도 잠시 깜빡했다. 만약 손에 상처가 있으면 어떡하지? 혹 에이즈 보균자이면 어떡하지? 그래서 스탄리의 피가 내 손의 상처를 통해 흘러 들어갔다면 에이즈 보균자가 되는 건데……. 두려움으로 머릿속이 하얘지며 머리카락이 쭈뼛거리는 것 같았다. 텀벙거리는 내 손에는 언제나 상처가 한두 개는 있었는데 집안에 들어와서 유심히 보니 다행히 아무 상처가 없어 안심이 되었다.

사실 이곳 아프리카에 와서 우리가 깜짝 깜짝 놀라는 것 중의 하나가 자주 마주치며 지내던 이웃이 다음 날에 주검이 되었다는 소문을 듣는 것이다. 풍토병으로 죽는 경우도 많지만 에이즈로 죽는 사람도 의외로 많다. 에이즈에 걸리면 면역성이 없어서 조그만 질병이나 감기라도 걸리면 바로 죽기 때문이다. 한 에이즈 보균자는 뼈가 두드러질 정도로 바짝 말라 비틀어져서 죽는 것을 보았으며, 어떤 이는 아주 건강하다가 한순간에 죽었는데 알고 보니 에이즈라고 했다.

몇 년 전에 이웃집의 메리(Mary)라는 여인은 남편에게 감염되어 머리카락이 빠져서 늘 모자를 쓰고 다니고 긴소매 옷으로 가리고 다녔는데 온몸이 마른 나뭇가지처럼 바짝 야위어서 서서히 죽어가는 것을 너무도 생생하게 보았다. 생전에 그녀가 우리 집을 방문하면 인사할 때 악수를 해야 할 것인가 말 것인가 속으로 여러 번이나 생각을 하면서 손을 내밀었고, 우리가 사용하는 컵에 차이를 대접해야 할 것인가 말 것인가 고민도 많이 했었다. 성적인 접촉이나 수혈이 아닐 경우에는 괜찮다는 것을 알기 때문에 요즘은 누가 에이즈 보균자라는 사실을 알면서도 스스럼없이 맞이하지만 약간 찜찜한 것은 사실이다. 아직도 우리 사이슬 교회 유치원의 교사가 우리 집을 자주 찾아온다. 그녀의 남편이 몇 년 전에 에이즈로 죽었는데 그녀 또한 에이즈 보균자라는 사실을 뻔히 알고 있기에 아무래도 만나면 꺼림칙한 것은 사실이지만 아무렇지도 않게 악수를 나누고 차이를 대접하곤 한다. 그녀가 시한부 인생이란 것을 뻔히 아는 우리로서는 만날 때마다 반갑고 또 조심스럽다.

이곳에 살면서 우리는 말라리아 증상이 오면 재빨리 병원을 찾아가서 피 검사를 하고 약을 받아 온다. 그런데 이곳 사람들은 피 검사를 잘 하지 않는다는 것을 뒤늦게 알았다. 이유는 자기가 에이즈 보균자라는 사실을 행여 병원에서 알게 될까 봐, 또 스스로 그 사실이 드러날까 봐 두려워서 검사를 하지 않는다는 것이다. 아무래도 에이즈로 죽었다는 것은 이웃들의 시선에 좋지 않아서 장례식을 하면서도 가족들과 이웃들에게 에이즈임을 잘 알려 주지 않는다. 자기 가족이 에이즈로 죽었다는 것을 알고 나면 자기도 보균자라는 사실을 받아들이기가 힘들고 삶의 허무를 느끼기 때문인 것이다.

그러나 이곳에서는 입소문이 얼마나 무서운지 우리도 누가 에이즈 보균자인지를 소문으로 들어 나중에 다 알게 된다. 그 소문이 병원 측에서 먼저 새어나오기 때문에 다 사실임을 알았다. 아직도 일부다처제가 많고 또 성적으로 문란한 아프리카이다 보니 이런 그들의 현실들이 다 이해가 된다.

이건 진짜 믿기 어려운 사실인데, 엘도렛(Eldoret) 대학교의 한 여대생이 남자친구로부터 에이즈에 걸려서 복수심에 그 대학의 교수들과 학생들과 157명과 성 접촉을 했다고 학교 게시판에 써 붙여서 뉴스와 신문에 크게 보도하며 한바탕 난리가 난 적이 있었다. 이곳 보이의 시골에서도 사갈라 마을의 어느 초등학교 남자 교사가 에이즈에 걸린 것을 알고도 학부모와 학생들과 어린 초등학생까지 건드렸다고, 노트에 몇 페이지씩이나 이름을 적어서 돌린 사실에 경악했던 적이 있었다.

그런가 하면 보이 타운에서도 어떤 남자가 에이즈에 걸려서 삶을 비관하다가 자기 피를 주사기에 뽑아서 지나가는 사람들에게 느닷없이 찔러서 퍼뜨린 적도 있었다. 그때 그 소문 때문에 무서워서 시장에 갈 때는 한동안 누군가를 꼭 동반하고 다녔다. 게다가 병원에서 수혈 후에 본의 아니게 에이즈에 걸렸다는 사람들도 많아서 신문에 나온 적도 있으며, 서쪽의 키수무(Kisumu) 지역의 몇몇 마을은 에이즈로 어른들이 죽고 아이들만 남았다는 기사도 나온 적이 있었다. 정말 믿기 힘든 사실이 이곳에서는 버젓이 존재한다.

언젠가 에이즈를 독버섯에 비유해 보았다. 갖가지의 예쁜 빛깔로 산속 음침한 수풀에서 솟아나와 사람을 유혹하는데 한번 먹으면 죽게 만드는 독버섯이 왠지 에이즈와 비슷하다는 생각이 들었던 것이다. 너무도 아름답고 평화로워 보이는 아프리카이지만 죄의 구렁텅이는 아주 아름다운 모습으로 곳곳에 숨겨져 사람들을 꼬드겨서 까딱하다가는 멋모르고 빠져서 허우적대다가 나중에는 죽음의 계곡으로 몰고 간다.

아, 우리가 참 무서운 곳에 살고 있구나 하는 생각을 하고 있을 때 남편이 제자 스탄리를 데리고 병원에서 돌아왔다. 의사가 상처 부분을 다시 깨끗이 소독하고 꿰매어서 붕대로 감아 주었고 혹시 파상풍에 걸리지 않도록 주사를 맞혔다고 했다. 내일은 우리 제자들과 교사들에게 독버섯은 너무나 예쁘지만 독이 있어 먹으면 죽는 것과 마찬가지로 에이즈는 더 위험하다는 것을 진지하게 가르쳐 주어야겠다.

아그네스의 미소

시장으로 가는 길목을 돌아서면 보이 법원이 있는데, 그 앞을 지나치고 있을 때에 이캉가(Ikanga) 교회의 유치원 교사가 그 앞에 있다가 지나가는 나를 보며 인사를 건넸다. 반가워하면서도 화요일에 수업이 있는데 교사가 왜 이곳에 와 있느냐고 의아해서 물었다.

"마마, 내 딸 아그네스(Agness)가 그저께 오후에 성폭행을 당했는데 오늘 그 남자를 붙잡아서 법원에 끌고 왔어요."

그 말을 듣는 순간 딸을 가진 엄마의 처지로서 너무도 속상하고 마음이 답답해졌다. 그녀의 손을 이끌고 법원 밖의 큰 나무 그늘 아래로 데리고 가서, 도무지 이해가 안 된다면서 어떻게 그런 일을 당할 수가 있느냐고 함께 분개하며 자초지종을 물었다.

나는 아그네스를 매우 예뻐했다. 아그네스는 지난해 성탄절 때에 남편에게 세례를 받은 13살의 깜찍한 여자애였다. 이곳 AIC 교회 헌법은 12살 이상이면 세례를 받을 수 있으며 침례를 한다. 어리지만 믿음이 좋은 그애는 주일학교와 낮 예배에 빠지지 않고 찬양대로 주님께 영광 돌리는 귀엽고 예쁜 아이였다. 그런데 그 어린것이 이런 일로 인해서 받았을 상처를 생각하니 가슴이 미어졌다. 그저께 오후 4시에 심부름 갔다가 돌아오는 길에 방귀(마약의 일종)를 먹고 있는 젊은 남자에게 붙잡혀서 봉변을 당했다는 것이다. 이곳에는 마약과 본드를 마시는 사람이 널려 있는데도 정부에서 제대로 단속을 하지 못하고 있는 실정이다.

며칠 전에 타운을 다녀오는 길이었다. 자전거를 타고 가던 두 청년이 길을 가는 두 청년을 만나서는 손바닥마다 하얀 가루를 조금씩 나누더니 대낮의 그 많은 사람들이 다니는 길목에서 아무렇지 않게 먹었다. 나만 본 게 아니라 지나가던 몇몇의 사람들도 힐끗거리며 보았지만 누구 하나 눈여겨보면서 말을 거는 사람도 없었다. 그게 마약 종류라는 것을 익히 들어 알기에 그 자리를 지나가면서 소름이 끼칠 정도로 겁에 질려서 걸음을 더 빨리 재촉하며 지나왔다. 아, 정말 무서운 곳에서 우리가 살고 있다는 것을 느꼈다.

웬 정신 나간 남자가 자기가 에이즈에 걸려서 혼자 죽기 싫다고 자기의 피를 주사기에 뽑아서 보이 타운을 지나가는 어린아이들에게 찔렀다는 소문이 있어서 부모들을 초긴장으로 몰아넣은 사건이 있는가 하면, 우리 우팬도 유치원 아이가 대마초 씨앗을 가방에 넣어 다니며 어른들에게 고작 몇십 실링에 팔아 넘겨서 그 돈을 아버지에게 전해 준 사건도 있었다. 그 일로 우리는 그 아이를 유치원에서 내보내고 조용히 마무리를 지었다. 부정과 부패와 성적 문란 등 타락한 인간들의 갖가지 악의 그림자가 곳곳에서 아주 아름다운 빛깔로 피어나서 사람들을 유혹하여 위험과 파멸의 골짜기로 몰아넣는 곳이 이곳 아프리카인 것 같다.

"마마, 제발 아그네스가 에이즈만이라도 걸리지 않도록 기도해 주세요."

그녀는 나의 귀에 속삭이듯이 말을 하고는 법원 안으로 총총히 사라졌다. 시장을 다녀와서 아그네스를 위해서 진심으로 주님을 부르며 엎드렸다. 어린아이가 당한 슬픔을 주님께서 씻어 주시고 에이즈에 걸리지 않기를 간절히 기도했다.

어둑해진 저녁에 노크 소리가 나서 문을 열어 보니 아그네스와 그 엄마가 찾아왔다. 한밤중에 찾아왔기에 또 무슨 재앙이 겹쳤나 해서 지레 놀란 가슴을 숨기며 그들을 안으로 맞아들였다. 다짜고짜 무슨 일이 있느냐고 묻지 않을 수가 없었다. 그들은 빙그레 웃으면서 피 검사를 했는데 에이즈에 걸리지 않았다는 좋은 결과가 나와서 이렇게 늦게나마 알려 주려고 왔다고 했다. 이런 상황에서도 에이즈에 걸리지 않은 것만으로도 감사해서 웃어야 하는 부모의 심정이 짠했다. 그 옆에서 언제 그런 일을 겪었느냐는 듯이 하얀 이를 드러내놓고 웃는 아그네스의 나팔꽃 같은 미소를 바라보니 내 마음도 푸근하게 젖어들었다.

"주님, 아그네스가 에이즈에 걸리지 않아서 감사해요. 아그네스의 장래를 지켜 주세요. 그리고 이곳 보이의 땅을 뒤엎어서 새롭게 갈아 주세요. 에이즈가 없는 보이 지방이 되게 해주시고 새 사람들로 피어나게 도와주세요."

벌떼에 쏘인 온유

"주님, 제 소유가 아닙니다. 우리는 청지기일 뿐입니다. 우리 자녀이기 전에 당신의 것입니다. 사랑하는 어린 딸 온유를 붙들어 주세요. 이 어린 딸에게 아무 일도 생기지 않도록 도와주세요."

룻이 신바람 나게 두드리는 북소리에 우팬도 성도들이 모두 손뼉을 치면서 흥겹게 찬양을 하고 있었지만 나는 찬양할 기운도 없이 절박한 심정으로 어린 온유를 안고 주님께 기도로 매달리고 있었다.

오늘 교회에 가기 전에 일어난 일은 참으로 순식간에 당한 어처구니없는 일이었다. 열린 현관문으로 시커먼 망토를 뒤집어쓴 중년의 무슬림 아주머니가 비명을 지르며 갑자기 우리 집안으로 뛰어들었다. 주일 낮 예배를 드리러 가려고 거실에서 교회에 갈 채비를 하고 있던 나는 갑작스레 들이닥친 그녀가 히잡을 둘러 쓴 무슬림임을 알고 놀라서 누구냐고 소리를 질렀다. 그녀는 소리 지르는 나를 보고 깜짝 놀라서 아무런 말도 하지 않고 뭔가에 쫓기듯이 또 한 번 비명을 지르며 집밖으로 뛰쳐나갔다. 갑자기 일어난 일로 무엇에 홀린 듯이 놀라고 당황한 나는 쿵쿵거리는 가슴을 누르며 열린 거실 문밖으로 나가는 그녀의 뒷모습을 내다보았다. 우리 집은 대문이 없이 이웃집들과 함께 마당을 같이 쓰는 데다가 거실 문을 열면 바로 마당이 보이고 사람들이 지나가는 길이었다.

여인이 뒤집어 쓴 까만 천에 수십 마리의 성난 벌떼들이 웽웽거리며 따라가고 있었다. 짧은 순간 상황 판단을 하던 그때였다. 여인을 따르던 한 떼의 벌떼 무리가 교회에 간다고 예쁘게 단장을 하고서 신발을 신고 마당에서 자박자박 걸음마 하던 어린 아기 온유의 머리 위로 달라붙었다. 놀란 온유는 영문도 모르고 울음을 터트리며 손으로 휘젓고 있었다. 아아……! 나는 그 아줌마가 흘리고 간 비명을 내지르면서 온유에게 달려갔다. 성난 수십 마리의 벌떼가 웽웽거리며 어린 딸의 머리를 빙 둘러싸고 있었다. 갑자기 당황해서 문 옆에 있는 빗자루를 들고 이리저리 휘저으며 쫓았지만 쉽게 달아나지 않아서 온유를 안고서 집안으로 뛰어들어왔다. 그제야 벌들이 열린 문을 찾아서 하나씩 소리를 내면서 날아갔고 예배 시간이 가까워져서 놀란 가슴을 진정시키며 온유를 안고 우팬도 교회로 갔다.

"엄마, 머리가 아파."

예배 시간에 온유는 머리가 아프다고 손으로 머리를 자꾸만 만지며 내 품에 안겨 왔다. 벌에 쏘인 곳이 많이 부었나 해서 머리카락을 하나씩 들추어 보다가 깜짝 놀랐다. 벌들이 남기고 간 벌침이 온유의 머리에 고스란히 박혀 있었다. 하나, 둘, 셋 세면서 뽑아낸 벌침이 무려 28개나 되었다. 이마에 손을 대보니 벌써 열이 오르고 있었다. 그래서 찬양 시간에 어린 온유를 안고서 간절히 주님께 아뢰었던 것이다. 주님께서 온유를 붙들어 주시어 아무런 위험한 일이 생기지 않기를 마음으로 울며 기도했다.

한의학에서는 벌침으로 병든 사람들을 치료한다고 했지만 벌에게 잘못 쏘이면 생명에 위험이 온다고 알고 있기에 두려움이 가득했다. 언젠가 보았던 영화 '마이 걸 1'(My girl 1)에서 벌에 쏘인 아이가 죽는 끔찍한 장면이 떠올랐기 때문이다. 평소에는 5분도 가만히 앉아 있지 않고 설치는 아이가 멍한 눈빛으로 내 품에 안겨서 눈만 깜박이고 있었다. 벌에 한 방만 쏘여도 그 따끔한 맛에 눈물이 찔끔하며 얼얼하게 아파 오는데 얼마나 아플까 생각하니 가슴이 저며 왔다.

예배를 마치고 얼른 집에 내려와서 소파에 눕혔는데 잠이 든 온유가 헛소리를 했다. 온몸이 불덩이 같았다. 벌에 쏘이면 암모니아를 바른다는 것을 알고 있었지만 집에는 암모니아수도 없었고 찬물로 아이를 닦아 주면서 기도하는 수밖에 없었다. 사갈라 지역에 개척한 우리 교회에 순회 설교를 갔다가 늦게 돌아온 남편은 자초지종을 듣고서 잠든 아이의 머리에 오른손을 얹고서 기도를 했다. 나는 소속한 선교부에 전화를 해서 디렉터 사모님께 기도해 주시기를 부탁드렸다.

"주님, 십자가의 보혈로 도와주세요. 주 예수님의 십자가 보혈에는 기적이 있고 치유의 능력이 있음을 믿사오니 벌떼에 쏘여 아픈 온유에게 나음을 주세요."

하나님은 우리의 신음과 기도에 응답해 주셔서 기적의 손길로 온유를 치료해 주셨다. 늘 우리와 함께하셔서 소중한 간증 거리를 만들어 주시고, 우리의 삶 속에서 찬양과 영광을 받으시는 참 좋으신 분이다. 우리의 연약함을 제일 잘 아시고 우리의 죄와 질병을 다 담당하시고 십자가에 피 흘리심으로 구원을 완성하신 주 예수님의 사랑과 능력을 온전히 의지하며 주님 앞에 겸손히 나아가는 감사한 밤이다.

3장
익숙해지지 않는 곳

닭 장사

삐약삐약, 쉴 새 없이 들려오는 병아리 소리, 꼬꼬댁 꼭꼭 꼬끼오 시간도 제대로 구분하지 못하고 목청껏 불러대는 우리 집 마당의 토종닭들과 구구구 거리며 끝없이 먹어 대는 브로일러 닭들을 합치면 수백 마리의 닭이 있는데, 그야말로 우리 집은 닭 세상인 것 같다. 여기에서도 저기에서도 닭 울음소리가 끊이지 않고 요란하다. 아마 닭이 울기 전에 세 번씩이나 예수님을 부인한 베드로가 지금 이런 우리 집에 살았다면 죄책감으로 가슴을 치며 통곡하다가 정신병이라도 걸리지 않았을까 하는 우스운 생각마저 든다.

개척한 여러 교회 전도자들의 생활비를 걱정하던 남편이 어렵사리 생각해 낸 닭 프로젝트이다. 전도자라면서 주일예배 설교만 하고 빈둥거리는 그들에게 땀을 흘려 수고를 하고 돈을 벌어서 각자 살아나가야 한다는 것을 가르치겠다고 큰소리를 치며 남편은 솔선수범에 나섰다.

남편은 처음으로 양계를 하느라 모든 것이 익숙하지 않아서, 닭 사육을 해서 돈을 벌고 있는 우팬도 교회 청년 마강가의 도움을 받아 이 일을 시작하였다. 처음에 갓 깨어난 병아리 100마리를 사왔는데 노란 병아리가 얼마나 귀엽고 예쁜지 아이들이 좋아하며 갖고 노는 산 장난감이 되었다. 닭 사육이 시작되면서 남편은 더욱 부지런해졌다. 새벽기도회에서 돌아오면 병아리들이 추워서 얼어 죽지나 않았는지 살피러 갔고 방학이라서 함께 있는 신학생 조엘과 함께 사료를 주고 깨끗한 물을 갈아 주느라 바빴다. 처음 닭 농사는 예상대로 실패였다. 닭장이 좁고 함석지붕이 너무 뜨거워서 그만 닭들이 병이 들어서 시들시들 죽기 시작했던 것이다. 남편은 희망에 차서 일을 시작했지만 닭 때문에 선교사가 웃음거리나 되지 말자고 극구 반대한 나는 기세등등해졌다.

"닭 농사를 아무나 하는 줄 아세요. 그리고 선교사가 할 일이 얼마나 많은데, 그깟 닭 농사로 시달려야겠어요?"

나는 실패를 기다렸다는 듯이 즐거워했다. 왜냐하면 다시 하지 않기를 원했기 때문이다. 그런데 남편은 아내의 잔소리에도 아랑곳하지 않고 두 번째로 다시 시도했는데 이번에는 성공이었다. 처음 실패를 교훈 삼아서 아주 신경을 써서 관리했더니 6주 만에 내다 판 닭이 이윤이 남아서 전도자 세 사람의 사례비가 나올 정도였으니, 남편의 입이 함박꽃만큼 커진 건 물론이고 이제 자신감이 생긴 모양이었다.

그 이후로 닭 프로젝트가 시작되었고 생활에도 변화가 생기기 시작했다. 땀 흘리는 남편과 전도자들을 보면서 이곳 보이 골짜기에서 사치할 일도 없고 낭비할 일도 없는 생활 속에서 더욱 검소해져서 꼭 필요치 않은 물건은 절대 사지 않게 되었으며 물건을 구입할 때는 한 번 더 생각을 하게 되었다. 물론 후원 교회에서 성도님들이 열심히 일을 해서 보내 주는 선교비의 고마움도 더욱 헤아리게 되어서 감사하게 되었다.

더욱 놀라운 것은 내가 전도자들과 함께 닭털을 뽑고 그 닭을 시장에 팔러 나간다는 사실이다. 그 일을 구경만 하던 어느 날, 닭에 손을 댄 것은 관광객을 상대로 하는 한 식당에서 닭 100마리를 한꺼번에 사겠다고 연락을 해왔기 때문이다. 이곳 보이 지방은 차보동물공원이 유명하여 외국 관광객이 끊이지 않는다. 뒷마당 구석에는 큰 가마솥에서 뜨거운 물이 펄펄 끓고 있고 조엘이 그 옆에서 닭 모가지를 비틀었다. 그러면 남편과 사이슬 교회의 전도자 엘리우드가 잡은 닭을 끓는 뜨거운 물에 담갔다가 건져내어서 닭털을 뽑고 내장을 빼내면 자네트가 깨끗이 씻은 후에 비닐봉지에 담았다.

일손이 딸린 남편은 두 눈을 찌푸리며 무슨 미개인을 쳐다보듯

인상을 쓰는 아내가 못마땅했던지, 지금 구경할 때가 아니니 빨리 거들어 달라고 자꾸만 재촉했다. 가만히 보고 있으니 갖다 주기로 약속한 시간은 다가오고 참으로 딱해 보였다. 차마 맨손으로는 못할 것만 같아서 비닐장갑을 끼고 닭털을 하나씩 뽑기 시작했는데, 그놈의 닭똥 냄새가 얼마나 고약한지 장난처럼 시작한 일에 눈물이 찔끔거렸다.

"내가 지금 뭐 하는 거야? 선교하러 왔지 닭털 뽑으러 왔어?"

남편에게 짜증 섞인 투정을 부리며 원수 같은 닭털을 신경질적으로 투박스럽게 뽑아냈다. 그래도 갖은 인상을 다 쓰며 손을 부지런히 놀리고 있는 아내가 대견스러운지 남편은 한마디를 거들었다.

"당신도 참 많이 변했다. 환경이 사람을 바꾼다는 말이 실감 나네."

그러면서 남편이 껄껄 웃었고 함께 직입하며 밤을 흘리던 전도자들과 자네트도 모두 넘어갈 듯이 웃었다. 내가 생각해도 나란 사람은 참으로 많이 변했다. 깨끗이 손질을 해서 파는 닭 한 마리도 도마 위에 올려놓고 칼질해서 요리하는 것이 끔찍해서 쩔쩔맸고, 결혼 초기에 남편이 좋아하는 고등어 한 마리 씻어서 굽는 것도 비린내에 역겨워하며 꼭 먹어야 하느냐고 말다툼한 적도 있다.

결혼 초, 시집에서 부모님과 함께 살 때였다. 생선을 손질할 줄을 몰라서 한 달 내내 생선 요리를 밥상에 올리지 않았더니, 동해안 바닷가 출신 아버님께서 좋아하는 생선 요리가 보이지 않는다며 하루는 부엌에 와서 냉장고를 열어 보시고 수북하게 쌓인 냉동고의 생선을 바라보시면서 생선이 하나도 없는 줄 알았다고 하셨다. 조그만 벌레 하나만 보아도 기겁을 하면서 소리 지르는 나였다. 시댁 부모 형제들과 한 상에서 식사를 할 때에 상추에 붙은 파란 애벌레 하나를 보고서 기겁을 해서 젓가락을 집어던지고 벌떡 일어나는 바람에 모두의 웃음거리가 되기도 했다.

지금의 내 모습은 기특할 정도로 담대해진 것만 같다. 닭똥집을 맛있게 요리하고 보이 시장에 가서 전도자들과 함께 얼굴에 철판을 깔고 닭을 팔고 있으니까 말이다. 이런 내 모습을 눈여겨보는 한국 사람이 하나도 없다는 사실이 나를 강하고 자유롭게 만들었는지, 아니면 하나님께서 사용하시기에 이러한 내 모습도 선교지에서 필요하셔서 변화시켜 나가는지 나도 모르겠다. 그러나 지금 알 수 있는 것은, 꿈속에서 내 털 내놔라 하고 닭들이 일시에 몰려들 것만 같다는 느낌으로 온몸에 오스스 닭살이 돋고 있다는 것이다.

도둑은 가까이 있다

우팬도 교회에서 주일 낮예배를 드리고서 우리 집을 방문한 싱글 여선교사랑 즐겁게 찬송을 흥얼거리며 집으로 돌아오고 있었다. 그는 마사이 부족에서 간호사로서 2년간의 단기선교를 마치고 2주 후에 한국으로 돌아가기로 되었는데, 정든 우리 가족과 작별 인사를 하러 어제 오후에 이곳 우리 집에 찾아온 것이다. 남편은 동역하는 AIC 교단의 전도자가 목사 안수를 받는 날이라 초청을 받아서 그 교회에 주일예배를 드리러 모처럼 한국 강대상에서 입는 목사 가운을 입고 갔다. 더위 속에서 기쁨으로 찬양을 부르며 뛰어 내려간 아이들이 뒤를 돌아보며 소리쳤다.

"엄마, 문이 열렸어!"

그 소리를 듣는 순간 가슴이 철렁했다. 얼른 달려가서 문을 들여다보니 문고리가 부서졌고 두 겹으로 잠긴 문도 모두 부서져 있었다. 놀란 가슴을 진정시키며 집안으로 들어가니 온통 헝클어져 있었다. 안방으로 들어가니 침대 시트도 뒤집혔고 서랍은 다 뒤져서 엎어 놓았다. 그런데 문 옆에 배가 꽉 차서 두둑한 배낭이 놓여 있었다. 순간 도둑이 아직도 집안에 숨어있을지도 모른다는 생각이 들어 경찰서에 신고하려고 집안에 들어온 아이들과 선교사를 데리고 나왔다. 옆집 캄바 부족의 아주머니에게 도둑이 들었으니 경찰서에 신고를 좀 해달라고 부탁을 하고는 경찰이 오기까지 우리는 밖에서 서성거렸다.

30분 후에 사복 차림의 경찰 두 명이 찾아와서 집안에 도둑이 숨어있는지를 화장실과 천장까지 샅샅이 살폈다. 아무도 없다는 것을 확인하고서 경찰은 집안에 잃어버린 것이 없는지 찾아보라고 했다. 질식할 것처럼 긴장되었던 마음을 비로소 가다듬으며 방에 들어가서 아직도 놀라서 떨리는 손으로 뒤적이며 살펴보니 화장대 서랍 속에 있던 지갑이 보이지 않았다. 현금 15,000실링과 300달러가 들어 있었는데 그 지갑을 가져갔고, 카메라와 비디오, 트랜지스터와 드라이기와 여행가방 등이 보이지 않는다고 말을 했다. 문 옆에 남기고 간 배낭을 열어 보니 물건들이 수두룩하게 들어 있었는데 그것마저 가져갈 여유가 없었는지 남겨 둔 것이다. 경찰들은 없어진 물건을 하나씩 수첩에 받아 적더니 의심되는 사람이 있으면 한번 말해 보라고 했다. 그때 뇌리 속에 번쩍 떠오르는 얼굴이 있었는데 키쿠유(Kikuyu) 부족의 존(John)이었다.

존은 우리 집에서 일을 도와주는 덩치가 큰 26살의 청년이고, 우리 집 뒷방에 기거하는데 어젯밤에 일을 그만둔다면서 나갔다. 밤 9시가 지난 시간에 그는 술에 거나하게 취해서 돌아왔는데 돈이 필요하다고 좀 달라고 했다. 그래서 술에 많이 취한 것 같으니 타운에 나가서 죄 짓지 말고 그냥 조용히 방에 들어가서 자라면서 타일렀다. 그런데 10분이 지났을까 노크 소리에 나가보니 가방을 둘러메고는 나를 믿어 주지 않는 이 집에서 못 살겠다, 나가겠다며 이번 달 오늘까지 일한 월급을 다 달라고 했다. 술 취한 사람에게 어떻게 할 수가 없어서 말리지 않고 그의 월급과 차비까지 챙겨서 보냈다. 술이 깨면 후회하면서 내일이라도 돌아오리라는 생각을 했던 것이다.

아침에 뒷방에 갔다가 우리가 준 이불과 그릇까지 모두 가져간 것을 알게 되었다. 그래서 경찰들의 질문에 의심되는 사람이 존이라고 말했다. 우리가 주일이면 낮에 모두 예배드리러 가기에 집을 텅텅 비운다는 것을 누구보다도 잘 아는 사람이며, 또 어느 문을 따기가 쉬운지 잘 아는 사람으로서 도둑은 가장 가까이 있는 사람이기 때문이다. 그리고 그는 우리 집에서 일한 지가 반년이나 되었기에 훤한 대낮에 울타리도 없는 집이라서 지나가는 사람이 다 볼 수가 있는데도 마음 놓고 문을 따도 의심을 받지 않은 것이다.

잃어버린 물건도 아까웠지만 어떻게 우리에게 그렇게 할 수가 있을까 생각하니 괘씸했다. 지난번에 그가 밤에 남의 집 대문을 따다가 발각되어서 도둑으로 몰린 적이 있었는데, 그가 아니라고 변명을 하기에 우리는 누구보다도 믿어 주고 위로까지 해주었다. 그가 몰래 담배를 피우고 술을 먹었지만 남편은 끝까지 참고 늘 가르쳐 왔다. 믿었던 사람에 대한 배신감으로 괘씸해하고 있는데 남편이 예배를 마치고 돌아왔다. 집에 빙 둘러 서 있는 사람들을 보고서 놀랐지만 자초지종을 들은 남편은 주일 예배 후 은혜가 충만한지 웃음을 머금고 한마디 했다.

"자미 왕구 워테 와꼬 살라마 하이나 시다"(우리 가족이 모두 평안하니 괜찮아요).

남편의 말을 들은 이웃 사람들이 머쓱해져서 모두 하나씩 돌아가고 경찰도 떠나가고 마지막으로 우리 교인들이 '폴레 사나'(매우 미안하다)를 연거푸 외치면서 돌아갔다. 헝클어져서 엉망진창이 된 집안에 들어오니 기운이 쫙 빠졌고 놀란 가슴은 아직도 쿵쾅거려서 소파에 풀썩 주저앉았다. 그러나 함께 있던 선교사는 점심을 생각해 내고는 라면을 끓여 와서 배고픈 우리 아이들을 먹이고 있었다. 많이 놀랐을 터인데도 내색하지 않는 그녀가 너무도 고맙고 힘이 되었다.

정신을 차리고 어수선하던 마음이 가다듬어졌을 때에야 거실 소파에 얹어 둔 그녀의 가방이 송두리째 사라지고 없다고 했다. 그 속에 새 카메라와 선물 받은 선글라스와 수첩과 손수건 등이 들어 있었단다. 우리 물건을 잃어버린 것보다도 손님의 것을 훔쳐간 것을 생각하니 더 괘씸하고 고약했다. 어린 요한이와 온유는 갑자기 무섭다면서 화장실에도 혼자 가지 않겠다고 떼를 쓰고 있다.

늘 동생처럼 아껴 주며 누가 욕을 해도 오히려 편들어 주면서 잘해 주었더니 고작 이렇게 갚는가 하는 생각에 허탈해졌다. 원주민들에게 아무리 잘해 주어도 자기의 목적 달성을 위해서는 언제든지 돌아설 수 있고 외국인을 인간 대접하지 않으며 선교사를 가장 만만한 존재로 업신여긴다는 선배 선교사님의 말씀이 떠올라서 서글퍼진다.

도둑이 들어도 온 가족이 안전하니 감사하자는 남편과 손님으로 왔다가 소중한 물건을 다 잃어도 오히려 위로하는 선교사가 곁에 있어서 웃을 수가 있었다. 그리고 하늘을 붉게 불태우는 저녁노을에 취해서 우리는 모두 감사할 수가 있었다. 그래, 주러 온 선교사가 미리 그들에게 주었다고 마음 편히 생각하고 웃자. 내일을 위해서…….

"주님, 당신은 우리들의 모든 형편을 잘 아시죠? 당신의 평강으로 우리들과 함께하시고 용서하는 저희들이 되게 해주시고 나쁜 일은 우리들의 기억 속에서 지워 주세요."

사이슬 유치원 교사 다이아나

다이아나(Diana), 우리가 그녀를 만난 건 보이 지방에 와서 얼마 되지 않은 어느 노을이 비끼는 해 질 녘이었다. 집안이 얼마나 더운지 가만히 앉아 있어도 등에서 땀이 흘러내리는 오후에 아이들을 데리고 집밖의 한 그루 나무 그늘에서 바람을 쏘이고 있었다. 그때 10살 정도의 어린 여자아이 둘이서 놀고 있었는데 모두 맨발이었다. 그래서 아이들을 불러서 왜 신발을 신고 다니지 않느냐고 했는네, 엄마가 신발을 사 주지 않았다고 했다.

그때 한 아이의 발이 갈라져서 상처가 났는데 보는 내 가슴이 그 아이의 상처처럼 통증으로 아려 왔다. 그래서 집으로 데리고 와서 그 아이의 발을 씻어서 소독해 주고 연고를 발라 준 후에 발에 맞을 만한 샌들을 찾아서 신겨서 보냈다.

그런데 조금 후에 함께 있던 아이가 질투가 났던지 다시 찾아와서 자기도 발이 다쳤는데 약을 발라 달라고 했다. 가만히 들여다보니 아까 멀쩡했던 새끼발가락의 끝을 칼로 긁어서 상처를 냈다는 것이 눈에 훤히 들여다보였다. 얼마나 신발이 갖고 싶으면 저렇게 상처를 만들어서 왔을까 하는 마음에 아무 말 없이 소독해 주고 한국에서 가지고 온 헌 운동화 한 켤레를 신겨서 돌려보냈다.

그날 해 질 무렵에 그 아이가 엄마와 함께 찾아왔다. 그 아이의 엄마는 내게 고맙다는 말을 잊지 않았으며 묻지도 않은 자기의 인생 이야기를 술술 털어놓았다. 참 어렵게 살아가는 과부라는 것을 알고서 돌아갈 때에 웅가(이곳의 주식인 우갈리를 만드는 옥수수 가루)를 듬뿍 담아서 보냈다. 그렇게 해서 다이아나와 우리의 만남이 이루어졌고, 그녀는 우리가 개척한 우팬도 교회에 꾸준히 잘 나오는 착실한 교인이 되었다. 우리는 사이슬 유치원을 개원했을 때에 그녀가 고등학교를 졸업했고 유치원 교사 경험이 2년이나 있다는 것을 알고서 별 고민 없이 사이슬 유치원의 교사로 세우고 우리의 두 번째 개척 교회인 사이슬 교회에 다니도록 했다.

남편 없이 4명의 자녀들을 혼자서 키우는 억척 같은 여자였지만 애교도 많았고 볼수록 좋았다. 그녀는 사이슬 교회의 멤버로서 교회 일에도 최선을 다해 주었고, 유치원 아이들을 잘 가르친다는 소문이 날 정도로 인정도 받게 되었다. 우리는 그녀를 너무나 믿고 좋아했기에 나무랄 데가 전혀 없었고, 우리가 집을 비우고 나이로비로 갈 때에는 우리 어린아이들과 집을 그녀에게 맡기고 갈 정도로 신임했다.

그렇게 3년 이상을 좋은 관계로 이어온 그녀가 언제부턴가 서서히 멀어지기 시작했다. 그래서 무슨 좋지 않은 일이라도 있는지 진심으로 염려되어 물어 보았다. 그녀는 솔직히 자기에게 일어난 일을 털어놓았다. 보이 경찰서에서 운전사로 일하는 남자를 좋아하고 있다고 했다. 그래서 4명의 아이들이 그 사실을 잘 받아들이느냐고 했더니, 아이들은 엄마가 고생하면서 저들을 키워 왔기에 무조건 엄마의 일에는 찬성이라고 했다. 남편이 죽은 지도 오래되었으니 우리도 반대는 하지 않지만 성도로서 그래도 조촐하게나마 교회에서 결혼식을 올렸으면 좋을 것 같다면서 도와주겠다고 제의를 했다.

그런데 그녀는 벌써 아이를 가져서 4개월째이고, 남자가 가톨릭 교인이라서 교회에서 결혼식을 하는 것은 싫다고 벌써 말한 적이 있다고 했다. 돈이 없으면 그냥 함께 살아도 되는 게 아프리카인의 문화이기에 죄가 아니라면서 그녀는 거절하고는 떠나갔다. 그런 일이 있은 후 우리는 그녀에게 더 이상의 충고를 할 여유가 없이 바쁘게 지냈다. 그렇게 그녀는 우리를 의식적으로 슬금슬금 피했고 주일 예배를 가끔 빠지기도 했지만 부른 배를 잡고서도 유치원 아이들을 잘 가르쳤고 순산해서 아들을 낳았다.

남편은 그 일로 인해서 사이슬 교회에 덕이 되지 않는다면서 목사로서 고민도 했지만 과부로서의 그녀의 고생을 이해하자고 했다. 우리 교인이고 교사라고 우리 뜻대로 무조건 강요할 처지도 아니었고, 그녀를 너무 간섭할 수도 없기에 그저 기도할 뿐이었다.

그녀가 다시금 착실한 신앙인으로 돌아오기를 오래 기다렸지만 그녀는 오히려 우리에게 유치원 공금을 속이고 있었다. 거짓 영수증을 만들어서 어려운 가운데서 학부모들이 내는 수업료를 빼돌리고 있었던 것이다. 우리는 학부모들이 내는 적은 수업료로 아이들에게 옥수수 죽을 끓여 먹이고 학용품을 마련해 주고 있었는데, 그 돈을 염치도 없이 몰래 사용한 것이었다. 그래서 남편은 그녀를 불러서 나무랐는데 잘못했노라고 눈물을 펑펑 쏟고는 돌아갔다. 그런데 그녀의 눈물이 위선이란 것이 며칠 후에 드러났다.

우리는 노동청에서 한 장의 편지를 받았다. 선교사가 그녀를 때렸으며, 교사 월급을 몇 개월씩이나 지불하지 않았다는 거짓 문구가 담뿍 담긴 편지를 보내서 고소했기에 노동청에서 우리를 불렀던 것이다. 그뿐만 아니라 사이슬 농장의 매니저와 학부형들과 손을 잡고서 우리 사이슬 교회를 무너뜨리려고 갖은 수단을 다 쓰고 있다는 것을 알게 되었다. 물론 그 일을 배후에서 조종하는 사람이 그녀와 함께 살기 시작한 기린야가(Kirinyaga) 부족의 남자라는 것도 알게 되었다. 우리는 이 일로 인해서 잠도 자지 못할 정도로 괴로웠다. 사이슬 교회는 무슬림 농장 주인에게서 장소를 빌려서 지금 예배당과 유치원으로 사용하고 있는데, 그녀를 교사에서 당장이라도 해고하면 그녀의 남편이 일을 크게 터뜨려서 교회를 이곳에서 사용하지 못하도록 일을 그르칠 수도 있다는 염려 때문이었다.

우리는 교회의 땅이 없다는 설움에 눈물이 솟구쳤다. 성도들이 주일에 어디에 가서 예배드리란 말인가. 은혜를 원수로 갚는다는 말이 이런 상황에서 나온 말이란 것을 알았다. 다 허물어져 가는 흙집에서 사는 그들을 도와주고 교사라는 직업을 주어서 그래도 안정되게 살게 했고, 그녀의 자녀들을 공부도 시켜 주고 믿음으로 양육하며 세례도 주었는데, 선교사에게 돌아오는 것이 고작 이것인가 하는 절망감으로 괴로웠다. 우리는 하도 억울해서 주님께 부르짖는 길밖에 없음을 기억하고 주님만 의지하기로 했다.

남편은 지혜를 짜내어서 이 일을 우리 교회들의 커미티(공동의회)에 붙여서 진실을 밝혀서 모든 일들이 잘 해결되도록 했다. 우리를 너무나 잘 아는 개척한 여러 교회의 어른들이 앞장섰고, 궁지에 몰린 선교사를 우리가 도와야 한다면서 팔을 걷어붙이고 나서게 되었다. 주일 오후에 교회의 어른들과 성도들이 모인 자리에서 그녀를 불렀다. 선교사가 때린 사실이 있는지를 물었고, 교사 월급을 받지 않았다는 것이 진실인지를 물었다. 그리고 사이슬 교회를 문 닫게 하려고 농장의 매니저와 손잡고 일을 벌이는 것과 노동청에 선교사를 고소한 이유를 추궁했다.

그녀는 미친 듯이 울다가 웃다가 제정신이 아니었는데, 그렇게 두어 시간을 뜸들이다가 선교사의 잘못이 하나도 없다는 진실을 다 토해 냈다. 그녀는 모든 교인들 앞에서 잘못을 회개하고 교회법을 잘 따르기로 결정하고 자백서를 자필로 쓰고서 마지막으로 사인을 했다.

그 일로 인해서 노동청의 일들은 깨끗이 해결되었고 선교사는 아무 잘못이 없음이 드러났으며 모든 것이 후련하게 정리되었다. 주님께서 우리의 편이 되어 주시어 항상 우리에게 지혜를 주시며 피할 길을 주셨다. 승리하게 도우시는 주님만을 의지하게 되는 간증 거리가 또 하나 생긴 셈이다. 그러나 며칠 전까지만 해도 '음충가지'(목사님)라는 호칭에서 모임 중에 '음꼬레아'(한국인)라고 부르던 그녀의 냉소적인 미소가 모든 일들이 해결된 후에도 내 가슴을 후벼 파며 진하게 아파온다.

"주님, 우리는 영원한 이방인이었군요. 그들이 힘들고 아플 때 도와주며 친구가 되어 줘도 그들이 싫어지면 언젠가 버림을 받고 쫓겨날 수 있는 우리는 이 땅의 영원한 나그네였군요. 이 세상의 모든 것이 당신의 것이니 우리 사이슬 교인들이 떳떳하게 예배드릴 처소를 주시옵소서."

그날 밤에 모든 일들이 해결된 기쁨과 슬픔으로 울었다. 선교사가 난처한 위치에서 괴로워할 때에 정의의 편이 되어서 일을 해결해 준, 개척한 우리 교회의 어른들과 성도들의 따사로운 정과 신뢰를 느꼈다. 어느새 그들은 믿음 안에서 사랑을 실천하는 든든한 우리의 동역자이며 진정한 성도가 되어 있었다. 그러나 또 사이슬 교회가 예배드릴 교회 땅이 없어서 쫓겨날 수도 있었다는 설움의 기로에서 주님께 울부짖었다.

그 후 우리는 지부 선교사 모임과 아이들의 중간 학기가 겹쳐서 나이로비로 갔다. 힘든 일을 겪고 난 후의 여행은 홀가분하고 즐거웠다. 며칠 지나 집으로 돌아와서 처음 전해 들은 소식이 있었다. 우리가 나이로비로 떠난 다음날에 우리를 괴롭히던 다이아나가 동거하던 남편이 병원에 갔는데 에이즈로 죽었다는 것이다. 지난주 저녁에 화해 겸 우리 집에서 함께 저녁을 먹으며 차를 마시던 그가 죽었다니 믿을 수 없었다. 모든 일들을 용서하고 새롭게 시작한 그녀와 우리의 관계 속에 이렇게 슬픈 일이 도사리고 있었다니 너무도 충격이었다.

그러면 그녀도 에이즈 보균자가 되어 버렸지 않은가. 이제 고인이 된 남편과의 사이에 태어난 어린 아들도 에이즈 보균자라서 언젠가 죽게 된다니 그녀의 슬픔이 그새 나의 슬픔으로 전달되었다. 시한부 인생을 가까이에서 보고 있는 우리의 마음은 슬픔으로 얼룩졌다. 얼마 전까지만 해도 그렇게도 미워했던 그녀에게 닥친 가혹한 현실을 바라보면서 나는 아직도 그녀를 너무도 사랑하고 있다는 것을 깨달았다.

"주님, 다이아나를 불쌍히 여겨 주세요. 그녀나 세상에 버젓이 살고 있는 우리들이나 그날을 알지 못하는 시한부 인생이긴 마찬가지이군요. 우리의 남은 인생을 사랑하며 살게 해주세요. 언젠가 때가 되어 주님께서 부르시면 나그네 삶을 훌훌 벗어 버리고 우리들이 기쁨으로 당신 앞에 서게 해주세요."

춥고 두려웠던 밤

아침에 눈을 떴는데 찜찜하기가 그지없었다. 꿈이 너무도 생생했는데 악몽 아닌 악몽이었다. 내가 현지인 남자가 쏜 총에 가슴을 세 방 맞았던 것이다. 그런데 이상하게도 총을 맞은 곳이 싸악 아물면서 분홍색 자국이 둥그렇게 3개나 남았던 것이다. 총을 맞고도 죽지 않았다는 것이 신기했고, 왜 총 맞은 곳에 분홍색 얼룩이 남았는지 이상했다. 꿈속에서도 '아, 내가 총을 맞고도 살았구나. 하나님 감사합니다'라고 기도했다. 눈을 뜬 후에 개꿈이라고 생각하기에는 너무도 생생했는데, 총을 맞았다는 사실에 마음이 편치 않아 오늘 하루를 하나님께서 지켜 주셔서 조금이라도 불미스런 일이 우리 앞에 일어나지 않도록 간절히 기도했다. 그리고 그 꿈이 다시 생각나지 않을 만큼 아침부터 기쁨이를 챙겨 주느라 여러모로 분주하게 보냈다.

학교에서 전화가 와서 기쁨이가 독감으로 너무 심하게 아파서 학교 클리닉에 누워 있으니 부모가 와서 아이를 집에 데려가서 돌봐주라고 했다. 학교에 가서 병실에 누워 있는 아이를 보니 그새 많이 핼쑥해져 마음을 아프게 했다. 의사가 처방해 준 항생제, 해열제, 진통제 그리고 기침약과 콧물약을 한 움큼 받고는 기쁨이를 데려와서 나이로비에서 이틀을 묵었다. 이틀 동안 엄마의 간호를 받아 기침도 멎고 입안에 돋은 박테리아도 많이 나아서 깔깔거리며 웃을 정도로 좋아졌다. 첫날은 불덩이 같아서 조금이라도 먹으면 토하고 먹지를 못하더니 오늘은 제법 밥을 많이 먹었다. 역시 한국 음식을 먹고 나니 살 것 같다며 재충전된 모습으로 기숙사에 돌아갔다.

그렇게 아이를 데려다 주고 나서 리프트 밸리(Rift Valley) 가파른 계곡의 저녁놀을 감상하며 내려오는 길이었다. 갑자기 운전석 앞쪽이 많이 기운다면서 노면이 이상한 건지 차 타이어가 펑크난 건지 이상하다며 남편이 자동차를 차도 왼쪽 가에 세웠다. 내려서 보니 펑크가 났는데 다행히 빨리 발견해서 타이어가 상하지 않았고 바람만 완전히 빠진 상태였다. 남편은 이쯤이야, 하면서 얼른 스페어타이어로 갈아 끼우려고 차 밑의 스페어를 풀기 시작했다.

그런데 픽업 차 뒤 몸체 밑에 떨어지지 않게 체인으로 묶어서 자물쇠를 채워 달아놓은 타이어가 체인이 꼬여서 풀리지 않았고, 자물쇠 구멍에 먼지가 가득 차 있어서 키를 넣었는데도 쉽사리 풀리지가 않았다. 차 밑을 들락날락하며 체인을 푸느라 낑낑거리는 남편에게 한 남자가 다가오더니 자기가 차 정비사라고 했다. 그런데 술 냄새를 확 풍겼다. 만취 상태의 그 남자가 뭐라고 계속 중얼거리며 남편을 붙들고 말하자 남편이 귀찮은 듯이 안 도와줘도 된다며 손을 내젓고 다시금 차 밑에 들어가서 타이어를 빼내려고 갖은 애를 썼다. 그때 술에 취한 그 남자가 차 밑으로 기어 들어갔는데 그 좁은 차 밑에서 얼굴을 마주 보고 술 냄새를 확 풍기니 남편이 기분이 나빴는지 안 도와주어도 된다며 나가라고 했다. 그러자 거절당한 남자가 기분이 나빴는지 차 아래에서 나오더니 화를 내기 시작했다.

"난 케냐 사람이야. 그리고 넌 중국인이야. 네가 뭔데 나한테 나가라고 소리치느냐?"

그는 케냐 사람이라는 말에 아주 힘을 주며 계속 반복적으로 말하면서 침을 튀겼다. 날은 저물어 해가 어느새 뉘엿뉘엿 넘어가서 깜깜해지고 있었다. 술 취한 남자는 우리가 아무 대꾸를 하지 않자 좀체 화가 풀리지 않은지 갖은 말들을 퍼부으며 난 이 지방 사람이다, 내 친구를 부르겠다며 갖은 협박을 해댔다. 지나가는 사람의 모습이 보일 때는 겁이 덜 났는데 어두워진 도로가에 인적이 드물어지는 것이 무서웠다. 길가에 양털 깔개와 양털 모자를 팔던 아저씨도 보이지 않고 도로에는 쌩쌩 달리는 차들이 밝은 불빛을 켜고 소음을 내며 지나갔다.

남편은 차 밑에서 낑낑대며 타이어 키를 푸느라 핸드폰에 달린 후레쉬를 밝혀 애를 쓰며, 이 술 취한 남자가 영 거슬리는지 좀 돌려보내라고 한다. 제발 도와주지 않아도 되고 우리끼리 잘하고 있으니 그냥 가라고 해도 술 취한 남자는 가지도 않고 막무가내로 나를 붙들고 화를 내고 있다. 밤이 아니었으면 지나가는 사람을 불러 이 상황을 헤쳐 나갈 터이지만 잘 보이지도 않는 이 캄캄한 밤이 우리를 무척 당황하게 만들었다.

등에서 식은땀이 흘러내려 와들와들 떨리며 이빨이 부딪치는 소리가 났다. 아프리카의 해 떨어진 밤은 이토록 사람을 무섭고 떨리게 만든다. 아프리카에서 춥다는 것을 이해하지 못하는 사람이 있을 것이다. 그렇지만 지금 우리가 서 있는 곳은 해발 2,200미터의 고산지대이고, 요즘은 건기철로 한국의 여름에는 이곳이 더 싸늘하고 춥다.

제발 그냥 가 달라는 내 말에 술 취한 남자가 '날 우습게 보는데, 내가 지금 권총을 가지고 있는데 보여줄까' 그러면서 뒷주머니에 손을 넣고 만지작거렸다. 진짜 총을 가지고 있어서 정신 나간 이 남자가 술김에, 홧김에 총으로 쏴 버리면 어떡하나 하는 생각이 들자 무서워졌다. 솔직히 케냐에 총기 사고가 많고 총 하나가 10달러도 하지 않는다는 것을 현지인들에게 누누이 들어 알고 있기에, 두려움을 지나 공포가 밀려왔다. 이 험한 세상에 정신 비찍 차리고 살아도 어려울 판에 술 먹고 제 정신이 아닌 상태로 살아가는 사람을 평소에 한심스럽게 바라보았는데, 이렇게 총을 가졌다는 말에 술 취한 남자가 무섭게 보였다.

갑자기 어젯밤 꿈속에 내가 총을 맞았다는 게 떠올랐다. 하나님께서 우리를 지켜 주시고 함께하시어 이곳을 빨리 빠져 나가게 해달라고 속으로 간절히 기도드렸다. 어두움 속에 얼굴도 잘 보이지 않는 체구가 작은 술주정뱅이를 붙들고 달래는 내 모습은 또 얼마나 한심한가? 평소에 술 취한 아프리카 남자를 우습게 본 죄의 대가를 지불하는 것인지, 깜깜한 밤에 우리가 잘 모르는 키쿠유 부족이 사는 낯선 마을에 있다는 것이 무서운 건지 도무지 두려움의 갈피를 잡을 수가 없었다.

그때 멀리서 버스 한 대가 와서 멈췄고 술 취한 남자는 횡설수설하더니 버스 옆으로 갔다. 버스에서는 술주정뱅이를 태워 주지 않겠다며 실랑이를 하더니 그를 태우고 떠났다. 그렇게 우리에게 두려움은 자연스레 떠났고, 그러고도 30분이 지난 후에 남편은 겨우 차 키를 열어서 타이어를 갈아 끼우고 출발할 수가 있었다. 오랫동안 사용하지 않은 스페어타이어가 바람이 빠져 있어 거북이 운전을 하여 오는 길에 주유소에 들러서 타이어에 바람을 채워 넣고 차 펑크를 때우고 나이로비에 들어오니 저녁 9시가 훌쩍 넘어 있었다.

누가 아프리카를 아름답다고 했던가? 누가 아프리카의 사람들이 순수하다고 했던가? 누가 아프리카의 선교사는 낭만적으로 산다고 했던가? 그건 바로 나였다. 어제까지만 해도 그런 마음으로 험한 선교지에서 힘든 선교를 기쁨으로 사역하며 즐기며 살아가자고 했다. 그러나 두려움과 추위로 엄청 떨었던 이 밤에는 몸살과 함께 그 열정이 식고 있다.

"하나님, 감사해요. 꿈속에는 총을 맞았지만 현실에서 총을 맞지 않게 도와주셔서 감사해요. 위험한 순간에도 함께해 주시고 피할 길을 주셔서 감사합니다."

웃어야 할지 울어야 할지

데이트 신청

아, 오늘은 정말 황당한 날이었다. 선교지에 와서 이런 이상하고 불쾌한 기분이 드는 것은 처음이다. 오후 5시의 수요기도회에 늦지 않으려고 빨간 흙먼지를 날리면서 걸음을 재촉하고 있을 때였다. 뒤에서 자전거를 타고 오던 한 남자가 옆에서 자전거를 멈추고서 인사하며 말을 걸어왔다.

"하바리 야코(안녕하세요)?"

"은주리. 나 웨웨(좋아요. 그런데 당신은요)?"

우체국에서 일하는 꽤 친절한 아저씨인 것을 알고서 던져 오는 인사에 반갑게 답했다. 이곳에서 물세, 전기세, 전화세 내는 일들과 우체국에 편지 부치고 찾는 일 등 관공서 일과 모든 자질구레한 일은 모두 나의 몫이었기에 타운에서 자주 안면을 익힌 터라 자연스럽게 인사를 나누었다.

인사를 마친 후 우팬도 교회를 향해서 마킹갈리 마을의 오르막길을 급히 올라가고 있었다. 그런데 뒤에서 따라오던 그가 다시 내 옆까지 쭈뼛하게 다가와서는 친구가 되고 싶다면서 만나고 싶으니 데이트 신청을 거절하지 말아 달라며 웃고 있었다. 기가 막혀서 놀란 나는 결혼한 지 오래 된 40대 중반의 가정주부이며, 아이 넷의 엄마이며, 죠수아 리(Joshua Lee) 선교사의 부인이라고 밝혔다.

이곳 보이에는 선교사라고는 우리 가정밖에 없었기에 남편의 이름만 대면 이곳 보이 지방에서는 누구나 다 알았다. 이곳에서 무슨 집회나 하람배(모금운동)가 있으면 남편에게 초청장이나 모금카드를 갖고 올 정도로 남편이 알려져 있었다. 이 목사의 부인이라는 말을 들은 그는 놀랍다는 듯이 빤히 쳐다보았다. 그 아저씨는 자원봉사를 온 스무 살 정도의 중국 여자로 알았다며 얼른 말을 얼버무렸다. 그가 변명하는 말이 진짜였는지는 몰라도 아프리카에 와서 원주민 남자로부터 데이트 신청을 받고 있다니 참으로 황당했다. 나이보다 겉늙어 보이는 그들의 눈에는 황인종의 단발머리 여자가 젊게 보이는 것은 당연한지도 모르겠다.

지난번에 마사이 지역에서 사역하시는 싱글의 여선교사님이 했던 말이 떠오른다. 마사이 부족의 한 아저씨가 결혼하자고 했는데 그 남자는 벌써 3명의 부인을 거느린 가장이었다는 것이다. 그런데도 일부다처제의 관습을 못 버리고 좋으면 그저 아무렇지도 않게 결혼해 달라는 그 뻔뻔함과 선교사를 우습게 아는 그 무식함에 혀를 내둘렀다는 이야기가 떠올랐다.

선교지에서 별 소릴 다 듣는다는 황망한 생각을 하면서도 그냥 흘려들을 수 없는 하나의 깨달음을 얻었다. 남편은 교회 개척과 제자훈련 사역으로 바빠서 늘 이리저리 뛰어다니고 나는 나름대로 유치원 사역과 잡다한 일들로 홀로 뛰어다니니 가족을 한꺼번에 보지 못했던 것이다. 사역도 중요하지만 이 땅에 작은 천국을 만들어 가는 화목한 선교사 가정을 보여주는 것도 사역의 한 부분이라는 것을, 그리고 우리들의 진솔한 그리스도인의 삶을 있는 그대로 원주민들의 눈에 보여 주어야겠다는 것을 생각해 본다.

선교 초기의 황당했던 일

"사모님, 선교지에 와서 겪었던 일들 중에 가장 황당했던 일이 뭐였어요?"

우리 집에 오신 사모님께서 얼마 전에 겪었던 일을 털어놓으면서 던진 질문이었다. 사모님의 가족들이 사파리 공원에 가서 캠프에서 사들고 간 도시락을 열어놓고 빵을 먹고 있는데 갑자기 원숭이가 튀어나와서 눈 깜짝할 사이에 손에 든 빵을 낚아채서 도망가는데 진짜 황당했다고 했다. 글쎄요, 라며 가만히 생각해 보니 케냐에 와서 처음으로 황당했던 일은 야마초마(숯불구이 고기)를 먹으러 갔던 일로, 그 일이 눈앞에 선하게 떠올랐다.

케냐에 온 지 겨우 3개월이 된 우리는 스와힐리어 언어학교에 갇혀서 힘든 언어와 씨름하느라고 지치고 지루하게 지내고 있었다. 그때 함께 공부하던 선배 선교사님께서 외식하러 가자고 했다. 우리는 기숙사를 벗어나서 외식하러 간다는 말만으로도 위안이 되고 힘이 나고 감격해서 따라나섰다.

차를 타고 20분 거리에 있는 리무루의 조그만 타운의 한 정육점 앞에 이르렀다. 늦은 밤에는 다니지 못하기에 5시쯤 이른 시간에 나왔는데 정육점 앞은 고기를 사려는 사람들로 바글거렸다. 냉장고는 고사하고 얼금얼금 쳐진 그물 안에 매달린 벌건 고기에 온통 쇠파리가 달라붙어서 윙윙거렸고 피비린내가 코를 찔렀다. 그때 설마 하고 쳐다보고 있는데 선교사님께서 그 안으로 쑥 들어가시면서 빨리 들어오라고 손짓하셨다.

안에는 식탁으로 긴 나무 탁자가 있었고, 거기에 대여섯 명의 남자들이 앉아서 큰 부엌칼들을 들고서 구운 고기를 썩둑썩둑 잘라서 입으로 가져가고 있었다. 그 옆에 벌겋게 숯불이 달아올라 있었고 석쇠 위에 기름을 뚝뚝 떨어뜨리며 고기가 익어가고 있었다. 두리번거리면서 친구 사모님의 옆자리에 앉아서 기쁨이와 사랑이를 가까이 앉혔다. 선배 선교사님이 염소고기를 구워 달라고 부탁을 했는데 30분 후에 우갈리(옥수수밥)와 함께 접시와 도마와 칼, 그리고 잘 익은 염소숯불고기가 나왔다. 그때가 임신 8개월로 식욕이 왕성했을 때라서 먹음직스러워하며 군침이 흘러야 하는데 참으로 황당했다.

이곳에 와서 선교부 목사님으로부터 오리엔테이션을 받았는데 원주민들을 조심해라, 그들이 언제 도둑으로 변할지도 모르니 늘 경계해야 한다고 하셨기에 아주 그들을 두려워하며 경계의 끈을 놓지 않고 있었는데, 지금 바로 앞에서 원주민들이 부엌칼보다 더 큰칼을 들고서 나무도마 위에 놓인 고기를 잘라먹고 있다. 저들이 언제 저 큰 칼을 들이대면서 외국인이라고 돈 내놔라 할지도 모른다는 공포와 긴장으로 고기를 씹으면서도 고기가 연한지 질긴지도 느끼지 못할 정도로 그들을 유심히 살피고 있었다.

그런데 고기가 놓인 도마 옆으로 한국 바퀴벌레의 3배나 됨 직한 크고 시커먼 바퀴벌레가 바쁘게 왕래하고 있었다. 눈여겨보니 한두 마리가 서성거리는 게 아니었다. 냄새 맡고 이 구석 저 구석에서 다 튀어나와서 돌아다니는 바퀴벌레를 보면서 원주민들의 얼굴을 살피며 고기를 씹었기에 고통스러울 정도였다. 그러나 선교사님 내외분을 바라보니 천진난만한 그 자체였다. 가끔 농담을 던지면서 지나가는 바퀴벌레를 툭 내리쳐서 잡아가면서 아주 맛있게 드시고 있었다. 물론 그 옆에서 남편은 큰 칼을 잡고서 고기를 썰고 있었다.

그때의 일을 추억하면서, 선교지에서 처음으로 황당했던 일이 그 일로 기억에 남아 있다고 털어놓았다. 기억 속에 한 편의 재미난 추억을 남겨 주고 가신 그분들이 아련하게 떠올라 그리워진다. 지금은 그때와 똑같은 무시무시한 장소에서도 눈살 하나 찌푸리지 않고 아주 맛있게 야마초마(숯불고기)를 먹으며 그때의 선배 선교사님처럼 그 시간들을 즐길 수가 있다. 아무래도 이러한 일들은 흐르는 시간이 해결해 주는 것 같다.

샤드락 할아버지

우리 시아버님은 너무도 점잖고 자상하신 분이다. 철없는 며느리를 한 번도 꾸짖거나 나무란 적이 없으셨다. 국을 끓일 때 실수로 소금 대신 설탕을 넣었는데도 아무 말씀 하지 않으시며 국 한 그릇을 다 비우던 분이다. 옛날 헌병 출신이라서 언제나 가족들 앞에서 흐트러지지 않은 모습으로 그저 지켜보셨다. 내가 첫애를 가졌을 때였는데, 아버님께서 부엌에 들어오시면서 먹음직한 큰 자두 한 개를 내미셨다.

"얘야, 너 먹어라. 한 개뿐이더구나."

아버님은 뒤뜰에 있는 자두나무가 올해에는 열매를 맺지 않았다고 탓하면서 탐스럽게 익은 자두 한 개를 임신한 며느리에게 건네셨던 것이다. 그때의 뭉클함이란, 한 알의 자두 속에 담긴 아버님의 따스한 사랑으로 끝내 먹지를 못하고 두고두고 시들해질 때까지 그 풋풋하고 싱그러운 향기만 맡았던 것 같다. 그런데 한국에서 하지 않은 시집살이를 지금 하고 있다.

그분은 구약의 다니엘서에 나오는 샤드락(Shadrach)의 이름을 가진 62살의 할아버지이다. 샤드락 할아버지는 우리 집 뒷동네의 마킹갈리 마을에서 혼자 외롭게 살고 계시는 분인데 우리 사이슬 교회를 나오신다. 그런데 그분은 우리 집을 휴게소마냥 아침저녁으로 꼭 거쳐 가신다. 아침에 내려갈 때면 차이와 빵을 대접했으며, 해 질 무렵에 돌아오면 항상 남겨두었다가 음식을 내놓는데 배가 불러야 자리를 뜨신다. 처음엔 짜증도 났지만 이왕 대접할 바에는 기쁨으로 해서 하늘 상급을 쌓아야 한다는 생각으로 마음을 고쳐먹었다. 그래서 그분이 마당에 들어서는 모습이 눈에 뜨이면 조건 반사적으로 벌떡 일어나서 부엌으로 들어가서 음식을 내온다.

첫째 부인은 죽고 둘째 부인이랑 사셨는데 할아버지의 성격이 워낙 극성맞아서 얼마 전에 둘째 부인이 도망가 버렸다는 소문이 들렸다. 샤드락 할아버지는 우리 집 마당을 들어서면서 남편을 부른다. 똬낭구(Mwanagu: 나의 아들)라고 소리치면서 들어오는데 늘 말은 못 하지만 솔직히 듣기가 거북했다. 남편은 이곳 사람들이 하도 어리게만 보아서 많이 나지도 않는 콧수염을 기르고 있었다. 교인들과 많은 사람들이 목사로 보아야 하는데 모두들 20대 중반의 젊은 청년처럼 얕보므로 선교하는 데 하나님 말씀의 권위가 서지 않는다는 이유에서였다.

하여튼 나는 샤드락 할아버지에게 최선을 다하고 있었는데 그분은 갈수록 나를 힘들게 했다. 집안에 음식이 떨어져서 배고프다, 신발이 다 낡았다, 옷이 해져서 춥다, 요리할 숯이 떨어졌다, 등불 기름을 살 돈이 없다는 등 요구사항이 자꾸만 늘어났는데 이제는 잔소리까지 하셨다. 그때마다 주님이 샤드락 할아버지의 모습으로 찾아와서 주리고 목마를 때에 왜 대접하지 않았느냐고 책망을 하실 것만 같아서 끝내 거절하지 못하고 늘 내놓기만 했다. 그러나 마음 한구석에서는 언제까지 주기만 해야 하며 이것이 잘하는 것일까 하는 마음이 들었다. 주님께서 인내심을 테스트하는 게 아닐까 하는 느낌이 들 정도로 나는 탈진했고 한계 상태였다.

"하나님께서 여기에 가면 신발을 사 줄 거라고 보내서 왔다. 내 신발 내놔라."

늘 대뜸 이런 식으로 요구를 해왔는데 이제 그분의 그림자만 보아도 스트레스를 받아서 가슴이 덜컥 내려앉을 지경이 되었다. 고국에서도 하지 않은 시아버지 시집살이를 톡톡히 하는 게 고달파서 남편에게 투정을 부리면 남편은 그저 너털웃음으로 얼렁뚱땅 넘긴다.

그런데 날마다 오가며 제 집처럼 들러서 잔소리를 하시던 샤드락 할아버지가 나흘째 모습을 나타내지 않는데, 기뻐하며 홀가분해야 할 나는 오늘 되레 문밖을 서성거리며 조바심이 났다. 노인이 혼자 사시는데 혹 무슨 일이라도 생겼나 걱정이 되어 견딜 수가 없어서 전도자 한 명을 보내서 할아버지를 찾아뵙고 오라고 했다. 얼마 후에 돌아온 그는 샤드락 할아버지가 말라리아에 걸려서 드러누우셨다고 했다. '아, 외로운 노인을 나도 모르게 마음으로 미워하고 박대했구나' 하는 생각이 들어서 마음이 편치가 않았다. 얼른 밥을 해서 온갖 야채를 넣고 볶은 밥과 말라리아 약을 챙겨서 전도자랑 찾아갔다. 샤드락 할아버지, 그분은 이곳에서 섬겨야 할 나의 아버지임에 틀림없다. 그분의 주름진 미소가 내 아버지의 따스한 미소로 가슴에 사뿐히 와 닿는다.

속아 주기

"잠깐만 내 말 좀 들어 보세요."

우리 집을 방문한 현지인 목사님을 배웅하러 보이 타운에 갔다가 남편이랑 둘이서 걸어오는 길이었다. 누군가 말을 건네면서 우리의 걸음을 멈추게 했는데, 양복을 깔끔하게 잘 입어서 구걸하는 사람 같지는 않아 보였는데 술 냄새가 확 풍겼다.

"내 딸이 배가 아파서 수술하고 타운의 모이(Moi) 병원에 있어요.

그런데 1,000실링의 돈이 없어서 약을 사갈 수가 없어요. 그러니 제발 1,000실링만 도와주세요."

듣고 보니 참으로 딱한 형편이었다. 그런데 그러한 상황에서 어째서 이 남자는 술을 먹고 다니는지 거짓말 같다며 주저하고 있는데 남편이 그냥 1,000실링 빨리 주라고 했다. 남편은 주일예배에 가난한 이웃을 돌아보자는 설교를 한지라 사랑을 실천하라며 지갑을 가진 내게 다시금 재촉했다. 아무 말 없이 돈을 주고 돌아서는데 앞에 너댓 명의 남자가 나무 밑에 앉아 킥킥 웃으며 말하는 것이 내 귀에까지 들려왔다.

"저 무중구(외국인)가 속아 넘어가서 1,000실링을 주었어. 저 거짓말쟁이 술꾼이 운수가 좋네."

그 말이 들려오는 순간 '아차, 우리가 또 속았구나' 잠시 멍해졌다. 고개를 돌려보니 그 남자가 약국 앞에 있는 다른 사람에게도 가서 그렇게 거짓말을 하는데 의사가 손을 저으며 돌려보냈다. 1,000실링이면 그들에게는 적지 않은 돈이다. 속는 기분은 좋을 리가 없었다. 그냥 거지들이 구걸하는 것은 그러려니 하지만 멀쩡한 옷차림으로 그럴싸한 거짓말을 지어내어 사람의 진심을 이용하고 속이는 그를 보면서 왠지 불쌍하다는 생각이 들었다.

그러고 보니 지난주에도 고속도로에서 시속 80킬로미터로 달리는 우리 차를 교통경찰이 멈추게 한 후 속도위반이라며 돈을 요구했다. 과속 운전이 아닌데 우리가 외국인이라서 쉽게 생각한 건지, 그것도 공무 집행 시간에 차이 값을 좀 달라는데 기분이 씁쓸했다.

"이건 코럽션이야(Corruption)."

남편이 한마디를 툭 내던지자 뜨끔했던지 남편이 입은 목사 셔츠를 흘끔 쳐다보더니 금방 수그러지면서 네가 목사라서 봐 준다면서 선심을 쓰는 척 그냥 가도 좋다고 했다.

사람들은 선교사인 우리를 이방인으로만 보고 속이고 있다. 거리의 거지뿐만 아니라 정부 관료들도 우리를 속인 적이 있었다. 운다니의 랜드 오피스(Land Office)에서 한 직원이 이캉가 교회 땅 측량비를 내야 땅문서를 준다고 했는데, 우리를 속이고 돈만 챙기고 사라졌다. 한때 우리 교회의 성도가 마보마니 교회 땅을 우리에게 팔고 그돈으로 소 3마리와 송아지 1마리를 사고 생활비로 돈이 떨어지자 제 땅이라고 돌려내라고 고소하고 난리를 치기도 했다. 발을 들여놓으면 도끼로 찍어 죽인다는 협박까지 곁들인 채….

하물며 거짓 핑계를 대고 떠나는 제자들은 선교사인 우리가 느끼는 요즘의 이 씁쓸한 기분을 알까? 끝을 볼 수 없는 암흑의 구렁텅이 같은 터널. 그러나 터널은 분명히 끝이 있고 어둠 속을 뚫고 나가게 되어 있다. 터널의 끝에는 환한 빛이 비치고 있다. 그러므로 끝까지 그들에게 속아 주자. 우리가 케냐에서 사는 한 어두운 터널을 만날 때가 있으니 속아 주는 것도 사랑이지 않을까 생각해 본다.

시너를 마시다

"형제가 연합하여 동거함이 어찌 그리 선하고 아름다운고"(시 133:1).

지금 우리 사역지에 반가운 손님들이 왔다. 미국의 필라연합교회에서 4명의 단기선교팀과 대성교회 청년 단기선교팀 6명이 와서 요즘 우리는 한가족이 되어 즐겁게 사역 중이다. 어제 오전에 단기선교 팀들은 모두 사갈라 부족에 개척한 라카시(Rahasi) 교회의 라스톤(Raston) 어른 집 마당에 텐트를 치고 원주민 음식을 먹으며 현지 문화 체험과 마을 전도를 목표로 1박 2일 시골 캠프를 갔다.

아무도 없는 썰렁한 집에서 나는 어젯밤 잠을 설친 후 갈증이 나서 거실의 책상 위에 있는 물을 쭈욱 들이켰다. 우웩 우웩……. 현관문을 열고서 밖으로 뛰어나가면서 쏟아져 나오는 물을 질질 흘리며 토해 냈다. 그건 분명 물이 아니었다. 입안이 화악 불타면서 얼얼해졌다. 온몸이 화끈 달아오르며 식은땀이 솟구쳤다. 눈앞이 아찔하며 정신을 차릴 수가 없었다. 이게 뭐지? 혼자 속으로 생각하면서 물로 입안을 헹구어 냈지만 식도마저 얼얼하다 못해 따가웠다. 얼른 물을 마셔서 이 독한 이물질을 희석시켜 토해내야겠다는 일념뿐이었다.

양치질을 하고서 뜨거운 입안을 식히기 위해 냉장고의 차가운 물을 계속 들이켰다. 하늘이 노래지고 갑자기 처한 상황에 정신이 혼미해졌다. 마당으로 나가서 손가락을 목구멍에 집어넣고 토해 냈다. 나중에는 나올 것이 없어서 흰 거품이 나왔다. 속이 울렁거리며 헛구역질이 올라왔지만 더 이상 나오지 않았고 역겨워진 속이 트림하면서 기름 냄새를 쏟아놓았다. 힘 빠지고 지쳐서 소파에 몸을 눕혔다. 갑자기 자고 일어나서 예상치 못한 일을 당해서 까딱하면 큰일 나겠구나 하는 생각이 순간적으로 들었다. 입안과 속은 얼얼하게 불타오르고 식은땀을 흘리며 하나님께 물었다.

"하나님, 어떻게 이런 일이 제게 생기나요? 지금 단기선교 팀원들이 합력해서 선교하고 있는데 제가 이렇게 아프면 안 돼요. 하나님, 제가 무얼 잘못했나요? 혹 제가 잘못한 것이 있으면 용서해주세요."

하나님께 자포자기의 심정으로 그렇게 회개하며 기도했다. 분명히 하나님은 내가 처한 상황을 다 아시니까 하나님께서 해결해 주시리라 믿었다. 그것도 잠시 바쁜 마음에 일어나서 청소를 시작했다. 혼자 집에 남아 있는 내가 할 일은 내일 보이 타운의 감옥소에 재소자를 방문해서 줄 위문 선물과 고등학생들에게 에이즈 예방 강의와 말씀 사역을 나갈 때 줄 선물을 미리 준비하는 것이다. 청소를 끝내고 뜨거운 햇살을 받으며 타운에 가서 선물을 가득 사서 투쿠투쿠(세발 자동차)에 싣고 집으로 돌아왔다.

그런데 점심을 준비하려고 하니 입안이 타 버려서 물맛마저 느낄 수가 없고 음식의 간을 맞출 수가 없었다. 오늘 점심 메뉴는 현지 음식인 옥수수 가루로 만든 우갈리와 스쿠마 위키(케일 볶음)와 양배추 볶음이다. 요리를 하면서 간을 맞추려고 이것저것 입 안으로 가져갔으나 감각이 없고 도저히 맛을 느낄 수가 없었다. 사역을 마치고 들어온 팀원들이 아무것도 눈치채지 못하도록 더 많이 웃고 떠들며 아무렇지 않게 행동했다. 식사 시간에 아내의 컨디션은 전혀 눈치채지 못하는 남편은 음식이 왜 이리 짜냐고 했다.

행여 이런 나의 실수로 인해서 단기선교 온 10명의 팀원들이 걱정하는 것도 싫었고 혹 사역에 조금이라도 방해되는 것이 싫었기 때문에 그냥 참고 견디었다. 그런데 억지로 토했기에 목 줄기가 얼마나 아픈지 뻣뻣해져 목을 이리저리 돌리는 것도 힘이 들고 어깨마저 뻐근하니 아파왔다. 혹 입안이 타서 앞으로 미각을 되찾지 못하면 어쩌나 하는 걱정이 슬그머니 밀려와서 두려웠다.

필라 선교팀장님과 장로님께 살짝 물어 본 결과 내가 마신 것이 시너(thinner)임을 알게 되었다. 누군가 벽화를 그릴 때 페인트와 함께 사용한 남은 시너를 그저께 책상 옆에 놔두었는데, 플라스틱 물병에 담아놓은 것을 내가 모르고 마신 것이었다. 팀장님에게 이 일로 인해 조금이라도 걱정을 끼치고 싶지 않으니 다른 팀원들에게는 알리지 말라고 하면서 기도 부탁을 드렸다. 혹 청년들이 알면 걱정할 것은 불을 보듯이 뻔하니까.

아무튼 팀장님과 장로님은 비밀을 지켜 주었고 걱정하며 틈틈이 내 상태를 점검했다. 나는 아무것도 아닌 것처럼 더욱 밝은 모습으로 함께 웃고 떠들었지만 입안과 혓바닥은 아파서 입 밖으로 새어 나오지 않는 고통의 비명을 질렀다. 게다가 설사가 나기 시작해서 지치기 시작했다.

"하나님, 오히려 다행이에요. 다른 사람이 아닌 제가 시너를 마신 것이 감사해요. 혹 누군가 그것을 모르고 마셨다면 얼마나 힘들었을까요? 이 영적인 싸움터에서 더욱 겸손하며 기도하라고 나를 일깨워 주신 거 감사해요."

혹시 자다가 토해서 시너가 기도로 넘어가면 위험하다며 팀장님은 내게 윗몸을 높여서 자도록 주의 사항을 알려 주었다. 다행히 아무런 일도 없이 아주 단잠을 자고 일어났다. 꼬박 사흘 동안 헐고 까칠해진 혓바닥이 전혀 맛을 느끼지도 못하고 음식의 간을 맞추지 못해서 고생했으나 우리 집에 함께 기거하는 마마를 부엌으로 살짝 불러서 간을 맞추었다. 나흘째 저녁식사를 하는데 입안은 혓바늘이 난 것처럼 까칠했지만 서서히 입맛이 돌아와서 맛있게 저녁을 먹을 수가 있었다.

하나님은 이번에도 나를 실망시키지 않으시고 언제 그런 일이 있었느냐는 듯 아무런 일도 없는 것처럼 나음을 주셨다. 단기선교팀과 짧은 기간에 많은 사역을 하니까 사탄이 방해하는 것을 느꼈다. 겸손히 섬기며 더욱 기도하라는 암시를 주신 것 같다. 선교사를 사랑한다는 것은 함께 있어 주는 것이며, 선교지를 사랑한다는 것은 바쁜 생활을 잠시 접어 두고 이곳에 와서 사역에 동참하는 것이라는 장로님의 한마디가 짠하게 여운을 남긴다. 힘든 여건과 상황임에도 모두 기쁨과 감사함으로 열심히 우리 사역지를 섬겨 주신 단기선교팀 모두로 인해서 참으로 행복한 시간이었다.

4부

마라나타!

1장
이래도 사랑해야 하나요?

신학생 파스칼

파스칼 망구(Paskal Mangu), 그의 이름만 떠올려도 가슴이 서늘해져 온다. 서글서글한 눈매와 훤칠하고 잘생긴 외모와는 달리 어디에 그렇게 독하고 모진 마음이 자리 잡고 있었는지, 생각만 해도 온몸이 오싹해진다. 그는 우리가 나이로비의 신학교에 보내서 후원하는 신학생이며 자칭 전도자로서 우리의 개척 교회인 은디(Ndi) 교회에 봉사하고 있었다. 그는 항상 "니메오코카"(나는 거듭났다)라고 말하면서 진정한 크리스천임을 밝히며 앞에 나서기를 좋아하며 찬양을 잘 인도하였다.

그런 그에게는 도벽이 있었는데 잘 고쳐지지가 않았다. 거짓말을 하거나 남의 물건을 슬쩍 가져간다거나 속이는 일이 잦아질수록 그를 향한 기대에 금이 가고, 우리의 고민거리가 되어 갔다. 그는 우리가 개척한 은디 교회 전도자로 선교사의 사역을 도왔는데, 교회에서 모금한 헌금을 빼내려고 성도들을 속이고서 그 돈을 말도 없이 혼자 다 써버린 적이 있었다. 당연히 그 일은 탄로가 나고 교회의 여러 어른들과 전도자들의 눈총과 불평을 사게 되었다. 보다 못한 남편이 그를 불러놓고, 그 돈은 네 개인의 것이 아니고 각 교회 성도들이 전도자들을 위해서 특별히 헌금한 것으로 여러 전도자들의 사례비로 나가야 하므로 즉시 돌려놓으라고 했다.

그런데 돌려놓기는커녕 또 다른 일이 드러나고 말았다. 개척한 여러 교회의 전도자들을 위한 자전거가 우리 집에 9대나 있는데 전도자 훈련학교에서 공부하는 학생들이 주말에 집에나 교회에 갈 때 사용하는 그 자전거를 몰래 하나씩 팔아먹고 있었던 것이다. 자꾸만 사라지는 자전거를 우리 전도자 훈련학교의 학생들이 찾아 헤맸는데 파스칼이 타운에서 가까운 곳에 사는 그의 형 집에 하나씩 가져다 놓으면 그 형이 몰래 이웃에게 돈을 받고 싼 값에 판다는 사실이 밝혀졌다.

남편은 참다못해서 은디 교회에서 주일예배를 마치고 돌아온 파스칼을 불러놓고 처음에는 타일렀는데, 자꾸만 둘러대는 변명거리에 질려서 신학생답게 바로 살아라, 호되게 책망을 했다. 그런데 그게 화근이었다. 내가 어떻게 용서를 빌면 되겠느냐고 회개하겠다고 돌아간 파스칼이 열흘 후에 누런 편지 한 통을 들고서 나타났다. 수요저녁예배를 마치고 돌아온 남편에게 그 편지를 건넸는데 뜯어 보니 노동청에서 보낸 편지였다. 파스칼 망구에게 노동의 대가를 한 달에 5,000실링씩 계산해서 1년 치를 주라는 내용의 편지였다. 만약 이를 어길 경우는 케냐의 법에 의해서 법정으로 가야 한다고 써 있었다.

그 편지를 옆에서 읽은 나는 기가 막혀서 말도 나오지 않고 치밀어 오르는 괘씸함을 가까스로 삭여야 했다. 믿었던 그에게서 이런 일을 당했다는 사실과, 그동안 베푼 사랑을 갚지는 못할망정 이렇게 악으로 갚으려고 하는 것과, 자기의 잘못은 깨닫지 못하고 거짓을 늘어놓으며 선교사를 노동청에 고소한다는 것에 대한 배신감과 분노에 괴로웠다. 그는 우리가 후원해 주는 신학생이었지 직업을 준 일꾼이 아니었다. 신학교에서 금요일까지의 수업을 마치고 내주 토요일에 나이로비에서 내려와서 주일날 교회에서 설교하고 찬양한 게 전부인데 1년 치의 노동 값으로 계산해 주라니 참으로 어처구니가 없었다. 수업료를 다 내주고 교통비와 생필품, 하물며 용돈까지 빠짐없이 챙겨 주었는데, 노동자로 고용되었으니 1년 치의 월급을 내놓으라는 턱도 없는 말을 하는 것이다.

"주님, 우리가 무엇을 잘못했어요? 사랑하고 믿은 것도 죄가 되나요? 주님의 제자를 키우기 위해서 그가 원하는 대로 신학교를 보내서 후원도 해주고 열심히 도와주었어요. 그리고 우리는 최선을 다해서 정직을 가르치며 인내했어요. 그가 아프면 병원에 데리고 다녔고 그가 도움을 청하면 한 번도 거부하지 않았는데, 우리가 무엇을 잘못했기에 이런 고난을 주시나요? 저들을 사랑하라는 주님의 말씀은 알지만 다시는 그를 쳐다보기도 싫어요."

그날 밤, 나는 주님께 원통함의 눈물을 쏟으며 울부짖었다. 남편은 아마 나보다 더욱 고통스러웠을 것이다. 아는 사람 하나 없고 외국인도, 선교사도 없는 타이타 부족에 와서 선교하는 젊은 선교사가 참으로 힘없고 만만해 보였나 보다. 걸핏하면 노란 편지 봉투를 들이미는 이들을 어떻게 용서할까? 웃으며 돌아서는 그가 가다가 엎어져서 무릎이라도 깨졌으면 좋겠다는 생각이 들었다. 자기 무릎이 아프면 선교사의 마음이 얼마나 아픈지 깨닫지 않을까 하는 생각이 얼핏 들었다.

우리 집에 처음 찾아왔을 때 그는 자기가 신학교를 졸업한 목사인데 AIC 교회를 위해서 함께 돕고 싶다고 했다. 마침 그때에 사갈라 부족에 AIC 교단이 전혀 들어가지 않았음을 알고서 사갈라 부족에 탈리오(Talio) 교회와 켄톨레(Kwentole) 교회를 개척하고 있었는데 그가 사갈라 부족이라는 것에 기뻐서 받아들였다. 그런데 서서히 알게 된 것은 그가 신학교 문 앞에도 가본 적이 없다는 것이었다. 고등학교 2학년 때 학교를 그만두고 일찌감치 여자를 사귀어 동거하다가 지금은 7살의 아들과 부인을 버리고 사는 술주정뱅이였다. 속았다는 생각은 했지만 현실이 중요하다고 생각했기에 그가 거듭났다는 말을 받아들이고 그가 신학교에 가고 싶다고 했을 때에 기꺼이 돕기로 마음을 먹고 나이로비 신학교에 보내서 공부하게 한 지 겨우 2학기가 지난 지금 이 일이 터진 것이다.

"주님, 제 의지로는 그를 용서할 수가 없어요. 성령님께서 제 속에 깊숙이 웅크리고 있는 증오를 모조리 토해내게 해주세요. 그리고 미워도 다시 사랑하는 마음으로 채워 주세요."

이제 우리는 사람을 믿는다는 것이 두려웠다. 그러나 오늘도 고난 받는 것이 내게 유익이라는 말씀을 되새기며, 남아 있는 전도자 훈련학교의 학생들의 식사를 위해서 발이 부르트도록 시장을 다니며 음식 재료를 사러 다닌다. 마음 한구석에서는 이제 그들을 위해서 너무 정도 주지 말고 정성도 쏟지 말고 우리가 상처받지 않을 만큼만 적당히 도와주어야겠다고 마음을 단호히 닫아 본다.

그런데 주님은 내 마음을 벌써 눈치 채시고 남아 있는 전도자들은 또 다르다고, 아니 그럴지라도 끝까지 사랑하라고 자꾸 마음의 문을 두드리고 계신다. 주님의 한없는 사랑과 은혜를 거저 받았으니 그들에게 준 것은 기억하지 말고 하늘에 상급을 차곡차곡 쌓으라고……

우팬도 교회 울타리와 욕쟁이 아줌마

아침 설거지를 끝내고서 닭, 오리, 칠면조 모이를 주고는 뒷마당에 빨래를 널려고 할 때였다. 우팬도 학교에서 어린 학생들의 옥수수 죽을 만들고 점심을 요리하는 마시 아줌마가 헐레벌떡 뛰어들어왔다. 목사님이 교회 울타리를 치려고 줄로 재고 땅을 파기 시작하는데, 교회 옆에 사는 이웃집 아주머니 3명과 그 집 청년들이 나와서 목사님께 욕을 하면서 판가(50센티미터 정도 길이의 큰 칼로, 나무나 고기 뼈 등을 자르는 데 사용하며 양쪽 모두 날이 서 있음)를 가지고 와서 목사님을 죽이겠다고 하면서 함께 일하는 사람들도 일을 못하게 방해하고 있다는 것이었다.

우팬도 교회는, 25살의 청년 마강가가 옛 닭집을 개조해서 예배드릴 때에 나와서 은혜를 받은 후에 어머니를 설득하여 우리가 개척한 AIC 교단의 우팬도 교회를 위해서 기쁘게 땅을 내놓아서 교실 세 동과 예배당을 지어서 사용하고 있는 곳이다. 그런데 자꾸만 도둑이 들어서 교회 의자와 물건들이 없어지기 시작하고 학생들의 급식인 식량마저 도둑맞으니 울타리가 필요했다. 교실 창문에 달아놓은 커튼도 뜯어가고, 국기 게양대의 굵은 노끈도 잘라가고, 수도 파이프도 잘라 가니 남아나는 것이 없었다. 게다가 어린아이들이 공부하는데 할 일 없는 사람들이 기웃거리며 길처럼 지나다니므로 안전을 위해서 울타리 공사를 시작한 것이다.

남편은 지난달부터 교실 한 동을 늘리는 공사에 들어가서 새벽기도회를 마친 후부터 해 질 때까지 우팬도 교회에서 떠날 줄을 모르고 일만 했는데, 이번에는 울타리 공사를 시작한 것이다.

마시 아줌마는 우팬도 교회의 한 성도로서 그 말을 듣고서 분한지 이웃집 사람들이 한 말을 옮기면서 씩씩거렸고, 나는 판가로 남편을 죽이겠다는 말을 듣고는 놀라서 단숨에 달려갔다. 남편은 주위에서 욕을 해도 곡괭이로 묵묵히 땅을 파고 있었다. 이웃집의 여자들은 독을 품은 독사처럼 노려보고 있었는데 이유는 왜 울타리를 쳐서 자기 집으로 불어오는 바람을 막느냐는 것이었다. 울타리 선을 보고 있는 그때 우리 교회를 가리키면서 비아냥거리는 표정으로 이상한 욕을 하는, 바로 교회 옆의 이웃집 아줌마의 말을 듣는 순간 화가 나서 얼굴 근육이 떨릴 지경이었다. 다른 말은 다 참아도 거룩한 우리 교회를 두고서 이상한 숭배사라고 하나님을 모욕하는 말 앞에서는 도저히 참을 수가 없었다. 선교지에 와서, 아니 난생 처음으로 분한 소리를 듣고 있는 것이다.

"하나님께서 보고 계시는데 어떻게 그런 말을 서슴없이 하나요? 당신도 타운에 있는 순복음교회에 다닌다고 들었는데, 하나님이 두렵지 않나요?"

그러자 그녀는 하나님이 어디 계시느냐 보여 달라 그러면서 도도하게 소리쳤는데, 정말 하늘에서 불이라도 내려와서 보여줬으면 좋겠다는 생각이 절로 들 정도로 얄미웠다.

주위를 살펴보니 마강가는 보이지 않고 이상한 욕을 듣고도 우리 성도들은 흐르는 물 구경하듯이 잠잠하기만 했다. 그때 우팬도 교회에 땅을 내놓은 마강가의 어머니인 죠이스(Joyce)가 와서 내가 죠수아 리 선교사에게 교회 땅으로 내놓은 것이 이 울타리 선이 확실하니 거리낄 것 없이 일을 계속 진행하라고 일꾼들에게 말했지만 이웃집 아줌마들은 좀체 사그라지지 않고 욕을 해댄다. 남편은 아예 대꾸하기도 귀찮은지 딱딱한 땅에 곡괭이를 내리찍고 있었다. 하나님 앞에서 묵묵히 소신껏 일을 해 나가는 남편이 처량해 보였다. '주님은 다 아시겠지' 생각을 하면서 그곳에서 물러 나오려고 할 때였다.

"네가 어디서 와서 우리 땅에 사는 우리를 방해하느냐?"

아줌마의 가시 같은 말이 또 한 번 날아왔는데, 자기네들이 오히려 우리를 훼방하고 있으면서 도대체 누구를 탓하는지 혼란스러웠다.

총회 MTI 선교 훈련 받을 때에 어느 선교사님께서 말씀하신 것이 떠오른다. 한국에 오면 선교사라고 알아주기라도 하지만 선교지에 가면 똥 취급도 못 받는다던 그분의 말씀이 무슨 의미인지 조금은 이해가 간다. 그분은 아마 이보다 더한 일을 겪으셨기에 그런 말씀을 하셨을 거라는 생각이 든다. 우팬도 교회 울타리 공사를 시작한다고 했을 때부터 서서히 교회를 빠지기 시작한 성도들이 교회를 멀리한 이유를 이제야 알았다. 이런 소동을 일으킬 마을 사람들의 시선과 눈총을 눈치채고 벌써 몸 사리며 꽁무니를 뺀 것이었다.

"마마, 색깔이 다르지만 우리는 당신들과 똑같은 붉은 피를 가졌어요. 색깔이 다른 이방인이라고 우습게 보지 마세요. 우리들은 예수님을 전하기 위해서 이곳에 왔는데 당신들을 도와줄망정 해롭게 하려고 오지는 않았어요. 이곳에 교회가 들어서고 학교가 들어서면 당신들의 자손들이 이곳에서 예배드리고 공부하고 복을 받아요. 그리고 우리가 천국에 가면 서로 만나서 인사를 나눌 터인데 당신이 진정한 그리스도인이라면 우리를 도와주어야 하지 않겠어요? 그리고 우리는 이곳에 있는 흙 한 줌도 한국에 가져가지 않아요. 무슨 말인지 이해되나요?"

나는 애써 부드러운 소리로 말을 하면서 흙 한 줌을 쥐었다가 살짝 뿌렸다. 그리고 될 수 있는 한 설득을 해서 타협해 보려고 열을 올렸다. 주위에서 내 말이 옳다고 맞장구를 치면서 사람들이 웅성거렸다. 욕쟁이 아줌마는 품었던 욕이 바닥이 났는지 아무 말 없이 나무 그늘 아래의 벤치에 가서 앉았다. 내 말이 먹혀들은 걸까, 아니면 동네 사람들의 맞장구에 기가 죽어서 나가떨어진 걸까 생각하며, 일꾼들에게 멈추지 말고 계속 일을 하라고 손짓을 하고는 그 자리를 빠져나왔다. 내가 용감해진 건지 이곳에 살다 보니 억세진 건지 스스로도 놀라면서 집으로 발길을 돌렸다.

"주님, 우리 성도들이 돌을 쌓으며 이곳에 예배당이 들어서게 해달라고 기도한 것 들으셨죠? 주님, 어린아이들이 이곳에서 안전하게 공부하게 해달라고 기도하는 것을 들으셨죠? 주님, 남편이 궂은일 마다 않고 당신을 위해 땀 흘리는 것 보셨지요? 제발 도와주세요."

이래도 사랑해야 하나요?

"내가 왜 이곳에 와서 이러고 있지?"

나무 그늘 아래 털썩 주저앉아서 조금 전에 싸 들고 온 도시락을 열어 놓고 모래알 씹듯이 억지로 삼키던 남편이 말을 했다. 절망에 빠진 듯 힘없는 목소리이다. 이곳 사람들의 욕을 들으며 일하는 것까지는 견딜 수가 있지만 잘 가르친 성도들에게서 오는 배신감인 듯 했다. 우팬도 교회의 중요 멤버인 집사 음보고(Mbogo)와 라파엘(Rafael), 죠셉(Joseph)이 이 어려운 와중에 등을 돌리고 교회를 쏙 빠져나간 것이다.

결혼해서 오래 살다 보니 겨우 터득한 것이 있다. 남편이 왜 그런 말을 하는지 눈치만 보고도 알게 되었고, 남편이 힘들고 지쳐 보일 때는 옆에서 왜 그러느냐고 꼬치꼬치 캐물으면 위로는커녕 오히려 화를 돋운다는 것을 알기에 그저 믿고 기도만 해야 한다는 것도 알게 되었다.

남편이 일하기 위해서 억지로 비운 도시락통을 들고 내려와서 마강가와 함께 면사무소(Chief Office)에 찾아갔다. 이웃집의 마마들이 며칠 전에 낸 진정서가 있기에 일을 멈추고 사무실로 출동하라는 면장의 편지를 받았기 때문이다. 그 일이라면 어제 오후에 이웃집 주민들과 잘 해결되었기에 설명만 하면 된다고 생각한 나는 홀가분한 마음으로 사무실을 찾았다.

약속 시간보다 1시간이나 늦게 들어오면서도 아주 도도한 면장은 나를 쓱 훑어보더니, 책상 앞에 앉으면서 그 많은 사람들 앞에서 왜 Lee가 오지 않고 네가 왔느냐고 따졌다. 그래서 남편은 지금 바쁘고, 이 일은 어제 이웃집의 주민들과 이야기를 잘 끝냈기 때문에 일이 모두 해결되었다고 했다. 어제 화해를 했던 그 사람들이 맞은편 책상 앞에 앉아 있었는데 갑자기 안색을 싹 바꾸면서 그런 일이 없다고 딱 잡아뗐다.

사실 우팬도 교회의 울타리 문제로 그들이 입에 담지 못할 온갖 욕을 해서 홧김에 직선적으로 말한 것을, 가만히 생각해 보니 선교사가 좀 심했나 하는 마음이 들어서 어제 오후에 찾아가서 그들에게 사과를 했다. 그랬더니 그들도 먼저 웃으며 다가서는 내게 침 뱉지 못해서인지 험악했던 그저께의 분위기는 눈 녹듯이 사라지고 욕한 것을 미안해했다. 그러면서 그들은 일을 계속 진행하라, 하나님의 축복이 임할 것이라고 오히려 복을 빌어 주었다. 그래서 모든 시끄러운 문제가 해결된 줄로 알고 정말 어젯밤에는 홀가분하게 단잠을 잤다. 그래서 오늘 이 자리에서 잘 설명하면 되는 줄로 알았는데, 하룻밤 새에 마음이 뒤집어져서는 어제 했던 말들을 확 바꾸는 것이다.

 증인이 어디 있느냐, 그런 적이 언제 있었느냐 하면서 나를 노려보았다. 그랬더니 면장은 큰 소리로 첫째, Lee가 이 자리에 오지 않은 것이 잘못이고 둘째, 일을 정지하라고 했는데 계속 하고 있는 것이 잘못이라고 나열을 했다. 그래서 나도 선교사이고 남편 대신 부인이 온 것이 무슨 잘못이냐, 그리고 저 사람들이 어제 오후에 분명히 일을 계속 해도 된다고 했으며, 우리는 땅을 기증받은 곳에 어린 학생들의 안전을 위해서 울타리를 치는 것뿐인데 왜 이렇게 소란스럽게 하느냐고 억울하다고 털어놓았다. 그랬더니 할 말이 없어진 면장은 더 듣기 싫다, Lee가 오지 않으면 말을 하지 않겠다면서 나가라는 손짓을 하더니 다른 사람들과 함께 이야기를 시작했다.

 여자를 철저히 무시하는 그들과 어제 오후에 하나님의 평화를 들먹이며 화해를 했던 그들의 위선을 바라보니 속이 터질 정도로 속상했다. 내가 왜 이런 곳에서 이들 앞에서 이런 수모를 겪어야 하는지 억울하고 원통해서 아무리 참아도 눈물이 삐죽삐죽 새어나왔다. 그 사람들이 저편에서 여러 사람들과 웃고 떠드는데 조소하는 듯한 느낌이 묻어나서 서글퍼졌다. 행여나 스와힐리어를 하면 내가 알아들을까 봐 자기들의 부족 언어인 타이타어로 말하고 있었다.

 팔은 안쪽으로 굽는다더니 관공서에서 일하는 그들이 쉽사리 우리의 입장에서 들어주고 이해해 줄 리가 만무하다. 이 땅에서 이방인이라는 사실에 한없이 서러워서 목까지 치밀어 오르는 뜨거운 눈물을 삼키느라고 입술이 아프도록 지근지근 깨물었다. 절대로 저들 앞에서 눈물을 보이지 않으리라.

"주님, 이래도 사랑해야 하나요? 이래도 타이타 부족 선교를 계속해야 하나요? 제가 왜 이런 곳에 와서 이런 수모를 겪어야 하나요? 지금 당장이라도 고국으로 돌아가고 싶어요. 주님께서 저희들을 붙들어 주셔야 해요."

끓어오르는 슬픔을 참으며 한없이 미운 그들을 노려보며 기도하는 수밖에 또 달리 할 일이 없었다. 그때 마강가가 손짓으로 가자고 불렀다. 돌아오는 길에 그가 말하기를, 교회와 학교가 잘되어 가는 것에 대한 질투이며, 어떻게 하면 선교사에게서 돈을 좀 뜯어 볼까 해서 발광을 하는 것이라고 했다. 우팬도 교인들은 선교사가 주는 돈을 받아먹었기에 교회를 다닌다고 소문을 내서 집사 음보고와 라파엘이 기분이 나빠서 요즘 교회를 멀리하고 있다는 것이었다. 새벽기도회와 수요·금요·주일 저녁 예배까지 빠지지 않고 잘 나오는 성도들에 대한 사탄의 질투이며 한 성도라도 더 무너뜨리려는 사탄의 계략임을 깨달았다.

"마강가, 이런 때일수록 더욱 깨어서 함께 기도해요. 지치지 말고 하나님 말씀 붙들고 나아가면 주님 주시는 믿음으로 반드시 우리가 승리할 거예요. 그리고 우리를 괴롭히는 그들이 언젠가 먼저 지쳐서 잠잠해질 거고 우리는 끝내 주님의 능력으로 헤쳐 나갈 수가 있어요. 왜냐면 주님은 우리의 편이니까요."

교회에 땅을 헌납하고서 동네 사람들에게 돈 많이 받아먹어서 배부를 거라는 온갖 욕설과 수모를 당해도 끝까지 믿음을 잃지 않고 새벽기도에 전념하는 마강가가 있어서 든든하다. 온갖 핍박 가운데서도 믿음으로 나아가는 그는 우리에게 1실링의 돈도 받은 적이 없기에 떳떳하다면서 우리 곁에 남아서 기쁨으로 주님의 일과 우리의 고난에 동참하고 있는 것이다. 끝내 우리는 이웃과의 다툼을 하지 않기 위해서 울타리 공사를 그만두었다. 하나님은 아실 것이다. 우리의 눈물을 기억하실 것이다.

"주님, 저희들이 눈물을 흘릴 때에 잠잠하지 마시고 일어나 도우소서. 기쁨으로 단을 거두는 그날이 오기까지 인내할 수 있는 믿음을 주세요."

아무에게도 악으로 악을 갚지 말라

나이로비 타운의 원형 교차로를 돌 때 바로 앞에서 수신호로 교통정리를 하던 경찰이 서서히 달리고 있는 우리의 차를 향해 손을 들어 멈추라는 사인을 보냈다. 남편은 경찰의 손짓을 보고는 차를 정지시키고 기지개를 켜며 피곤한 몸을 뒤틀었다. 나이로비 타운에서는 신호등이 설치되어 있어도 잘 작동을 하지 않아서 낮에는 이렇게 교통경찰들이 나와서 거리의 교통을 정리하고 있는 것이다.

파바박 쾅…….

차 밖에서 스치는 소리가 들리는가 했더니 아주 가까이서 쾅 소리가 들리며 차가 흔들렸다. 순간적으로 누군가 우리의 차를 들이받았다는 느낌이 들었다. 남편이 놀라서 옆으로 돌아보더니 아, 하고 짧은 소리를 냈다. 우리의 차 그러니까 운전석 바로 옆 차문을 지나오던 트럭이 들이박은 것이었다. 아주 짧은 시간에 일어난 사건이었다. 순간 놀란 가슴을 쓸어내리며 깊은 숨을 들이쉬었다. 바로 앞에서 경찰이 이 상황을 모두 보고 있었기 때문에 우리 차를 향해서 걸어오고 있었다. 남편이 차문을 열어 보려고 했으나 트럭의 왼쪽 앞부분이 들이받아서 꼼짝달싹할 수가 없었다. 사고를 낸 차 운전시가 우리 차 앞으로 걸어왔다. 남편이 창문을 내리면서 그들 앞에서 난감하다는 표정을 지으며 두 손바닥을 내밀어 보였다.

"당신이 실수를 해서 사고가 났어요. 차 앞바퀴가 오른쪽으로 조금 틀어졌군요."

가까이 다가온 경찰이 영어로 말을 했다. 갑자기 멍해지면서 억울하다는 생각이 들었다. 아마도 우리가 외국인이라서 경찰도 자기들 사람 편을 들어 사고의 잘못을 우리에게 떠넘기려고 한 것이라는 생각이 번쩍 들었다.

"당신, 지금 뭐라고 했어요? 당신이 손짓을 해서 우리가 지금 차를 세워 놓고서 가만히 멈추고 기다리는데, 지금 이 트럭이 갑자기 달려와서 멈추다가 우리 차를 들이박는 것을 두 눈으로 봤으면서 그런 말을 해요?"

갑작스럽게 억울한 일을 당하자 잘못 없는 우리가 꿀릴 일도 없다는 답답한 마음에 총알처럼 숨도 쉬지 않고 좔좔 스와힐리어로 큰소리를 쳤다. 남편이 옆에서 움찔 놀라서 열을 내는 나를 돌아보았고, 앞에 서 있던 경찰과 사고를 낸 운전사와 조수도 예상치 않은 반응이 돌아오자 놀란 표정을 지었다.

"보시다시피 누가 잘못했나요? 가만히 멈춰 있는 우리 차를 저 트럭이 와서 지금 박았는데 우리가 잘못했다는 말인가요? 두 눈으로 똑똑히 본 당신이 어디서 지금 잘못을 우리에게 떠넘기려고 하고 있어요?"

웬 동양인 여자가 유창한 스와힐리어로 바른 말을 줄줄 늘어놓자 괜히 우리 잘못으로 떠넘기려고 했던 경찰이 원망의 화살이 자기에게로 돌아왔다는 생각이 들었는지 말문을 잃고 가만히 우리 차를 바라보고 있었고, 남편은 차문을 열 수도 없으니 그저 놀란 가슴을 진정시키고 있었다.

사고 때문에 교차로가 한동안 막혀 있으니 그 경찰이 차를 앞쪽의 도로가로 옮긴 후 이야기하자고 했다. 가만히 보니 바쁜 차들이 사고 때문에 교통 체증이 생기고 있으니 막막한 형편이라, 남편이 아무런 말없이 순순히 차를 움직여서 교차로를 벗어나 앞 도로가에 세웠다. 사고의 주범인 트럭 차도 뒤따라 와서 우리의 차 앞에 세웠다. 새 차인 우리 픽업 차에 비해서 그 차는 몇십 년을 사용한 듯 아주 고물차에다가 차 넘버도 오래전의 번호인 다 찌그러진 누런색의 트럭이었다.

그들은 경찰이 아까 자기들 편을 들어준 것에 힘이 난 건지 도리어 우리더러 잘못했으니 부서진 왼쪽 차등을 고쳐 내라며 담배를 피워 물었다. 기가 막혀 말도 나오지 않았고 속만 탔다. 외국인이라고 우리를 멸시하고 과소평가하는 처사였다. 어떻게 이렇게 억울할 수가 있단 말인가. 가만히 생각해 보니 괜히 경찰의 말을 듣고 차를 움직여서 트럭이 우리의 차를 들이받은 그 생생한 증거마저도 사라진 것이다. 억울한 남편이 아까 그 경찰을 찾았는데 그 사이에 우리의 시야에서 숨어 버리고 나타나지를 않았다. 남편이 도로 건너편의 경찰서를 찾아가서 경찰 2명을 데리고 나타났고, 나는 차 안에 앉아서 한국에 있는 이방인에게 우리 한국인들도 참 잘해야 한다는 생각을 속으로 하면서 어떻게든지 이 사고가 잘 해결되기를 주님께 간절히 기도드렸다.

"아무리 케냐가 부패했다고 해도 어떻게 잘못 없는 사람에게 억울하게 덮어씌울 수가 있나요? 경찰의 지시에 따라서 조용히 대기하고 있는 우리 차에 달려와서 들이받은 차가 도리어 우리에게 잘못했다며 차등을 고쳐 달라는 게 말이 되나요?"

남편이 경찰을 데리고 와서는 차문이 망가져 움푹 들어가 있고 금이 쭉 가서 페인트가 벗겨진 것을 보이면서 자세히 설명했다. 경찰들이 우리의 픽업 차를 한 바퀴 돌아보면서 차의 뒤 유리마다 코팅해서 붙여 놓은 영어 성경 구절을 읽기 시작했다. 그러고는 남편에게 무슨 일을 하느냐고 물었다. 남편은 보이 지방의 선교사임을 밝히며, 저 차가 잘못을 했지만 차 정비소에 가서 서로의 차를 고치고 헤어지기를 바란다고 했다.

사실 우리는 지칠 대로 지쳐 있었다. 내일 아이들의 학교가 방학이라서 아이들을 데려와야 한다는 생각으로 오늘 새벽 4시에 일어나서 나이로비에 올라올 채비를 하고서 우팬도 교회 새벽기도회를 마치고서 올라온 것이 전부인데, 벌써 오후 3시였다. 새벽부터 비가 쏟아지고 게다가 안개 자욱한 앞을 볼 수가 없어서 제대로 달리지도 못했고 또 군데군데 공사하느라 파헤쳐 놓은 비포장도로를 달려오느라 점심도 못 먹고 있었다. 어쨌든 이 자리를 빨리 헤어나고 싶은 심정뿐이었다.

그런데 아무도 바쁘지 않은지 빨리 사고를 해결하고 싶지 않은 듯 뭉그적거렸다. 시간이 지체되자 지나가던 사람들도 서서히 몰려들었고 경찰들도 그다지 빨리 끝내 주고 싶지 않은 모습으로 우리가 지쳐 나가떨어지기를 바라는 모습이 여실히 보였다. 이게 케냐의 현실이었다. 도대체 누가 잘못을 한 건지는 따져 보기도 싫어했고, 그저 돈 많아 보이는 이방인의 잘못으로 한꺼번에 치부해 버리는 그들의 모습이 싫었다.

억울한 심정을 몇 번이고 계속 토해 놓으니 경찰이 종이에 적기 시작하면서 어떻게 해결 짓고 싶으냐며, 법정으로까지 이 사고를 끌고 가고 싶으냐고 했다. 가만히 생각해 보니 우리는 이곳을 얼른 빠져나가고 싶었고 또 귀찮게 법정까지 끌고 가면 한동안 오라 가라 할 텐데 그렇게 시간을 허비하고 싶지도 않았다. 경찰이 저들의 잘못을 인정한 지금 법정으로 가면 우리는 차 수리비를 받아낼 수가 있겠으나 저 사람들은 면허가 정지되고 일도 못하게 될 거라 생각하니 갑자기 저들이 불쌍해 보였다.

언제까지나 기세등등할 것만 같던 그들이 법정으로까지 끌고 갈까 봐 그제야 두려웠던지 가까이 다가와서 어느새 얌전한 색시마냥 그냥 용서해 달라고 했다. 그러면서 원래 도로에서는 잘못을 해도 큰소리치는 게 도로법이라고 수그러들었다. 조금 전까지만 해도 너무 괘씸했던 그들의 모습이 왜 갑자기 불쌍해져 보이는지, 마음이 약해서 탈이다. 옆에서 보고 있던 사람들이 갑자기 웅성거리며 선교사인 너희들이 용서해 주라는 소리가 들려왔다. 차창에 써 붙여 놓은 영어 성경 구절이 내 눈에도 선명하게 더 크게 비쳐 왔다. 하필이면 남편은 왜 저 성경 구절을 적어놓았을까?

"아무에게도 악으로 악을 갚지 말고 모든 사람 앞에서 선한 일을 도모하라"(롬 12:17).

남편도 그들이 가엾게 여겨졌는지 우리는 순간 한마음이 되어서 그들을 용서하기로 했다. 남편이 그들의 손을 붙잡고서 용서해 줄 테니 다음부터는 잘못을 인정할 줄도 알아야 한다며 다시는 사고 내지 말고 조심하라고 했다. 그들이 어느새 환한 얼굴로 고마워했다. 그곳에 있던 경찰들과 무슨 구경거리라도 생긴 양 빙 둘러 서 있던 무리들이 당신은 역시 좋은 선교사라며 한마디씩 하면서 엄지 척을 했다.

"여보, 용서해 주는 것이 참 어렵다는 걸 다시 한 번 느꼈어. 그런데 당신 어디서 그렇게 당당하게 큰소리치는 자신감이 생겼어?"

"당신이 다치지 않았다는 사실에 얼마나 감사한지 몰라요. 정말 아찔했어요. 그 트럭이 조금만 더 세게 들이박았으면 당신이 크게 다칠 수도 있었는데, 정말 하나님께서 우리를 지켜 주셨으니 감사해요."

남편은 아내의 따스한 말에 힘을 얻었는지 매우 만족해했다. 그러고는 아까 큰소리치는 내 모습에 오히려 힘이 나서 자기가 선교사 이미지 관리를 잘했다며 웃었다. 그리고 보니 내가 정말 담대해진 것 같다는 느낌이 들었다. 이방 나라에서 억울한 일을 무지하게 겪다 보니 본능적으로 자기방어 하느라 겁 없이 소리치며 험악한 아프리카에서 살아남기 위해 잡초처럼 절로 억세진 것 같아서 스스로도 놀랐다. 이제부터 더 이상 망가지지 말자, 속으로 혼자 다짐해 본다.

그러나 확실한 것은, 늘 도우시며 지켜 주시는 하나님의 든든한

백그라운드를 믿는다는 것과 하나님의 말씀 앞에서는 굴복했다는 것은 사실이다. 차 유리에 붙여 놓은 성경 말씀 한 구절이 가슴에 팍 와닿는다는 것은 우리의 삶 속에서 역사하시는 성령님의 내재하심인 것이다. 성령 하나님은 우리에게 말씀 한 구절을 통해서도 그들을 용서하는 마음으로 한 푼의 차 수리비도 받지 않고 웃으며 보낼 수 있게 하셨다.

2장
고난 가운데 주를 의지하며

강도의 돌에 맞은 남편

무지하게 더운 정오 12시에 남편은 기쁨이의 미드 팀(중간 학기)을 맞아서 아이를 데리러 나이로비를 향해 출발했다. 아침 일찍 떠나기로 했지만 몸살 기운이 있어서 늦게 출발을 한 것이다. 온 가족과 함께 가려니 며칠 동안 게스트하우스에서 불편하게 먹고 지내는 것이 힘들고 또 비용이 비싸서, 이번에는 남편이 혼자 가서 아이를 데리고 내려오기로 하고 떠났다. 남편을 보내고 나서 함께 있을 나흘 동안이라도 아이를 잘 먹여 보려고 보이 시장을 돌아다니면서 쇠고기와 과일을 샀다. 아직도 공사 중인 비포장도로가 여러 곳인데 에어컨도 없는 차를 운전해서 먼지바람을 마시면서 고속도로를 달리고 있을 남편을 생각하니 저절로 기도가 나왔다. 긴 여행 중에 운전하다가 혹 졸기라도 할까봐 항상 따라나섰지만 이번에는 며칠 전에 온유가 말라리아에 걸려서 몸이 좋지 않은 데다가 또 집을 나서면 아이가 몸살이라도 날까 염려되어서 남편이 혼자 가정을 위해서 고생하겠다면서 집을 나선 것이다.

남편이 잘 도착했다는 연락이 오기를 기다리며 전화기 앞에서 떠나지를 못하고 책을 읽고 있었다. 하루가 얼마나 짧은지 벌써 밖은 어둠이 내리깔리기 시작했다. 아이들에게 저녁을 먹이고 나서 시간만 재면서 초조하게 남편의 전화를 기다렸다. 출발한 지 6시간이 지났으니 도착하고도 남아서 벌써 예약해 둔 게스트하우스에 들어가서 저녁식사를 할 시간이었다. 그런데 밤 9시가 지나도 전화벨이 울리지 않으니 갑갑해지고 불안해지기 시작해서 게스트하우스로 전화를 했다. 그런데 그런 사람이 아직도 도착하지 않았다는 것이다. 더욱 이상하고 불안한 예감에 빠진 나는 우리가 가 본 나이로비의 게스트하우스마다 모조리 연락을 취해 보았지만 그런 사람은 오지 않았다고 하는 것이었다.

더욱 초조해져서 거실에서 전화벨이 울리기를 기다리다가 그대로 잠이 들었다가 전화벨이 울려서 얼른 수화기를 들고서 시계를 보니 밤 11시가 넘어가고 있었다. 그런데 남편의 목소리가 들려와야 할 수화기에서 나이로비에서 일식집을 운영하는 한인 교회 집사님의 목소리가 들렸다. 그분은 놀라지 마라고 하면서 먼저 말을 꺼내셨다.

남편이 올라오다가 살라마(Salama) 지방에서 차 타이어가 펑크 나서 스페어 타이어로 갈아끼우는데 강도들이 돌로 머리를 내리쳤다고 했다. 지금 나이로비 병원에서 엑스레이 검사를 마치고 머리를 꿰맸는데, 크게 다치지 않았으나 맞은 충격으로 구토와 어지러움이 있어 켄코하우스에 옮겨 놓고 2시간 간격으로 체크를 하고 있으니 걱정 말라고 하면서 끊으셨다.

어떻게 이 상황에서 걱정을 하지 않을 수가 있단 말인가, 벌써 눈앞이 흐려지고 놀란 가슴은 두려움으로 가득 차서 온몸이 부르르 떨려왔다. 나는 도움을 주신 집사님께 고맙다는 말도 잊은 채 전화기를 내려놓고 차가운 시멘트 바닥에 털썩 주저앉아서 주님을 찾았다. 강도가 많이 설치고 위험한 일을 많이 당했다는 소문은 늘 남의 일로 여겼는데, 막상 남편이 대낮에 고속도로에서 강도를 만나 머리에 돌을 맞고 쓰러졌다고 하니 믿을 수 없을 정도로 충격이었다.

"주님, 우리가 무엇을 잘못했습니까? 열심히 선교하느라고 고생한 것을 주님께서 더 잘 아시지 않습니까? 그런데 왜 저희들에게 이런 시련을 주십니까? 왜 하필 남편입니까?"

주님께 항의와 하소연을 하면서 펑펑 울었다. 한동안 울고 나니 마음이 안정되고 나서 그제야 기도 요청을 해야겠다는 생각이 간신히 떠올랐다. 선교부의 디렉터 목사님께 늦은 시간이었지만 기도를 부탁했는데, 목사님 내외분께서는 놀라서 처음에는 말을 잇지 못하시더니 너무 걱정 말고 기도하자고 하셨다. 그러고 난 후에 파송 교회에 팩스를 띄워서 특별 기도 요청을 보냈다.

그런 후에 생명에는 지장이 없을 테니 걱정 말라는 집사님의 말씀을 떠올리며 원망의 기도를 바꾸어서 주님께 감사기도를 올렸다. 이만큼이라도 도우시는 주님의 손길이 아니었으면 어떻게 되었을까 생각하니 아찔해졌다. 그러나 혼자 너무도 고통스러워했을 남편의 모습이 떠올라서 가슴이 미어질 듯하다. 얼마나 놀랐을까? 가장 힘들고 아픈 순간에 함께 곁에 있어 주지 못하는 이 안타까운 애달픔이 눈물이 되어 베개를 적시며 찬양을 했다.

"큰 물결 일어나 나 쉬지 못할 때 이 풍랑 인연하여서 더 빨리 갑니다……."

"주님, 뇌에 아무 이상이 없게 도와주세요. 속히 완쾌되어 후유증이 없게 도와주시고 선교하는 데 어려움이 없도록 건강을 회복시켜주세요. 이 일로 인해서 주님의 뜻을 깨닫게 도와주시고 이 풍랑 인연해서 더 빨리 가게 해주세요."

사도 바울처럼

따르릉 따르릉…….

쏜살같이 달려가서 수화기를 드니 남편이었다.

"어때요? 괜찮아요? 머리는 안 아파요?"

쉴 새 없이 쏘아대는 질문에 남편은 힘없는 목소리로 내일 내려갈 터이니 염려 말라고 했다. 그런데 저녁에 다시 걸려온 전화는 같은 선교부 소속의 간호사 선교사였다. 목사님이 오후에 갑자기 두통을 호소하면서 구토하고 현기증을 일으켜서 나이로비 한인교회의 목사님께서 업고서 아가칸(Agakhan) 병원에 입원시켰는데 올라와야 할 것 같다고 했다. 그리고 조금 후에 다시 걸려온 전화는 카지아도의 사모님이셨는데, 병간호를 위해서 내일 아침 빨리 올라오라고 하셨다.

밤새 걱정으로 기도하며 설쳐서 푸석해진 얼굴을 하고서 아이들을 데리고 신학생 조엘과 함께 버스정류장으로 갔다. 미드 텀으로 학교에서 나온 기쁨이는 싱글 선교사가 데리고 있다고 했다. 1시간을 기다려서 몸바사(Mombasa)에서 올라온 마타투(버스)를 탔다. 몸바사에서 벌써 손님이 꽉 차서 왔기에 우리는 맨 뒷자리에 가서 앉았는데 험한 길을 달리는 버스가 얼마나 덜컹대는지 멀쩡한 머리가 터질 듯이 아파 왔지만 뒤통수에 돌을 맞고 병원에 누워 있을 남편을 생각하니 이것은 아무 고생도 아니었다. 버스는 5시간 30분 만에 나이로비 타운에 도착했고, 우리는 다 부서진 고물 택시를 타고서 남편을 만나러 갔다.

병원에서 환자복을 입고 눈동자의 초점이 풀린 상태로 멍하게 나를 바라보는 남편을 보니 마음이 찢어질 듯이 아팠다. CT 촬영 결과가 나왔는데 뇌에 이상이 없지만 큰 돌에 맞은 충격으로 뇌가 많이 부어서 골에 닿기 때문에 통증이 엄청 크다고 했다. 머리 정면이나 뒤통수 정면이나 목에 맞아도 생명에 위험이 왔을 터인데, 오른쪽 귀 뒤에 맞았기에 위험을 비켜 갔다고 했다. 그리고 머리가 터져서 피가 뇌에 고이지 않고 흘렀기에 천만다행이라고 의사가 말해 줬다. 누우면 피가 몰려와서 심한 두통으로 울면서 남편은 눈물로 꼬박 밤을 새워야 했다. 남편은 의사가 준 진통제와 수면제를 먹어도 통증 때문에 잠을 이루지를 못했고, 나는 병실 한구석에 쪼그리고 앉아서 잠을 자며 간호했는데 깨어 있을 동안 쉬지 않고 성경을 읽어 수고 목이 쉴 정도로 찬송가를 불러 주었으며, 그 두통의 하소연을 받아주는 것이 나의 몫이었다.

그러던 병원에서의 4일째 밤, 남편은 눈물 콧물 범벅이 되어서 주님 앞에서 회개하더니 모처럼 평안함과 주님이 주시는 위로 가운데 두통이 가라앉아서 단잠을 잤다. 돌로 내리친 그들을 입술로는 용서했으나 생각할수록 마음속에서 울컥 치밀어 오르는 그들에 대한 분노와, 선교지에서 열심히 사역하는데 왜 이런 고난을 주시는지 알 수 없는 원망으로 인해서 고통스러웠는데, 주님은 남편에게 회개기도와 함께 한없는 평강과 단잠으로 응답하신 것이었다. 가시면류관을 쓰고서 가시에 찔려 오는 자국마다의 그 통증을 이겨내며 저들이 하는 것을 알지 못하니 저들을 용서해 달라는 주님의 음성을 진한 두통 가운데 깨닫고 진정으로 용서를 하게 되었다고 했다.

퇴원하기 전날에 케냐 나쿠루(Nakuru) 신학교에서 20년을 사역하신 선배 선교사님께서 병문안을 오셔서 귀한 말씀을 들려주셨다. 바울이 루스드라에서 돌을 맞고 사경을 헤맸듯이 이 선교사가 돌을 맞아서 성경의 사도 바울처럼 고생하는데, 정말 신약의 바울처럼 주님께 쓰임 받는 귀한 선교사가 되기를 바라노라고 축복기도를 해주셨다.

이 일로 인해서 우리가 깨닫지 못하고 있던 주위의 사랑을 많이 느꼈다. 병원에 있는 동안 우리 아이들을 돌봐 준 간호사 선교사의 사랑과 병원 음식이 좋지 않다고 계속 곰국을 끓여다 주신 디렉터 사모님과 기도를 쉬지 않고 해주시며 병문안을 해주신 여러 선교사님들의 사랑을 느끼게 되었다. 나는 양쪽 부모님들께는 차마 이 소식을 알릴 수가 없었다. 심히 놀라서 충격을 받으시거나 염려를 하실 것 같아서였다. 그러나 이 일을 아는 우리 형제들도 기도를 해 주었고, 우리 가정을 이곳 케냐에 보내놓고 한 번도 잊지 않고 기도를 해주시고 후원해 주시는 대성교회 목사님과 성도님들의 크신 사랑을 느꼈다. 병원을 퇴원한 후에 게스트하우스에 와서 쉬고 있을 때에 교회의 세계선교회 회장님께서는 하루도 거르지 않고 전화를 하셨다.

"교회에서 온 성도님들이 계속 금식기도를 하고 있으므로 이제 더 이상 아무런 이상이 없을 테니 염려 마세요. 나을 때까지 충분히 휴식하고 안정을 취하시고 몸조심 하세요."

성도님들의 따스한 사랑이 인도양 건너 이곳 아프리카까지 전해져서 우리는 행복해서 감사의 눈물을 흘렸다.

하나님께서 쉬어 가라고 빨간 신호등을 켜셨는지도 모른다. 지난 번 한국 방문 때에 건강 검진 결과 자주 먹은 말라리아 약물 중독으로 인해서 간에 이상이 있으니 다시 체크해 보라고 했다. 1년은 선교지에 가지 말고 쉬어야 한다고 한세 클리닉 원장님께서 조심스레 진단을 내려 주었는데도 남편은 선교지가 가장 마음이 편하다면서 억지 부리며 한 달 만에 선교지로 돌아왔었다. 주님은 이렇게 해서라도 우리가 로뎀 나무 아래에서 쉬어가도록 건강이 브레이크를 서셨는지도 모른다.

그리고 남편을 돌로 내리친 얼굴 모르는 그들이 언젠가는 회개하고 주님 앞으로 돌아오기를 기도해 본다. 한국에 들어온 마펫 선교사에게 돌을 던져서 다치게 한 후 양심의 가책으로 고생하다가 어느 날 꿈속 환한 빛 가운데서 가시 면류관을 쓰신 예수님을 만난 후 회심하고 훗날 목사가 되어서 우리나라의 최초 선교사로 파송 받아서 제주도에 가신 선교사님 이야기가 생각난다. 우리 한국 사람들도 무지하게 외국 선교사를 핍박하고 순교하게 만들었다. 그에 비하면 우리의 고통은 비길 데가 아니다. 복음을 위하여 예수님의 작은 흔적 하나를 가지게 된 것뿐이다. 남편을 돌로 내리친 원주민이 마음에 가책을 받고 언젠가는 회심하고서 주님 앞에 돌아와서 훌륭한 주의 일꾼이 되는 상상의 나래를 펴며 진심으로 기도를 드린다.

"주님. 이 험한 고난의 길이 주님께서 가신 길이기에 사도 바울처럼 기쁨으로 가게 해주세요. 남편을 돌로 내리친 그가 회개하여서 훗날 주의 일꾼이 되게 해 주세요."

세균과 해충

"주님, 왜 제게 이런 고난을 주십니까?"

뜨거운 햇살이 내리쬐자 등에 불이 붙은 것같이 뜨겁고 화끈거려서 견딜 수가 없었다. 현지 교단의 어른 목사님들이 찾아와서 우리를 타운으로 불러냈다. 예전에 우리 타이타 부족에 개척한 네 개의 교회에서 모은 예배당 건축헌금을 모조리 가져가셨는데 이제는 또 무슨 일로 보자고 하는지 궁금하고도 겁이 났다. 지난번에는 몸바사 신학교에 보내서 4년간 후원한 죠엘(Joel)과 룻(Ruth)이 졸업해서 개척한 우팬도 교회와 마보마니 교회의 교역자로 세웠더니 노회의 권위로 그들을 데리고 가 버렸다. 그래서 현지의 어른 목사님들이 보자고 하면 절로 가슴이 쿵 했다. 무서워서 생기는 겁이 아니라 하도 스트레스를 받다 보니 나도 모르게 가슴이 쫄고 겁쟁이가 되어 가는지도 모르겠다.

바쁜 일들을 제쳐두고서 두근거리는 가슴으로 타운에 나와서 그들과 이야기를 나누며 서 있는데, 햇볕이 얼마나 뜨거운지 뜨겁다 못해 고통스러웠다. 왜냐면 왼쪽의 등 밑에 세균(박테리아)이 들어가서 단단하게 부풀어 있어서 뜨거운 햇볕을 받아 2도 화상에 걸린 것처럼 더욱 아프고 쓰라려 왔다. 벌써 균이 들어간 지 2주째라서 얼마나 아픈지 왼팔을 들기도 힘들고 똑바로 누워 잘 수도 없었다. 그래서 남편이 병원에 가 보자고 했지만 상처를 꾹 짜고 고름을 빼낸다는 생각만 해도 끔찍해서, 그저 빨리 상처가 익어 터져서 고름이 절로 나오고 아물기만을 기다리며 푸른 파파야 열매 껍질을 날마다 붙이고 있는 것이다.

여러 목사님들과 이야기를 나누던 중에 남편이 웃으면서 무심결에 오른쪽에 서 있는 내 등을 건드렸는데 아픈 왼쪽의 상처를 툭 친 것이다. 얼마나 아팠던지 눈물이 절로 솟구쳤다. 그 자리에서 말은 못하고 돌아서서 눈가에 삐죽이 새어나오는 눈물을 닦아야 했다. 얼마나 아팠던지 아무도 없는 곳이었으면 발로 한 대 퍽 차 주고 싶은 심정이었다.

"주님, 제가 무엇을 잘못했기에 이렇게 고통을 주십니까?"

생각지도, 예상하지도 않은 일들로 다가오는 온갖 고난들이 지긋

지긋해졌다. 때마다 주님께서 베푸시는 은혜로 지나고 나면 감사뿐이지만 그 절망 가운데에 있을 때는 왜 그리도 시간이 더디게 흘러가는지 제발 시간이 빨리 갔으면 좋겠다고, 모세가 기도했을 때 마라의 쓴 물을 단물로 바꾸어 주셨듯이 우리 삶 속에 일어나는 쓰디쓴 일들을 달콤한 일들로 바꾸어 달라고 기도를 하곤 한다.

그뿐 아니라 지난달에는 목에 나이로비 플라이(Nairobi Fly)라는 벌레에 물려서 고생을 해야 했다. 이 벌레는 독이 든 액을 군데군데 흘리고 지나가는데 그 독이 얼마나 강한지 불에 덴 것처럼 진물이 묻어나고 쓰라렸다. 상처가 낫고 나서도 얼룩이 금방 사라지지 않고 검게 흉터가 남는다. 그래서 아프리카의 뜨거운 보이 지방에서 목까지 올라오는 티셔츠를 입고 한 달을 지내야 했다. 나이로비 플라이는 독이 강해서 눈에 들어가면 실명할 수도 있다고 했다. 그런데 이 벌레가 비가 온 후에는 밤이면 불빛을 보고 집안으로 들어와서 천장에 붙어 있을 때가 허다하다. 어느 날 나이로비에 살던 선교사님 가족이 보이를 지나치다가 놀러왔는데 밤에 나이로비 플라이를 보고는 기겁을 해서 그 다음날 새벽에 떠나갔다. 그분들은 웃으면서 이런 곳에 어떻게 사느냐고 했는데, 우리는 아무렇지도 않게 이곳 원주민들처럼 그렇게 아주 무디어져서 살고 있는 것이다.

밤에도 똑바로 누워 자지를 못해서 고생하는 아내의 아픈 등을 무심코 세게 내리친 남편은 아내가 눈물을 찔끔거리는지도 모르고 그들과 대화를 한다. 옆에서 가만히 듣고 있으니 어른 목사님들이 사실은 올라가는 버스 비용을 좀 달라고 바라는 눈치였다. 오지에서 고생하는 선교사를 이해는 못할망정 무언가라도 선교사에게 은근히 바라는 현지 목사님들의 모습을 바라보니, 세균이 들어간 상처만큼이나 마음도 쓰라려 온다.

"주님, 제 육신에 가시를 주심은 잠시도 우쭐대거나 교만하지 말라는 뜻인가요? 제 마음이 가시처럼 짓눌러 오는 저 고상한 어르신들로 인해 슬퍼요. 이 고난으로 인해서 무엇을 제게 주시려고 하시나이까?"

어떠한 시련이 오더라도

"하나님 도와주세요. 제발요, 제발요……."
불꽃이 춤을 춘다. 아니 벌겋게 성난 불이 금방이라도 다 삼켜 버릴 듯이 메마른 들판의 초목들을 타다닥 타다닥 거친 소리를 내면서 태우고 있다. 바람이 휘익 몰아치자 불꽃이 더욱 거세게 타들어 간다. 무서웠다. 이건 내가 불을 보면서 처음으로 느껴 보는 두려움이었다. 너무도 짧은 시간에 터진 사고라서 그 자리에서 모두 멍하니 바라보고 있었다. 나는 빨리 불을 끄라면서 함께 있는 우리 제자들과 교인들의 등을 떠밀었다. 어떻게 이렇게 삽시간에 불이 번졌는지 사람의 힘으로는 번지는 불길을 감당할 수가 없었다.

우리는 몇 개월 전에 개척한 비리카니(Birikani) 교회 예배당 건축에 들어갔다. 항상 데이비드(David) 어른의 마당 나무 밑에서 예배를 드렸는데, 우기철이 오기 전에 예배당이 필요하다며 성도들이 애타게 요청하는지라 며칠 전부터 우리 제자들과 교인들이 나무 밑에 텐트를 치고 함께 일을 시작했다. 가뭄으로 초목들이 바싹 타 들어간 누런 들판에 풀들을 베어 내고 가시나무들을 치고 그루터기를 파내고 모두 분주했다.

한 귀퉁이에서는 블록 머신을 놓고서 현지 목사님의 집을 짓기 위한 흙벽돌을 찍고 있었고, 그 옆 구덩이에서는 교회 화장실 공사를 하느라 곡괭이와 삽으로 땅 속 깊숙이 붉은 흙을 파내고 있었다. 남편은 잘라낸 풀들로 울타리를 치고 그 안에서 건축할 예배당 사이즈를 재면서 땅을 파고 있었다. 그 옆에서 데이비드 어른과 피터(Peter)가 교회 마당이 될 땅의 초목들을 태우느라 성냥불을 그었다.

몇 개월째 한 번도 비가 내린 적이 없었는지라 뜨거운 태양에 바짝 마른 키 큰 억새풀들이 순식간에 타들어 갔다. 모두 각자 일에 바빠서 쳐다보면서도 대수롭지 않게 생각하는데 겁 많은 나는 데이비드 어른에게 바람이 부니 너무 위험하다며 소리쳤지만 모두 웃었다. 그런데 간간이 불어오던 바람이 갑자기 거세지면서 불길을 옆으로 옮겨 갔다. 모두 설마 하면서 바라보다가 아차 하는 순간에 불길은 옆으로 둥그렇게 초목들을 태우며 부는 바람을 타고 더욱 빠른

속도로 번져갔다. 그제야 모두 위험을 느끼고 일하다가 제각각 불길을 피하기 시작했다.

"하나님, 이 일을 어떡해요. 행여 이 불이 이웃집을 태우거나 누가 화상이라도 입거나 사고가 생기면 어떡해요? 모든 일이 선교사의 책임으로 돌아올 텐데, 아무런 위험한 일이 생기지 않도록 도와주세요. 교회 건축하다가 불미스런 일이 생기면 하나님의 영광을 가리는 일이니 당신의 이름을 위해서라도 도와주셔야 해요. 제발요."

나는 울면서 땅의 흙을 손으로 퍼서 불을 끄려고 흙을 뿌리고 번지는 불을 발로 밟고 연기를 마시면서 이리저리 헤맸다. 옆에서 제자들과 일꾼들도 나뭇가지를 꺾어서 내리치고, 누군가는 20리터짜리 물통을 들고 달려가고, 누군가는 삽을 들고 흙을 파서 뿌려 대고, 누군가는 라디오가 탈까 봐 들고 달려 나가고, 그 와중에 풀숲에 숨어있던 사슴 한 마리가 놀라서 도망갔다. 저 건너편 이웃집에서는 갑자기 몰아쳐오는 불을 보고서 비명을 질러 댔고, 그야말로 아수라장이었다.

남편을 보니 너무 놀라서인지 말이 없었고, 목사 아니랄까 봐 잠시 후 두 손을 들고서 바람의 방향을 바꾸어 달라고 기도하고 있었다. 나는 눈물을 흘리면서 불을 조금이라도 끄는 데 힘을 보태려고 허둥대다가 바람이 갑자기 내게로 확 몰아치자 놀라서 비명을 질렀다. 남편은 불이 타고 있는 들판을 바라보며 기도하다가 이런 나를 바라보면서 조심하라고 소리쳤다.

저편에서는 우리 꽈지로(Kwaziro) 교회에서 일을 도와주러 온 청년이 연기를 마시고 쓰러져서 아저씨 한 분이 인공호흡을 하고 있었다. 우리 개척 교회인 꽈지로 교회 전도자 버나드(Bernard)가 달려와서 불길의 방향이 바람 따라 우리 픽업 차가 있는 쪽으로 온다고 차에 불이 붙기 전에 차를 빨리 옮기라고 소리쳤다. 남편이 달려가서 차를 옮기는데 마을에서 사이렌 소리가 울려왔다. 누군가 마을 사람들이 빨리 피하라고 사이렌을 울린 것 같았다. 어느새 마을 사람들이 웅성거리며 몰려나와서 모두 성난 불길을 잡느라 정신이 없었다.

아, 하나님은 그곳에 우리와 함께하셨다. 초목을 다 태우고 시커먼 재만 남기고 간 곳으로 바람의 방향을 바꾸어 주셨기에 성난 불길이 누그러졌고, 그 사이에 사이렌 소리를 듣고 나온 마을 사람들이 힘을 합쳐서 불길을 잡았다. 저 멀리 이웃집 마당까지 간 불이 다행히 이웃집을 태우지도 않았고, 아무도 해를 입지 않았다. 화재가 진압되자 웅성거리던 마을 사람들도 집으로 돌아갔고, 너무도 놀란 가슴은 쉬이 진정되지 않고 작은 새가슴마냥 팔딱거렸다.

팔다리가 부들거려서 휘청거리며 나무 그늘로 돌아오는데, 우리의 개척 교회인 무강게(Mghange) 교회 목사 쟈렛(Jaret)이 덩치에 어울리지 않게 땅바닥에 다리를 뻗고 고통으로 울고 있었다. 불을 끄려고 물통을 들고 가다가 그만 구렁텅이에 빠지면서 무릎을 다쳤다는 것이다. 얼마나 아팠으면 목사 체면도 없이 엉엉 울고 있었다. 하긴 나도 조금 전에 선교사 체면도 없이 너무 놀라서 눈물을 줄줄 흘리면서 주님을 부르짖으며 연기 자욱한 불구덩이 옆에서 허우적거렸으니까.

우리는 모두 안타까움으로 쟈렛을 위해서 기도를 해주고, 그래도 먹고 일하자며 부인네들이 만들어 온 늦은 점심으로 우갈리와 볶은 양배추를 먹으면서 웃을 수가 있었다. 조금 전의 아주 엄청나게 놀란 일에도 모두 아무렇지 않게 웃으면서 이야기를 할 수 있음이 신기했고, 정말 하나님께서 우리와 함께하심에 감사했다.

점심식사를 마치고 각자 일자리로 돌아가는데 이번에는 죠셉 (Joseph) 목사가 울상을 짓는다. 마당에 묶어 두었던 누렁이 개에게 물렸다고 했는데 다리를 보니 피가 나고 있었다. 남편은 빨리 병원에 다녀오라며 나를 밀치고서는 언제 그런 험한 일들을 겪었느냐는 듯이 불이 훑고 간 잿더미 속의 들판에서 뜨거운 햇빛을 받으며 다시 묵묵히 일을 진행하였다. 어떠한 소동에도 전혀 동요하지 않는 남편의 단단한 믿음의 심지가 보이는 듯했다.

나는 다리를 다친 쟈렛 목사와 개에 물린 죠셉 목사를 픽업 차에 태우고 보이 타운의 병원으로 갔다. 쟈렛 목사의 다리를 엑스레이로 찍어보니 힘줄을 다쳤다며 깁스를 해주며 6주 동안 조심하라고 했다. 개에 물린 죠셉 목사는 광견병이나 파상풍에 걸리면 안 된다며 다섯 차례나 주사를 맞아야 한다고 했다. 그저께는 블록을 찍다가

잭(Jack)이 기계에 머리를 다치고, 오늘은 불이 나고, 쟈렛 목사의 다리 힘줄을 다치고, 죠셉 목사가 그동안 점잖던 개에게 어쩌다가 물리고, 참으로 하루 동안 온갖 시련들을 겪었다.

이곳 선교지는 영적인 전쟁터이다. 만약 하나님의 일을 하지 않으면 사탄은 가만히 바라보기만 할 것이다. 그러나 우리가 하나님의 일을 하고 있으므로 사탄은 더욱 우는 사자같이 날뛴다. 여러 시련과 고난을 주어서 우리들의 뜨거운 열정을 깨뜨리고 절망하게 만들고 이 무슬림 지역에 교회가 들어서는 것을 방해하려는 사탄의 계략인 것이다. 그러나 하나님은 우리의 편에 서 계셔서 승리를 주시고 더욱 그 은혜에 감사하며 나아갈 수 있는 믿음을 부어 주신다. 이 작은 비리카니 마을의 90퍼센트가 무슬림이고 지금은 라마단으로서 그들의 금식 기도 기간이다. 그러기에 이런 때일수록 더욱 쉬지 않고 기도하면서 열심히 하나님의 일을 해야 함을 느낀다.

이제 얼마 후면 이곳에 예배당이 번듯하게 세워지고 이곳에서 하나님의 백성들이 하나님의 이름을 더욱 높이며 기쁨으로 예배드리게 될 것이다. 우리에게 영광된 기대와 소망을 주시고 기쁨으로 헌신하는 이곳의 여러 지체들이 함께하고 있고, 후방에서 기도해 주는 교회가 있음을 확신하기에, 오늘도 놀란 가슴은 기쁨과 감사함으로 뭉클거린다.

"하나님, 오늘 놀라고 다치고 힘든 일들을 겪었지만 모두에게 절망하지 않는 담대한 믿음을 주세요. 죄악이 많은 이 무슬림 마을을 성령의 불길로 뜨겁게 태워 주시고 변화시켜 주세요. 복음의 열정이 바람보다 더욱 거세게 이 지역에 퍼져 나가게 도와주세요. 여기에 모인 우리 모두가 복음의 나팔이 되게 해 주세요. 예수님의 이름으로 기도합니다. 아멘."

살려 주세요

"심령이 가난한 자는 복이 있나니 천국이 저희 것임이요"(마 5:3).

하나님 한 번도 나를 실망시킨 적 없으시고
언제나 평강과 은혜로서 나를 지키시네
오 신실하신 주 오 신실하신 주
내 너를 떠나지도 않으리라
내 너를 버리지도 않으리라
약속하셨던 주님 그 약속을 지키사
이후로도 영원토록 나를 지키시리라 약속하네

이 찬양은 요즘 내 입에서 떠나지 않는 복음송이다. 정말이지 너무도 큰 폭풍과 풍랑이 지나간 후 고요하고 잔잔한 마음속에서 나오는 은혜의 찬양이다. 남편은 이번에 죽을 고비를 넘겼다. 항상 걸리던 말라리아는 보이 지방에 사는 우리에게는 감기처럼 우스운 존재였다. 말라리아에 걸려 자칫하면 죽을 수가 있다고 해도, 우리는 자주 걸리는 그까짓 말라리아는 괜찮다면서 큰소리 뻥뻥 치면서 이겨내곤 했다. 그런데 이번에 걸린 남편의 말라리아는 우리 모두를 가슴 졸이며 놀라게 만들었다.

남편은 한국 대성 다윗청년회에서 6개월 단기선교로 온 두 형제와 신나게 선교하면서 허물어진 은디 교회 증축과 새로 건축하기 위한 교회 기초 공사와 물 세례장 공사를 한 후 은디 교회 5명의 교인들에게 세례를 주었다. 또 탈리오 교회 바닥에서 현지 목회자들과 새우잠을 자며 2박 3일의 목회자 세미나 동안 혼자 강의하며 모든 것을 이끌었고 여러 사역으로 너무 지쳐 있던 차였다. 그래도 아이들의 중간 학기에 사흘 쉬면 다 회복되어 필라델피아 단기선교팀과의 사역에 아무런 지장이 없을 줄 알았는데, 피로가 쉬이 회복되지 않아서 계속 몸살로 아팠다.

우리의 선교지를 해마다 방문하여 함께 사역하는 미국의 필라델피아 연합교회의 단기선교팀이 영국으로 오던 중 승객 중에 위급한 환자가 생겨 비행기를 돌렸던 탓에 연착이 되어 계획보다 케냐 공항에 하루 늦게 도착했다. 게다가 선교지의 현지 성도들에게 나눠줄 선물이 담긴 가방들이 영국 항공사에서 실수로 빠뜨려 케냐 공항에 같이 도착하지 않아 선교지 보이의 스케줄이 하루 늦추어지게 되었다.

준비하고 맞이하는 우리들도 이미 고된 사역으로 지쳐 있었거니와 필라델피아 단기선교팀원들도 오기 전부터 팀원들이 아프고 또 어려움을 겪은 팀원 한 분이 못 오게 되었으며 여러모로 힘들었다고 했다. 남편의 몸살, 그리고 겹겹이 생기는 예상치 못한 여러 가지 해프닝으로 단기선교 시작부터 심상치가 않았다. 선교지가 영적인 전투장임을 다시금 깨달으며 긴장으로 기도할 뿐이었다. 이래저래 하나님께서는 우리의 스케줄을 조정하고 계셨고, 모든 팀원들은 하나님의 뜻에 순응하고 아무도 조급해하지도 않았으며, 아무런 원망과 불평 없이 주님의 뜻을 기대하며 잠잠히 기도하게 하셨다.

그럼에도 불구하고 우리 모두는 주 안에서 만남의 기쁨을 누리며 너무도 즐겁고 행복한 시간을 보냈다. 남편도 그럭저럭 잘 견디는 것 같았는데, 보이에서의 사역 사흘째 너무 아프다고 해서 병원에 가서 피 검사를 했다. 아니나 다를까 피 검사 결과 말라리아 수치가 높다고 했다. 약을 먹고 드러누웠지만 눈앞에 널려 있는 일들 때문에 마음이 편치 않은지 힘들어했다. 그런데 나마저도 무리했는지 몸이 아파서 피 검사를 해보니 말라리아에 걸렸다고 했고, 또 단기선교 온 한 형제까지도 말라리아에 걸려서 모두가 거짓말처럼 줄줄이 드러눕게 될 지경이었다.

남편이 침대에서 일어나지 못하고 꼼짝달싹 못하는 와중에도 필라 단기선교팀원들과 우리는 우팬도 교회에서 열리는, 우리가 개척한 각 교회 모든 성도들이 참가한 성가 경연대회를 무사히 마쳤다.

물론 예배 중에도 현지 목회자들은 광고를 하여서 틈틈이 남편의 연약함을 기억하며 온 성도들이 기도하는 시간을 가지기도 했다. 수많은 성도들이 하나님께 드린 찬양은 이 세상의 어떤 찬양보다 아름답고 흥겨웠고 하나님께서 영광 받으신 순간들이었다. 필라 단기선교팀들이 준 티셔츠와 선물을 받고 가는 성도들의 얼굴에도 함박꽃이 활짝 피었고, 우리 모두가 행복하고 흐뭇한 시간들이었다.

"오늘은 누구의 결혼식보다 즐겁고 기쁜 순간이에요. 이날을 얼마나 기대하고 기다렸는지 오늘 제일 행복해요."

여러 성도들이 교회 문을 나서면서 나를 안고 인사하는 말들에 감사와 기쁨이 담겼고 한결같았다. 선교사는 이래서 행복하구나 싶었다. 그들의 얼굴에 미소가 번지고 하하하 웃게 만들며 하나님을 진정으로 찬양하느라 온몸이 땀으로 범벅이 된 것을 보는 것은 우리의 행복인 것이다. 사랑을 나누며 섬기기 위해서 멀리서 날아온 단기선교팀원들, 젊음을 헌신하고 땀 흘려 주님과 원주민들을 섬기기 위해서 온 새벽이슬 같은 대성 다윗 청년들, 우리가 함께 협력해서 주님의 이름을 높여드리는 것을 하나님께서는 기뻐 받으시는 것이다.

여러모로 신경 쓰느라 몸이 고단하고 말라리아에 걸린 뼈마디가 저리고 아팠지만 내 몸을 신경 쓸 정도로 마음의 여유가 없어서 아줌마의 강단으로 버티었다. 하지만 우리들의 기쁨 충만의 시간들을 시샘하는 사탄이 가만 있지 않았다. 호전되어 보이던 남편이 주일날에 입에 단내가 날 정도로 1시간 반 동안의 설교를 하고서는 다시 드러누웠던 것이다.

필라 팀과의 사역 닷새째, 심하게 아파서 제대로 숨도 쉬기 힘들다고 하는 남편을 위해서 옆집 캄바 부족의 의사를 불러서 진찰한 후 링거 주사를 꼽고 거기에 말라리아 약과 해열제를 함께 주입했다. 남편의 온몸이 열로 펄펄 끓었는데, 주사를 맞고서 열이 내리는 것을 확인하고 초기 말라리아에 걸려 함께 누운 형제를 두고서 우리는 모두 보이 경찰서를 방문했다. 직원들에게 돋보기안경과 선글라스를 선물로 건네고 그들의 미소를 뒤로 하고 또 재소자들에게 줄 선물들을 준비하면서 하나님 사랑으로 섬기며 나누는 자들의 기쁨을 만끽하고 있을 때였다. 남편의 증상이 심각하다는 전화를 받고서 의사를 집으로 부르고 우리도 부리나케 집으로 향했다.

"하나님, 제발……하나님, 제발……하나님, 제발……예수님의 피로 고쳐 주세요."

남편을 붙잡고서 눈물이 쏟아졌다. 어떻게 무어라고 기도해야 할지도 모를 정도로 나는 제정신이 아니었으며, 제발 고쳐 달라고 하나님께 떼를 썼다. 단지 하나님께서 남편을 제발 고쳐 주시기를 간절히 애원할 뿐이었다. 남편은 계속 토하면서 정신을 차리지 못할 정도로 벌벌 떨면서 고통스러운 듯 신음을 했다. 너무도 예상치 못한 위급한 상황인지라 팀원들은 모두 남편을 붙들고 눈물로 그리고 방언기도로 하나님께 호소했다. 장로님과 팀장님도 어찌하지 못하는 안타까움과 놀란 모습으로 등을 돌리고 문밖에 서 있는 모습이 아른거리는 눈물 속에서도 얼핏 비쳐들었다. 그건 하나님 앞에 절박하게 부르짖는 모습보다 더 힘든 침묵의 기도였음을 나는 안다. 그리스도인들의 사랑은 한 지체로서 서로의 연약함을 지고 가는 것이며 서로를 기억하면서 기도해 주는 것이라는 키룸비(Kirumbi) 교회에서의 필라 선교팀장님의 설교가 더욱 와 닿는 순간이었다.

제대로 몸을 가누지 못할 정도로 추위를 호소하는데도 여전히 불덩이의 몸이었고, 심한 구토와 어지럼증과 머리가 터질 것 같다고 호소하며 하얗게 넘어가는 모습은, 이러다가 자칫하면 죽을 것만 같았다. 말라리아에 걸려서 죽는 것이 결코 남의 일만이 아니고 우리에게도 일어날 수 있는 일이었는데, 그동안 우리가 말라리아로 아플 때마다 고쳐 주시고 지켜 주신 하나님의 은혜를 모르고 너무 자만했음을 깨닫고 회개하기에 이르렀다.

옆집 의사가 너무도 위급한 상황이라면서 보이의 모이(Moi) 국립병원으로 옮기라고 권했지만 남편은 하나님만 의지하겠다며 고집스레 버티었다. 남편의 입술이 새파래졌으며 몸을 지탱하지 못하고 힘을 잃고서는 함께 사역 중인 한 형제의 가슴에 몸을 기대고서는 머리가 힘없이 넘어갔다. 이 절박한 상황에서 오직 하나님께서 제발 도와주시기를 간절히 기도하는 우리는 주 안에서 예수님의 피로 하나가 된 모두 한 형제 자매였다.

남편이 고통으로 지쳤는지 잠이 온다며 눈의 흰자위를 드러냈다.

순간 두려웠다. 하나님께서 이렇게 남편을 일찍 데려가시면 나와 4명의 아이들은 어떡하고, 우리 앞에 펼쳐진 많은 사역들은 어떡해야 하는지 순간 불길한 생각이 스쳐갔다.

"여보, 자지 마. 지금 자지 말고 조금 더 있다가 자야지. 눈 떠, 제발."

눈물 콧물 범벅인 상태로 남편이 행여 이렇게 영원히 잠들까 봐 두려움으로 떨었다.

'안 돼요, 하나님. 이러시면 정말 안 되지요. 하나님께서 우리에게 이러시면 안 되잖아요. 아직 그때가 아니잖아요. 우리는 아직 할 일이 많다구요. 하나님 당신께서 더 잘 아시잖아요. 그러니 지금 당장 고쳐 주셔야지요. 하나님, 우리가 지금 이렇게 당신을 애타게 찾으며 눈물로 기도하는 거 보고 계시지요. 예수님의 십자가 보혈의 능력을 지금 보여주셔야지요. 제발.'

나는 그렇게 울며불며 속으로 울부짖었다. 그래도 그 자리에 함께하시어 눈물로 기도해 주신 모든 팀원들로 인해서 기도의 힘을 느끼며 든든했다. 단기선교팀 중 장로님은 마사이에 헌신해서 실버 미션으로 오신 의사 선교사님께 전화를 해서 문의와 기도 부탁을 했고, 대성교회에서 단기선교 온 형제들은 대성교회 목사님께 전화를 해서 기도를 부탁했으며, 온 교인들이 새벽에 특별기도로 함께 기도하게 만들었다. 그렇게 우리 모두는 한마음으로 하나님만 애타게 찾으며 울었고, 하나님께서는 우리의 기도를 외면하지 않으시고 치료의 손길을 내미셨다.

다음날 아침, 언제 그랬냐는 듯이 남편은 수척해진 모습으로 식탁에 함께 앉았다. 밤새 기도하며 애탔던 시간들을 먼 옛날이야기처럼 여기며 우리는 하나님께 감사함으로 기쁨을 함께 나눌 수가 있었다. 정말 악몽 같은 어제, 지금은 과거가 되어 웃을 수 있는 시간이 신기했다. 비가 온 뒤에 더욱 굳어진 땅처럼 깊은 은혜를 체험하며 나눌 수 있는 믿음을 우리는 함께 누릴 수가 있었다. 폭풍이 지나간 후의 이 고요함 속에 찾아오는 이 행복함…….

선교사는 기도를 먹고 산다. 열악하고 불편한 상황을 마다하지 않고 물질과 귀한 시간을 쪼개어 섬기러 온 단기선교팀원들의 뜨겁고도 절절한 사랑의 기도와 고국에서 염려하며 눈물로 애타게 기도해주신 목사님과 성도님들의 사랑과 이곳 원주민들의 관심과 사랑의 기도, 우리에게는 감사뿐이다. 그리고 하나님은 우리의 작은 흐느낌과 부족한 기도에도 귀 기울이며 응답하시는 좋으신 하나님이시다.

"주님, 감사해요. 주님, 당신으로 인해 행복해요. 주 예수님의 십자가 보혈과 사랑에는 크신 기적과 치유가 있음을 믿어요. 주 예수님의 그 크신 사랑을 세상 끝 날까지 증거하는 겸손한 선교사가 될게요."

행복합니다

보이(Voi) 선교사

"어쩌다가 보이(Voi) 지방에 오시게 되었습니까?"

나이로비에서 신학교 사역을 하시는 선교사님 가정이 우리 집에 방문해서 제일 먼저 하신 질문이었다. 우리 집을 방문하는 사람들은 누구나 하나같이 이렇게 물어오신다. 보이 지방이 열악한 곳임을 잘 알기에 왜 하필 이렇게 멀고도 깊숙한 지방에 어린아이들을 데리고 와서 힘들게 사역하느냐는 것이다. 그럴 때면 우리는 그저 웃으면서 아무것도 모르고 들어왔는데 그것이 하나님의 인도하심이었고 은혜였다고 솔직한 고백을 한다. 사실 이렇게 덥고 모기가 많아서 말라리아가 극성이고 풍토병이 많은 험하고 열악한 곳임을 우리가 미리 알았다면 과연 4개월 된 아들 요한이를 업고서 선뜻 이곳에 들어와 전기가 없는 집에서 시작할 수가 없었을 것이다.

처음 케냐에 와서 스와힐리어 언어학교에서 공부할 때에 우리는 한국에서 가지고 온 뜨거운 선교 열정이 식을세라 앞으로 우리가 가야 할 사역지를 두고서 조바심으로 늘 들떠 기도를 하고 있었다. 그러한 우리에게 선교부 디렉터 목사님께서 삼부루 부족을 제안하셨다. 그래서 남편은 삼부루 부족 사역에 대한 기대로 물들어 있었는데 그곳 마랄랄 지방에 답사를 갔다가 차 사고가 나서 돌아온 사건으로 인해서 주님께서 원하시는 곳이 아니라는 여러 목소리가 일었다.

"사랑이가 멜론을 너무 좋아하는 것을 보니 보이 지방으로 가야겠군."

둘째 딸 사랑이가 유난히 멜론을 좋아하는 것을 보면서, 선교부의 목사님께서 늘 농담으로 웃으면서 케냐에서 멜론의 유일한 원산지인 보이 지방을 들먹이며 넌지시 웃음으로 건네곤 하셨다. 그런데 그 농담이 진담이 되어서 보이 지방이 우리의 귀한 선교 현장이 된 것이다.

보이 지방에는 외국인 선교사가 하나도 없다는 사실과 타이타, 사갈라 부족에 대해서는 한국 선교사님들이 모를 뿐 아니라 아무도 사역하지 않는다는 사실 하나에 유혹되어서 막연한 기대와 기도로 준비했다. 언어학교에 다니면서 틈만 나면 남편은 선교부의 직원인 무사와 함께 답사를 떠나곤 했다.

　모든 위험과 어려움도 각오하고 아프리카에 온 우리에게는 하나님께서 가라는 곳이면 무조건 순종하는 마음으로 가기로 준비되어 있었다. 선교사가 많은 지방에 들어가기를 꺼리는 남편에게는 열악한 환경은 전혀 문제될 것이 없었고, 보이 지방을 우리의 사역지로 삼기에 흡족해했다. 무식하면 용감하다고 아무것도 모르는 우리가 용감하게 시골에 들어와서 부족 사역을 하게 한 것은 전적인 하나님의 섭리이며 은혜인 것이라고 고백한다.

　이곳 보이 지방의 타이타 사갈라 부족에 교회를 개척하면서 선교한 지 벌써 많은 시간이 흘렀다. 날마다 수많은 어려움과 고난을 겪으면서 뛰쳐나가고픈 충동을 수없이 느끼지만 우리 가정을 향하신 주님의 넉넉한 사랑이 함께한다는 확신과 체험이 넘치기에 날마다 벼랑 끝에 매달려 있다는 느낌이 들어도 늘 감사할 수가 있다. 그리고 주님은 한 번도 우리를 실망시키지 않으셨다. 우리가 '이제는 끝'이라고 절망의 늪에 빠져서 허우적거리며 목 놓아 울 때에 주님은 언제나 시작하셨다. 그러기에 우리는 루터의 말대로 주님께서 내 편인가를 묻기에 앞서서 우리가 주님 편에서 충실히 종으로서의 삶을 바로 살아가고 있는가를 먼저 살펴보며 회개의 골짜기로 걸어간다.

　남편은 사역하면서 많은 시행착오도 있었지만 그것을 바탕으로 지금 열심히 전도자 훈련학교를 이끌어 가고 있다. 몸은 고달파도 강의를 하고 올 때는 엄마가 아기에게 젖을 먹이고 오는 시원함과 뿌듯한 기쁨으로 뜨거운 햇살 아래서 함박웃음을 머금고 집으로 돌아온다. 그리고 4명의 아이들은 잦은 병치레를 하지만 아주 밝고 명랑하게 자라나고 있다. 오늘도 큰딸 기쁨이가 아프다고 연락이 왔지만 늘 고쳐 주시는 주님의 크신 사랑을 확신하기에 주님께 간절히 부르짖게 된다. 늘 눈물을 흘리며 징징거려도 주님께서는 한 번도 외면하지 않으시고 나의 응석을 받아 주시며 흐르는 눈물을 다시 닦아 주시기에 날마다 감사함으로 아뢴다.

"여기에서 선교하시는 게 힘들지 않으세요?"

"힘들어요. 하지만 보람이 있고 주님께서 함께하심으로 행복해요."

선교사님께서 던지는 또 다른 질문에 나는 웃으면서 솔직히 답한다. 제자훈련 사역과 타이타, 사갈라 부족에 개척한 여러 교회들과 우리의 유치원 사역들……. 생명을 건지는 하나님의 일에 동참한 우리가 어찌 힘들지 않을 수가 있단 말인가? 그러나 진정한 그리스도인으로 거듭나는 성도들을 바라볼 때의 기쁨과 감사가 있고, 전도자 훈련학교의 아침이슬 같은 젊은이들이 날마다 말씀을 가까이하며 새벽을 깨우는 것을 볼 때, 어린 유치원생들이 입을 오물거리며 주님을 찬양하는 모습을 바라볼 때 한없는 기쁨과 보람을 느낀다. 그래서 힘겨운 삶일지라도 영원한 기업의 소망을 품고서 부족한 우리를 하늘나라 확장을 위해서 동참하도록 부름 받은 주님의 도구로 쓰임받는다는 사실에 행복할 수밖에 없다.

사랑스러운 아이들

아침 8시에 아침 조회로 어린아이들과 교사들이 모두 교회의 마당에 줄을 지어 섰다. 교사 도린(Doreen)의 인도로 기도를 하고서 아이들이 조그만 입술로 사도신경을 외웠다. 국기 게양식을 한 후에 아이들이 신발은 제대로 신고 왔는지, 유니폼은 제대로 빨아서 입었는지, 손톱은 짧게 깎았는지, 교사들이 어린 유치원생들을 한 명씩 둘러보았다. 그리고는 화장실에 다녀오게 한 후에 각자 교실로 우르르 몰고 간다. 지난주에 교사 플로렌스(Florence)가 아무 리포트도 없이 떠나갔는데, 우리가 도와준 침대와 물건들을 다 팔아서 몰래 사라져 버렸다. 그래서 나는 아직 새 교사를 찾지 못해서 이렇게 B반의 교사로 일주일째 어린아이들을 가르치고 있다.

"나타까 앤다 눔바니"(나 집에 갈래).

갑자기 루시(Lucy)가 막무가내로 울어서 아무리 달래도 그칠 줄을 몰랐다. 그 옆에서 세 살의 조니(Jonny)라는 남자애가 덩달아서 울었다. 계속 울면 혼낼 거야, 했더니 아이들이 잠잠해졌다. 두 손을 모으게 한 후에 기도를 하고서 수업에 들어갔다.

이곳 케냐는 한국에서 생각하는 것보다 유치원 과정이 중요하다. 유치원 졸업증서가 없으면 초등학교에서 받아주지 않으며, 초등학교 입학 전에는 각 학교마다 인터뷰를 하는데 반드시 유치원을 거쳐야 들어갈 수가 있다. 그러므로 유치원에서 알파벳의 대문자, 소문자를 다 익혀야 하고 영어로 자기 이름을 쓰고 또 간단하게 자기를 소개할 수 있어야 하며, 쉬운 단어는 많이 익혀야 한다. 그리고 수학은 숫자 100까지 쓰고 덧셈과 뺄셈의 기초를 다 알아야 한다. 아프리카의 교육을 우습게 생각할지 몰라도 이곳도 학부모들의 조기 교육열이 높아서 아이들이 만 3살이 되면 유치원에 보내서 2~3년 정도의 과정을 거친 후에 초등학교로 보낸다.

리무루 지방에서 언어학교를 마치고 우리가 처음 보이 지방에 왔을 때 우리의 딸들 기쁨이와 사랑이가 5살, 3살인데 갈 유치원이 없었다. 그래서 유치원 사역을 먼저 시작하게 되었는데, 차차 살면서 유치원을 통한 어린이 사역의 중요성을 더욱 깨달아가고 있다. 이슬람교가 활기를 치는 이곳에서 어릴 때부터 아이들에게 하나님의 말씀을 마음속에 깊이 빨리 심어 주어야 함을 깨달은 것이다. 그래서 날마다 기도로 시작해서 기도로 마치며, 하루에 1시간씩 성경 공부를 시키고 수·금요일 오후에는 채플 시간을 정해서 예배를 드린다. 그리고 어린아이들을 주일학교로 인도하고자 애쓰며 학부모들을 전도하기 위해서 최선을 다한다.

우팬도 유치원이 해를 거듭할수록 학부모들의 인정을 받아서 많을 때는 100명이 넘을 때도 있었지만, 지금은 타운과 마을에 유치원이 많이 생겨서 우리 우팬도 유치원에는 50여 명의 아이들이 있다. 물론 학부모들 중에는 이슬람교도들도 많지만 외국인 선교사가 하는 학교라는 것에서 안심하고 보내는 것 같다. 그래서 교사들도 반드시 세례 교인만을 받으며 정식으로 교사대학을 나오지 않은 교사들은 방학 때마다 교사대학에 보내서 공부를 계속하도록 후원도 해주고 있다.

사이슬 교회의 유치원과 이캉가 교회의 유치원과 마보마니 교회의 유치원은 교사들을 한 사람씩을 세워서 자립 운영을 해나가도록 했다. 물론 우팬도 유치원도 지난해 말에 자립을 시켰는데, 매니저가 수업료를 받아서 교사들과 식당 아주머니들에게 월급을 지불해야 하는데 2개월씩이나 지불하지 않고서 수업료로 받은 돈을 그가 먼저 다 써 버렸다는 것을 알고는 내보내고, 내가 다시 맡아서 운영하게 되었다.

B반 30명의 어린아이들의 똥글똥글한 눈을 바라보며 영어 알파벳을 가르치고 있는데, 남자 아이 리빙스톤(Livingstone)이 바지에 오줌을 싸 버렸다. 아이들의 점심을 요리하는 식당 아주머니에게 부탁해서 교복 바지를 빨아서 널어놓게 하고는 아이를 팬티만 입혀서 의자에 앉혀 놓았다. 연필을 잘근잘근 씹어 먹는 로즈(Rose), 아예 책상에 엎드린 채로 침을 질질 흘리며 자는 맘부리(Mwamburi), 콧물을 손가락에 찍어서 자꾸만 빨아먹는 실비아(Sylvia), 아무리 말을 걸어도 엄마가 캄바(Kamba) 부족이라서 캄바 부족어만 해서 스와힐리어는 도통 못 알아듣는 위클리프(Wiclif)와 티나(Tina), 그래도 너무 귀하게만 자란 한국 아이들에 비해서 얼마나 순하고 조용하게 말을 잘 듣는지 기특하다.

아이들과 씨름하느라 목이 쉴 즈음이 되니 점심시간 종이 울리고 있다. 아이들이 쪼르르 달려가서 손을 씻고서 식당 아주머니가 챙겨 주는 우갈리와 수쿠마 위키(케일 볶음)를 받아와서 모두들 조용히 책상 앞에 앉아서 손으로 주물러 가면서 맛있게 먹고 있다. 사랑스런 아이들을 바라보고 있으니 우리 아이들의 모습이 떠올라 그리워진다.

우리 아이들 기쁨, 사랑, 요한, 온유도 어릴 때 모두 우리가 시작한 이 우팬도 유치원에서 공부했다. 아이들이 머리카락을 잡아당긴다고 날마다 울던 기쁨이와 학용품을 뺏기고 울던 사랑이와 아이들이 자꾸 때린다고 울상을 짓던 요한이, 점심시간이 끝나면 낮잠 자는 시간이 1시간이 있는데 잠이 안 와서 놀겠다고 징징거리며 울던 꼬맹이 온유의 모습도 떠오른다. 작은 선교사의 몫을 눈물로 톡톡히 감당해 낸 우리 아이들을 생각하니 기특하기만 하다. 이제는 뿔뿔이 흩어져서 각자의 자리에서 최선을 다하는 아이들이 자랑스럽고 너무 보고 싶다.

점심식사를 끝낸 유치원생들이 오후 2시까지의 낮잠시간이 되어 모두 교실로 들어가서 작은 매트리스를 깔고서 누우니 시끄럽던 학교가 조용해졌다. 태양도 머리맡에서 길게 하품을 늘어뜨리고 나무 그늘 아래에 앉아 있는 나의 눈도 스르르 감기는데 저편 그네 아래에서 어린아이의 자지러지는 울음소리가 들려온다.

놀라서 뛰어갔더니 유치원생 마툰다(Matunda)의 오른쪽 눈 위에서 피가 흘러내리고 있었다. 친구들은 모두 교실에서 자고 있는데 언제 몰래 빠져나왔는지 그네를 타다가 떨어졌다는 것이다. 다행히 다친 눈 위와 깨진 무릎의 상처가 작아서 소독을 해주고 연고를 바르고 일회용 밴드를 붙여서 교실로 돌려보냈다.

아, 하루가 얼마나 긴지 모르겠다. 일한 자만이 진정한 쉼을 맛볼 수 있다는 말이 실감난다. 그러나 쉬이 지치지 않는 까닭은 어린 아이들의 호수같이 말간 눈동자들이 나의 피로를 말끔히 씻어 주기 때문이다. 그래서 나는 행복하다. 그들이 사랑스럽다. 그들은 우리의 희망이며, 이 나라를 짊어지고 갈 미래의 일꾼이며, 하나님의 귀중한 자녀들이다.

"주님, 어린 학생들이 다치지 않고 건강하게 자라나도록 해주세요. 예수님처럼 키와 지혜와 사랑이 자라가며 하나님과 사람 앞에 더욱 사랑스러워져 가며 하나님을 영화롭게 하는 자녀들이 되게 해주세요. 믿음이 더욱 자라가며 예수님을 더욱 알아가도록 해주세요."

사랑의 울타리

"보와나 아시피웨(하나님께 찬양을 드려요). 나는 오늘도 너무 감사해요."

멜리스(Melice) 부인이 나를 바라보며 건네는 첫인사였다. 주일 낮 예배를 마치고 우리는 부둥켜안고 오른쪽 뺨, 왼쪽 뺨을 번갈아 비벼가며 반가워했다. 멜리스 부인과 나는 오랜만에 만난 모녀가 반가워하듯이 주일이면 늘 이렇게 기쁨의 인사를 나눈다. 그녀를 만나면 늘 이렇게 행복해진다. 그렇지만 그녀를 처음 만날 때는 그렇지가 않았다.

"우팬도 교회는 사탄주의자들의 교회야. 이 교회는 얼마 가지 않아서 망할 거야, 두고 봐."

멜리스 부인을 처음 만났을 때 그녀의 입에서 나온 거친 말들이었다. 우팬도 교회와 유치원에 도둑이 자주 들고 학교 급식까지 훔쳐가기 때문에 울타리를 치려고 할 때, 교회 옆에 사는 이웃집의 멜리스 부인이 울타리 작업을 반대하며 눈에 불을 켜고 우팬도 교회를 저주하던 소리였다. 멜리스 부인의 건장한 아들들이 양쪽으로 날이 선 큰 칼과 도끼를 들고서 울타리 공사를 하는 남편과 일꾼들에게 죽이겠다고 살기를 띠고 있었다.

우리는 그저 우팬도 교회 전도자로 섬기며 열심을 다하던 청년 마강가로부터 교회 땅으로 기증 받은 곳에 교회와 학교 유치원생들의 안전을 위해서 울타리를 치는 것뿐이었다. 그런데 그들은 울타리가 생기면 자기 집으로 불어오던 바람이 막혀서 살기가 어렵다는 이유로 반대했다. 그 말은 단순한 그들의 시기심과 무언가 얻고자 하는 탐욕이었던 것 같다. 그때 우리와 교인들을 향하여 온갖 욕설과 저주의 말들을 동네 사람들 앞에서 퍼붓던 그들의 모습은 성난 사자의 모습과 흡사했다. 그들은 일을 중단하라고 보이 시청에 남편을 고소까지 했다. 우리가 믿었던 교인들도 등을 돌리고 교회를 떠나기 시작했다.

정말이지 잘못 없이 당하는 멸시와 억울함에 이방인이라는 서러움이 몰려와 많이도 울었다. 날마다 대수롭지 않은 척 참아도 삐죽삐죽 삐져나오는 눈물은 어쩔 수 없어, 입술을 깨물며 속으로 삼킬 때는 가슴이 울컥하며 뜨거워졌다. 자신들을 사랑하러 온 선교사를 이렇게 박대하고 이유 없이 온갖 고난을 주는 그들이 미워도, 원수까지도 사랑하라는 주님의 말씀을 지키고자 무던히 기도로 삭이며 울컥 치미는 분노와 오기를 삼켜야만 했다. 한없이 연약한 우리의 죄악 된 모습을 예수님의 나무 십자가 앞에 내려놓고자 몸부림을 치는 나날이었다. 하나님께서 붙들어 주시지 않으면 하루도 버티기가 힘든 나약함에 빠져서 허둥대며 예수님의 십자가 사랑으로 승리하게 해달라고 날마다 울부짖었다.

울타리를 벽돌로 쌓기 위해서 땅을 파고 그 속에 기초 작업을 하느라 큰 돌들을 사서 깔아 넣고 시멘트를 돌 사이에 퍼붓는 데만 해도 돈이 꽤 들었을 뿐만 아니라 며칠 동안 여러 명의 일꾼들의 노동 값도 만만치 않았다. 정말 중도에서 하차하기가 어려울 정도로 모든 상황이 억울했고 손해였지만 어쨌든 선을 이루기 위해서 우리는 울타리 치는 것을 포기하고 그들과 화해를 했다.

"피부색이 조금 달라도 우리는 당신들과 똑같은 붉은 피를 가졌어요. 그리고 이곳에 있는 흙 한 줌도 가져가지 않아요. 우리가 온 것은 단지 예수님의 사랑을 전하기 위함이랍니다."

그렇게 우리의 진심을 알리고 교회를 오갈 때마다 그냥 지나치지 않고 웃으며 인사를 건넸더니 어느덧 미움이 눈 녹듯이 사라지고 몇 년 후에는 서서히 교회에 오기 시작하여 온 가족이 믿음으로 나아왔다. 우팬도 교회에 한 번 발을 들여놓은 후 은혜 받은 그들이 조금씩 변하는 모습에 마을 사람들도 놀라워할 정도였다.

슬쩍 얼굴을 내밀던 멜리스 부인이 지금은 기도대장이 되어서 우리 교회의 안방마님처럼 교회를 든든히 지키고 있다. 요즘은 새벽기도를 한 번도 거르지 않을 뿐더러 주일학교 교사로도 섬기고 있고, 게다가 예배 시간 꼬박꼬박 참석하여서 아멘을 외치는 모습에 힘이 절로 날 정도이다. 그녀의 온 가족이 이렇게 말씀 안에서 변화된 일은 우리에게 늘 감동을 주고 있으며, 우리에게 또 하나의 간증 거리이며 감사 제목이다. 우팬도 교회가 비록 울타리는 쌓지 못하고 아직까지 대문만 덩그러니 달렸지만 우리에게는 서로를 지켜주는 사랑과 믿음의 울타리가 둘러쳐진 것이다. 인내하면 원수도 친구가 된다는 진실 하나를 배운 셈이다.

저주를 일삼던 그들이 지금은 우팬도 교회를 열심히 섬기며 주님의 충실한 일꾼으로 쓰임 받는 모습이 얼마나 아름다운지……. 그때 성난 사자의 모습을 한 그들이 지금은 천사의 얼굴로 항상 우리를 반겨 주는 감격, 우리에게 이런 감동의 멜로디가 없다면 낙심하며 지 칠 테지만 하나님께서는 이런 간증들이 하나 둘씩 늘어나게 하셔서 더욱 주님의 이름을 위해서 기쁨으로 충성하게 만드시는 것이다.

"난 너무 행복해. 이렇게 하나님께서 함께하시는 걸 늘 느끼고 사니까."

언제나 아픈 다리를 절면서도 행복하다는 그녀의 진실한 고백을 들으니 나도 덩달아 행복해진다. 행복은 확실히 전염되는 것인가 보다.

저녁노을에 물든 주님의 은혜

"닥타리(doctor), 닥타리."

뒤에서 누군가 따라오면서 의사 선생님을 부르고 있었다. 우팬도 교회에서 오후 5시의 기도회를 드리고 돌아오는 마킹갈리 길목에서였다. 내 뒤에 여러 명의 사람들이 오가고 있었으므로 누군가가 의사를 부르고 있다고 생각하면서 뒤도 돌아보지 않고 바삐 걸었다. 오후 6시 30분, 빨리 가서 저녁을 차려야 하고 뒷마당에 널어둔 빨래도 걷어야 한다는 생각으로 자꾸 시계를 보며 더 빨리 걸음을 재촉해서 내려오고 있었다.

"닥타리, 닥타리."

이번에는 내 뒤통수에 대고 의사를 부르고 있었다. 누구인가 궁금해 고개를 돌려보니 안면이 익은 사람이었다.

"오, 웨웨, 하바리 가니"(오, 당신이군요. 안녕하세요)?

나는 반갑다는 듯이 인사를 건넸다.

"닥타리, 하바리 야코"(닥터, 안녕하세요)?

그가 나더러 닥타라고 부르고 있는 게 이상해서 웃으면서 의사가 아니고 평범한 선교사라고 말했다. 그랬더니 그가, 당신이 지난번에 날 고쳐 주었다면서 자기의 얼굴 오른쪽을 가리키며 여태껏 한 번도 아프지 않았다고 했다.

그의 말을 듣고 보니 그때의 일이 새뜻하게 떠오른다. 그러니까, 그는 3년 전에 리어카를 끌고서 우리 집에 나무를 배달해 주러 왔었다. 그때 우리의 차가 고장이 나서 남편이 교회 문을 만들 나무판자를 사서 배달을 부탁했던 것이다. 그의 직업은 '카지 부레'라고 부르는데 그 뜻은 공짜로 일을 도와준다는 뜻으로, 타운에 앉아 있다가 손님들이 와서 무거운 짐을 부탁하면 리어카로 운반해 주고 돈을 벌어 먹고사는 사람이다. 그에게 돈을 벌 수 있는 중요한 도구는 리어카 하나인 셈이다. 이곳 시골에서는 카메라 하나만 가지고 있어도 좋은 직업을 가진 셈이다. 돌아다니면서 사진을 찍어 주고 그것을 현상해서 가져다주고 돈을 받으니까.

아주 무더웠던 그날, 그는 땀을 비 오듯이 흘리면서 리어카를 끌고서 우리 집의 마당에 들어서서 찬물을 부탁했다. 남편이 그의 오른쪽 뺨에 난 큰 종기가 곪아서 진물이 나는 것을 보고는 치료를 해

주라고 넌지시 내게 말을 던졌다. 그 당시에 나는 우리 유치원생들과 교인들의 상처와 부스럼, 염증 등을 가끔 치료해 주고 있었다. 소독만 해줘도 금방 나을 것만 같은데 그냥 그렇게 구지레하게 상처를 달고 돌아다니는 것이 보기가 딱해서 소독을 해주고 연고를 발라 주곤 하였다. 그런데 그들은 약을 많이 사용하지 않고 자라서인지 금방 낫는 것을 보니 너무나 즐겁고 보람되었다.

소독약과 항생제 연고를 가지고 나와서 그 카지 부레 아저씨의 얼굴을 보았다. 눈 밑의 오른편 얼굴 반쪽이 다 벌겋게 곪아서 건드리면 금방 누런 고름이 쏟아질 것만 같았다. 그래서 이쑤시개로 상처를 살짝 터트리고 고름을 짜냈다. 소독을 해주고 연고를 발라 준 후에 연고를 쥐어 주면서 상처에 물을 넣지 말고 수시로 바르라고 하면서 일주일 치의 항생제를 주었다. 고맙다고 돌아서는 그에게 하나님께서 고쳐 주실 거다, 걱정 마라고 하면서 한마디를 덧붙여 돌려보내는 것을 잊지 않았다.

그 후 까맣게 잊고 있었는데 그가 그때의 일을 일깨워 준 것이다. 흉터 하나 없는 얼굴로 환히 웃으며 그는 그때의 일을 기억하며 고마워했는데, 아마 나를 닥터쯤으로나 알았나 보다. 단지 나는 우리 집에 찾아오는 사람들에게 외면하지 않고 작은 관심과 사랑을 보여 준 것뿐이었다.

그때 겁 없이 그들의 고름을 짜주며 소독해 준 적이 허다했는데, 사이솔 유치원의 학부모인 레아(Lea) 아줌마를 소독해 준 후부터는 그들의 상처에 손대는 것을 꺼리며 약을 주지 않는다. 레아 아주머니가 찾아온 것은 태양이 초목을 다 태울 듯이 성난 뜨거운 한낮이었다. 그런데도 그녀는 레쇼(천)를 온몸에 칭칭 감고서 찾아왔는데, 겨드랑이 밑에 뭐가 났다고 내보이는데 정말이지 피부가 썩어 들어가고 있는 느낌이었다. 왜 병원에 가지 않았느냐는 질문에 몇 번이나 갔다 왔는데 낫지 않고 돈만 까먹어서 이제는 포기했다고 했다. 여자라서 내가 직접 고름을 짜주고 소독해 주고 연고를 발라주고 항생제 일주일 분을 주어서 보냈던 것 같다. 그런데 한 달 후에 어린 아이 셋을 남겨두고 에이즈(AIDS)로 죽었다는 슬픈 소식을 사이슬 유치원 교사 그레이스(Grace)로부터 들은 것이다.

  바보같이 우둔하게 맨손으로 그 상처를 씻어 주었다고 생각하니 아찔한 두려움이 일었고 그렇게도 멀쩡하던 사람이 쉽게 죽는 걸 보면서 절대로 약을 주어서는 안 되겠다는 것을 깨달았다. 에이즈에 걸린 사람은 어떤 질병에 걸리면 그 병을 이겨 낼 면역성이 없어서 순식간에 죽어 나가기도 하는데, 괜한 연민으로 약을 주었다가 그 약 때문에 죽었다고 뒤집어씌우면 우리는 선교는 고사하고 꼼짝없이 쫓겨날 수도 있다는 생각을 한 것이다. 사실 말라리아, 장티푸스, 황열병으로 죽어 가는 사람도 허다하지 않은가. 그 후로 이제까지 원주민들이 아프다고 약을 좀 달라고 하면 약값을 조금 쥐어주면서 직접 약을 사 먹으라고 돌려보냈다.

  지금 그 일을 떠올려 보니 쓴웃음이 나왔다. 병아리 시절의 선교사는 겁이 없으며 그저 뜨거운 사랑만 가지고 살았다는 것과 그렇게 부족한 우리를 통해서도 주님께서 긍휼을 베풀어 주시어 항상 고쳐 주시고 원주민들에게 작은 사랑을 전하게 도와주셨다는 것을 새삼 깨닫는다. 집으로 돌아오는 내 얼굴 위로 형용할 수 없는 아름다운 빛깔의 석양이 쏟아진다. 모든 더러운 것마저도 아름다움으로 물들이며 뒤덮는 오렌지 빛 황홀한 저녁놀처럼 모든 실수 허물투성이마저도 기꺼이 은은한 사랑으로 감싸 주시는 주님의 그 넉넉한 사랑과 은혜에 행복해서 감사 찬양을 올린다.

4장

문구 바바 아산태 사나
(하나님 아버지, 너무나 감사합니다)

춤추며 찬양하리

　북소리와 탬버린 소리에 맞추어서 어깨를 들썩거리며 신나게 손뼉을 치며 찬양을 하더니 어떤 성도는 아예 엉덩이를 자유자재로 흔들면서 춤을 추기 시작했다. 우팬도 교회 성도들이 오늘 주일을 위해서 몇 주일 내내 특별히 준비한 찬양이었다. 연습한 모습이 확 눈에 띌 정도로 그들의 화음이 잘 어우러졌고 환상적이었다. 그들의 찬양을 들으면서 하늘의 곡조가 이런 것이 아닐까 착각할 정도로 기쁘고 행복해졌다.
　오늘은 추수감사주일(Thanks Giving Day)로 지키는 날이다. 1년 내

내 비가 오지 않아서 추수할 곡식이 없고 곳간이 텅텅 비어 있어도 한 해 동안 큰 어려움 겪지 않고 이날까지 지켜 보호하여 주신 주님을 찬양하며 감사하는 마음으로 온 성도들이 주 앞에 나아와서 하나님의 말씀을 들었다. 남편이 한 달 전에 미리 광고를 했더니 우팬도 교회에서는 특송과 드라마와 점심 식사를 준비한 것이다. 그래서 흥겨운 찬양 소리에 맞추어서 모두 춤을 추면서 즐겁게 예배드리고 있다.

이곳 사람들은 음악적인 재능을 타고 난 것 같다. 특유의 목소리와 북만 두들겨도 걸음마하는 아이들까지 일어나서 장단에 맞춰서 온몸을 흔들며 춤추는 것을 보면 신기할 정도이다. 한국에서 경건하고 엄숙하게 예배드리는 것에 익숙해 있던 나는 이곳에서 예배드리면 왠지 너무 촐싹거리며 가볍게 예배드리는 것 같아서 처음에는 혼란스러웠다. 그러나 주님 앞에 기쁨으로 나아와서 즐겁게 찬양 드리는 이곳 교회 문화에 젖어들어 이제 이들의 문화와 사고를 이해하게 되었고, 그들을 닮아가서 춤을 추며 찬양을 하게 되었다.

우리는 예배를 드린 후에 특별히 마마 그룹들(여전도회)이 요리한 필라우(계피 향과 같은 노란색의 향료를 넣고 고기와 여러 야채를 넣고 기름에 볶은 쌀밥)를 먹고 있었다. 마마들이 큰 돌 3개를 걸치고 큰 수푸리아(큰 가마솥 같은 냄비)를 걸쳐 놓고 주워 모은 나뭇가지로 불을 때고 매운 연기에 눈물을 찔끔대면서 뜨거운 태양 아래에서 요란스럽게 요리한 음식은 꿀맛처럼 달았다. 먹느라 정신이 팔려서 80여 명의 사람들은 아주 조용하고 진지해졌다. 한국교회의 예배 시간 같은 경건한 분위기를 식사 시간에 아주 엄숙하게 자아내고 있어서 웃음이 나오는 것을 억지로 참았다.

우팬도 교회에서 작은 천국을 맛보았다. 내가 이리도 기쁜데 하늘에 계신 아버지께서 얼마나 기뻐하실까 생각해 보았다. 성도들이 비록 많은 헌금은 하지 않았지만 정성스레 준비한 찬양과 드라마가 있었고, 정성껏 마음을 모아서 준비한 음식을 함께 나누며 서로 주 안에서 한 공동체로서 교제를 나눌 수 있으므로 아름다운 추수감사주일이었다.

올 한 해도 유난히 힘들고 고생스러웠다. 우리의 기대와는 달리 아름답지 않았던 일들로 그려진 한 해였으며, 주님 앞에서 너무도 부끄러운 우리의 삶을 비추어 보았다. 그런데도 늘 변치 않는 사랑으로 이때까지 도우시는 주님께서 우리와 함께하시고 붙드심으로 인해서 오늘에 이를 수가 있었다. 이 자리에서 우리 성도들과 함께 기쁨으로 에벤에셀의 하나님께 찬양을 돌릴 수 있음이 감사하고 보람되었다.

어느 사이에 내 귀에는 저편 하늘에서 울려 퍼져오는 무지개같이 아름다운 천국 약속의 멜로디가 아다지오 악장으로 들려온다. 행복은 멀리 있지 않다. 가장 가까이에 있다. 우리의 평범한 일상생활 속에서 기쁨과 감사가 넘칠 때 가장 행복한 것이다.

"주님, 감사해요. 우리는 당신의 품안에서 행복합니다. 주님께서 주시는 능력으로 험악한 선교지에서 승리하며 살 수 있고, 주님의 이름을 찬양할 수 있음은 온전히 당신께서 우리에게 베푸시는 능력과 은총입니다. 주님, 당신의 그 사랑으로 인해서 살며, 그 사랑을 증거하며, 원주민들과 함께 평생 살 것이며, 그 사랑이 영원히 가득찬 빛 되신 주께서 계신 하늘나라로 갈 것임을 확신하며 감사드립니다."

너무도 감사한 날

"난 당장이라도 천국 갈 준비가 되어 있어요. 그런데 당신보다 먼저 가고 싶어요. 내가 없는 빈자리를 당신이 느껴 보았으면 해요."
　남편과의 대화 중에 내가 한 말이었다. 그때 남편은 내게 꿀밤을 주었는데, 머리가 얼얼할 정도였다. 그리고는 자기보다 먼저 가고 싶다는 말을 듣기가 거북했는지 그 방정맞은 말을 회개하라고 했다. 사실 남편이 나를 얼마나 생각해 주는지, 아내라는 존재의 소중함에 대한 관심을 드러내 주기를 바라는 마음으로 툭 내던진 철없는 한마디였다. 그러나 당장 죽어도 천국에 갈 수 있다는 말은 진짜 확신에 찬 신앙 고백의 일부였다. 그런 말을 나눈 지 채 5분도 지나지 않았을 때, 난 거실에서 화장실 쪽으로 가고 있었다.

"아악!"

순간 나도 모르게 비명을 질렀다. 맨발로 압정을 밟아 찔려봤지만 이렇게 아프지는 않았다. 도대체 무엇이 이토록 아프게 하나 하고 돌아본 순간 큼지막한 고동색의 전갈 한 마리가 눈에 들어왔다.

"여보, 전갈이야, 빨리 와서 이거 잡아 죽여요."

이 소리를 들은 남편이 후다닥거리며 신발 한 짝을 집어 와서 얼른 내리쳤다. 그리고는 우리는 동시에 고무줄을 찾기 시작했다. 남편이 펑크 난 차 튜브를 줄처럼 가늘게 가위로 잘라서 전갈에 물린 나의 왼쪽 발 위쪽 다리를 꽁꽁 묶었다. 전갈의 독이 심장 쪽으로 가지 않게 하기 위해서였다. 얼마나 세게 묶었는지 묶인 부위의 살이 아팠지만 그건 신경 쓸 일이 아니었다. 물린 자국이 너무 아파서, 땀이 잘 나지 않는 체질인데도 온몸에 식은땀이 흘러 내렸다.

2년 전에 제자 찰스가 독이 있는 뱀에 오른손이 물린 적이 있었다. 우리 집 마당에 쌓아 두었던 시멘트 블록을 옮기다가 블록 밑 차고 습한 곳에 웅크리고 있던 뱀에 물린 것이다. 얼마나 놀랐던지 고무줄을 찾아 헤매며 온몸이 부들부들 떨렸다. 도망가는 뱀을 다른 제자들이 막대기와 돌로 쳐 죽였는데 까만색의 블랙맘바라는 이름의 무서운 독사였다. 이 독사에 물리면 독이 하도 강해서 몇 시간 만에 죽을 수도 있다고 했는데, 다행히 그것은 30센티미터 정도의 새끼 뱀이었다. 독이 퍼지지 않도록 고무줄로 묶고 곧바로 병원으로 달려가 해독제 주사를 맞고 먹는 약을 받아서 왔다. 그 일로 인해서 찰스는 다음날 주일에 하나님께 감사 찬양을 드리며 하나님을 더욱 의지하게 되었다고 성도님들 앞에서 간증을 했던 기억이 떠오른다. 그때 검은 얼굴빛이 새파랗게 질려서 아파하던 찰스의 모습이 지금 나의 모습과 똑같았다.

남편은 전갈에 물린 나의 왼쪽 발 복숭아 뼈 밑 부분을 부항 침으로 사정없이 찔러서 피를 뽑아내는 일을 계속하면서 기도를 했다. 그러고는 옆집 캄바 부족의 의사한테 전화를 했다. 그는 걱정 마라, 괜찮다, 내가 약을 지금 가져오겠다며 친절하게 약을 가져와서 돈도 받지 않았다. 정말이지 큰 주사바늘을 쿡 찌른 후 빼지 않고 계속 쑤셔대는 그런 쓰라림과 통증으로 눈물이 찔끔거릴 정도로 아팠다.

아, 예수님의 가시 면류관. 예수님께서 못 박힌 손과 발, 난 예수님께서 우리를 위해 달리신 십자가의 사랑을 떠올리며 회개기도를 올렸다. 엄살 한번 떨지 않던 아내가 고통스러워하는 모습을 보고는 남편은 라면을 끓여 저녁상을 차리고 있었다. 그 옆에서 걱정스러운 얼굴을 숨기지 못하는 어린 온유가 밥솥에서 식은 밥을 주걱으로 퍼고 있는데, 얼마나 앙증맞고 기특한지 아픈 와중에도 쿡 하고 웃음이 절로 나왔다.

아, 이 행복, 남편이 차려 준 저녁상을 받는 이 호사스러움에 감격해서 아프다고 온갖 인상을 쓰면서도 한 그릇을 다 먹고 의사가 가져다 준 약을 먹었다. 그렇게 전갈에 물린 지 너댓 시간이 지나서야 통증이 서서히 가라앉아서 밤에 단잠을 청할 수가 있었다. 우기철이면 해 질 무렵 집안의 불빛을 보고 기어들어오는 온갖 벌레와 곤충들로 인해서 이젠 바짝 긴장이 된다. 그러나 좋으신 하나님께서 우리와 함께 계시니 무엇이 두려우랴.

좋으신 하나님은 나의 가벼운 입술에 벌을 주시는 분이 아니심을 알기에, 부족한 내게 정결한 마음과 입술이 되어 복음을 전하는 자가 되도록 늘 깨우쳐 주시고 회개할 기회를 주심에 늘 감사드린다. 우리 가족들 중에 바쁜 남편도 아니고 어린아이들도 아닌 내가 물렸다는 사실도 감사하고, 이렇게 더욱 조심하라고 일러 주시니 너무 감사했고, 전갈에 물린 나를 걱정해 주는 이웃이 있음과 옆에서 나를 위해 걱정해 주고 기도해 주는 제자들이 있다는 사실도 너무 고마웠다.

하나님께 더욱 감사하고 든든한 사실은 우리 가족을 위해서 이 시간도 잊지 않고 고국에서 쉼 없이 기도해 주시는 분들이 있다는 사실이다. 그래서 선교사는 외롭지 않고 복된 자라는 것을 다시금 깨닫고 감사한다. 지난번 뱀에 물려서 나았던 제자 찰스처럼 이번 주일에는 내가 예수님의 사랑을 간증할까 한다.

가려던 땅에 이르렀더라

우팬도 교회에서 새벽기도회를 마치고 나오니 아침 찬란한 태양

빛이 떠오르고 있었다. 초록의 풀잎 위에 서리 같은 이슬이 햇빛에 반사되어서 맑고 투명한 빛을 반짝이고 있었다. 어느 누가 저 빛을 흉내낼 수가 있을까? 다이아몬드, 진주, 루비, 사파이어……. 어느 보석 못지않게 아름다운 빛과 투명한 빛을 발하는 저 이슬방울을 바라보며 주님의 놀라운 솜씨에 감탄하며 감격했다.

오늘 새벽기도회 말씀도 참으로 은혜로웠다. 남편은 마태복음부터 계속 강해 설교를 해왔는데, 오늘은 요한복음 6장 16-22절의 말씀을 전했다. 저물 때에 제자들이 배를 타고 가버나움으로 가는 바다 위에서 큰바람과 파도가 일어나자 예수께서 바다 위로 걸어 배로 가까이 오시는 것을 보고 두려워하더니 예수님께서 "내니 두려워 말라" 하시매 제자들이 기쁘게 영접하였다는 내용의 말씀이었다. 예수님께서 함께하실 때 풍랑 속에서도 평강이 넘쳤고, 큰 바람과 파도로 인해 돌아가는 일도 없이 배는 곧 그들이 기려던 땅에 이르렀더라는 그 말씀이 오늘따라 얼마나 사무치게 와닿던지, 내 마음속에서도 평안이 일었다.

사실 우리가 후원하는 신학생이 노동청에 고소한 이래로 하루도 마음 평안할 날이 없었으며 잠도 제대로 잘 수 없을 정도로 무지하게 속이 상했다. 땀을 흘리며 열심히 가르쳤는데 말씀 안에서 변화되지 않는 그들을 바라보면서 절망에 빠졌다. 그리고 우리가 갈 곳이 없어서 이렇게 사는 것도 아니고 주님의 명령과 약속에 의지하여서 미련하게 버티며 이방 나라에 사는데 거들먹거리는 그들이 정말 치사했다. 할 수만 있다면 이 지긋지긋한 보이 지방을 떠나고 싶었다.

잘못 없이 당하는 억울함과 어디에다 변명할 곳이 없는 터질 듯한 답답함과 겹쳐 오는 불안을 나의 연약한 믿음과 의지로는 감당하기가 벅차서 오늘 아침 금식 12일째에 접어들었는데, 새벽에 주신 이 말씀은 신선한 감동과 함께 평안과 위로를 주었다. 예수님께서 동행하심으로 인해 제자들은 어떠한 풍랑과 위험 속에서도 안전하게 가려던 땅에 이르렀다는 말씀처럼 우리의 어려움과 위태한 삶 속에서 주님께서 함께하심으로 인해서 우리는 뒤돌아가지 않고, 우리의 선교는 계속 저 천국을 향해서 전진하리라는 강한 확신이 생겼다.

"배는 곧 저희의 가려던 땅에 이르렀더라."

태양 빛이 은실처럼 하얗고 눈부시게 부서져 내리는 오후 2시에 우리는 노동청에 갔다. 한국에서는 추석이라서 부모형제들이 한자리에 둘러앉아서 저녁 식사를 할 저녁 8시라고 생각하니 설움이 몰려왔다. 이곳에서 이렇게 살아야 하나 하는 회의와 절망이 슬며시 몰려왔지만 새벽 말씀을 붙들고 주님의 동행하심을 기억하며 위로를 받았다.

우리가 노동청에 온 이유는 사이솔 교회와 이캉가 교회의 전도자들이 우리를 또 고소했기 때문이다. 또 한 번의 충격이었다. 지난번에 신학생 파스칼의 문제는 우리의 잘못이 전혀 없고 오히려 선교사를 이용해 먹으려는 그의 못된 근성이 드러나서 우리는 1년 치의 월급을 지불하라는 편지를 따르지도 않고도 일이 깨끗하게 해결되었으며, 오히려 그는 우리의 개척한 열한 교회 성도들의 따가운 눈총을 받게 되었다. 그런데 파스칼이 자기 뜻대로 되지 않자 여전히 앙심을 품고 전도자 훈련학교에서 공부하는 학생들을 선동해서 우리를 쫓아내려고 갖은 애를 썼는데, 이에 동조한 두 전도자가 어느새 돈의 하수인이 되어서 우리를 고소한 것이다.

우리는 흰 시멘트가 얼룩덜룩 벗겨진 그 좁은 사무실에서 곰팡이 냄새처럼 눅눅하게 풍겨나는 시멘트 냄새를 맡으며 딱딱한 의자에 죄인처럼 앉아 있어야 했다. 또 노동청 직원들 앞에서 침을 튀며 거짓말을 일삼는 그들의 주장에 대해 열나게 설명해야 했다. 선교사가 마을에 교회를 열어 주고 교인들이 스스로 지교회를 섬기며 이끌어 나가도록 가르쳤을 뿐이며, 우리는 고용인으로서 그들을 부려 먹은 적이 없다는 것과, 오히려 전도자 훈련학교를 열어서 지금 이 사람들과 교회에서 원하는 어른들과 학생들을 모집해서 무료로 먹여 주고 재워 주며 하나님의 말씀을 바로 가르쳐 왔을 뿐이지 그들에게 절대로 직업을 주어 노동을 착취한 적이 없음을 밝혀야 했다. 선교사와 교인의 관계는 돈으로 엮인 관계가 아니라 믿음으로 엮어 가는 관계임을 밝혔다.

무려 3시간의 그 지루한 논쟁이 끝나고 우리의 잘못이 없음이 확정되고, 우리는 한 푼도 주지 않고 그 지긋지긋한 장소를 빠져 나올 수가 있었다. 그들이 우리를 고소한 것은 괘씸했지만 그들의 수고는 알고 있기에 자전거 한 대씩 선물로 주었다.

주님께서는 어떠한 풍랑 가운데서도 안전하게 지키시며 함께해 주셔서 선교사가 억울하게 당하도록 놓아두시지 않는다는 것을 다시금 깨달은 사건이었다. 이곳을 다녀가셔서 모든 상황을 누구보다도 더 잘 아시는 대성교회 담임목사님께서는 염려 전화도 해주시고 특별 새벽기도로 온 성도들이 함께 기도해 주셨다. 기도를 먹고 사는 선교사임을 깨달으며 감사를 드린다. 날마다 배신의 풍랑과 위험 속에 노출되어 있어도 예수님께서 함께하시기에 우리 선교의 항해는 안전하며, 평화롭게 가려던 땅에 이르리라. 아침햇살에 비치는 이슬방울의 영롱한 아름다움보다 더 찬란하게 빛나는 빛이신 주님이 계신 저 천국을 향하여……

"주님, 감사합니다. 십자가의 사랑과 용서와 인내를 저희들의 심장에 충만하게 채워 주세요. 이 험악한 선교지에서 주님을 온전히 의지함으로 지치지 않고 주님 주시는 힘과 능력으로 승리하며 살아남게 해주세요."

울다가도 웃어야 하는 선교사

우리는 검은 옷을 입고 우리가 개척한 은디(Ndi) 교회로 향했다. 은디 교회에 다니는 17살의 청년 미카엘(Michael)이 어제 이른 아침에 코끼리에 밟혀 죽었는데, 요즘 날씨가 너무 더워서 시체가 빨리 부패하고 또 부모들이 마음 아프게 시간을 끌기가 싫다고 오늘 주일 낮 예배를 마치고 2시에 바로 장례식을 하겠다고 예배를 부탁한 것이다. 벽이 뻥 뚫려 완성되지 않은 양철지붕 교회에서 드리는 예배는 비지땀을 흘리면서도 은혜로웠다. 더위도 아랑곳하지 않고 열심히 설교하는 남편이 더욱 믿음직스러웠다. 우리는 3시간의 예배를 마치고 여성도들이 차이를 끓여서 먹고 가라는 것을 마다하고 곧장 미카엘의 집으로 발길을 옮겼다.

 벌써 문상객이 가득 차 있는 마당에 가서 인사를 나누고 집안으로 들어갔는데, 하룻밤 사이에 시체가 썩어서 코를 찔러왔다. 코끼리 발에 짓이겨진 몸이 더운 날씨에 뜨겁게 달구어진 양철 지붕 아래에서 더 빨리 부패한 까닭이었다. 차마 코를 막지는 않았지만 참으면서 미카엘이 죽게 된 자초지종을 듣게 되었다. 어세 아침에 우유를 사러 여동생과 함께 집을 나섰는데 갑자기 코끼리 울음소리가 들리더니 덩치가 큰 코끼리가 나타났다고 한다. 사람을 발견한 성난 코끼리가 쏜살같이 도망가고 있는 두 남매를 보고 달려와서는 여동생을 먼저 코로 집어 들어서 멀리 내던졌는데 기절했다고 했다. 그리고는 도망하는 미카엘을 발견하고는 코끼리가 공격하기 시작했는데 가시덤불 속까지 파고들면서 피하는 그를 가시덤불과 함께 짓밟아 버렸고, 가시와 뒤엉켜 죽어 있는 것을 마을 사람들이 발견했다고 한다.

기절을 했던 탓에 목숨을 건진 그의 여동생과 마을 사람들의 이야기를 듣고 있던 나는 인간의 목숨이 한순간에 사라질 수도 있다는 사실에 삶의 허무를 느꼈고, 그렇게 코끼리의 발에 밟혀 무참히 죽어간 아까운 젊은 청년을 생각하니 가슴이 쓰릴 정도로 찡하게 아파왔다. 청년 미카엘이 죽은 나무 밑의 가시덤불에 가보니 살려고 아등바등 몸부림치며 가시덤불 깊숙이 파고든 흔적이 눈에 선히 보였다. 하나밖에 없는 장성한 아들을 잃은 그의 부모들 앞에서 어떻게 위로해야 할지 몸 둘 바를 몰라서 그저 "폴레 사나, 폴레 사나"(매우 미안하다)라고 했는데 그 한마디로는 슬픔을 당한 그들에게 아무 위로도 되지 않는다는 사실에 더욱 마음 아팠다.

이곳 보이 지방은 사방이 공원으로 둘러싸여 있다. 게다가 이곳의 동차보 공원(East Tsavo Park)은 빨간 코끼리(Red Elephant) 서식처로 유명하다. 그런데 비가 오지 않는 가뭄 때에는 코끼리들이 풀을 찾아서 전기로 둘러쳐진 울타리를 뛰쳐나와서 마을 주민들이 땀 흘려 가꾸어 놓은 옥수수 밭을 휩쓸고 가거나 콩밭을 모조리 짓밟아서 망쳐 놓고 간다. 또 새끼를 가진 어미 코끼리들은 본능적인 자기방어로 인해서 매우 예민하고 사나워 사람들을 보기만 해도 해치곤 한다.

우리가 처음 보이 지방에 와서 살 때 사람들이 찾아와서는 코끼리가 옥수수 밭을 다 망쳐 놓아서 먹을 음식이 없다고 도움을 청하는 경우가 더러 있었는데, 도대체 옛날 옛적 호랑이 담배 필 적에나 하는 헛된 이야기 같아서 믿을 수가 없다고 웃곤 했었다. 그런데 살다 보니 사실인 것을 차차 알게 되었다. 그래서 남편이 전도를 간다고 걸어서 전도자들과 사갈라 부족의 마을 깊숙이 들어갈 때면, 코끼리를 보면 꼭 바람이 불어오는 반대 방향으로 달려가라고 하는 말을 잊지 않고 해준다. 왜냐면 코끼리가 코가 밝아서 사람의 냄새를 맡고 빠른 속도로 달려온다는 것을 누누이 들어왔기 때문이다.

몇 개월 전에 코끼리 한 마리가 죽었을 때에는 헬리콥터 3대가 날아오고 코끼리가 왜 죽었는지 조사하느라고 야단법석을 떨더니 코끼리에 밟혀 죽은 청년의 오늘 장례식에는 조용하기 그지없다. 어쩌다가 사람의 죽음이 코끼리의 죽음보다 못하게 되었는지 알다가도 모를 일이다. 동물을 죽이면 곧바로 법정으로 가서 심판을 받게 되지만 사람을 죽이면 법정으로 바로 가지 않는다는 이곳 사람들의 말이 한낱 우스갯소리만이 아님을 느낀다.

동물의 왕국이라는 말을 들을 정도로 유명한 나라이다 보니 이러한 불미스러운 일이 가끔 일어나는 것을 본다. 영국 식민지 때에 타이타 사람들은 열악한 곳으로 밀려나고 물이 있는 초원을 동물들이 차지하고 산다. 그래서 이곳 보이의 타이타 지역은 붉은 코끼리들의 피해를 많이 당한다.

남편은 동네 사람들과 우리 은디 교회 성도들 앞에서 인생의 허무를 전하며 저 천국 소망 바라보며 이 땅에 나그네 신앙으로 험한 세상을 서로 사랑하며 살아가자고 말씀을 전했다. 그리고 관을 구덩이에 넣고서 흙을 덮기 시작했는데 빨간 흙먼지가 연기처럼 바람에 흩날렸다. 죽으면 이렇게 한 줌의 흙으로 돌아간다는 것을 은근히 암시하듯이 뽀얗게 먼지가 일기 시작했다. 미카엘의 죽음을 애도하며 이 나라와 이 땅이 변화되어 사람 살기 좋은 세상이 되기를 기도하며 엄숙한 장례예배를 마쳤다.

해가 뉘엿뉘엿 넘어가는 아름다운 장관을 바라보면서 살아있는 자만이 누릴 수 있는 이 축복을 깨닫고 하나님께 감사드리며, 우리는 몇몇 사람들과 함께 발로지(Balozi)의 집으로 갔다. 발로지는 우리의 전도자 훈련학교에서 공부하는 25살의 청년인데, 오늘이 생일이라서 일주일 전부터 모이기로 미리 약속이 되어 있었다. 그의 어머니는 암탉을 잡고 있었고 우리는 어두워진 마당에 둘러앉아서 한복판에 모닥불을 피우며 찬양을 하고 있었다. 주일 낮 예배와 장례 예배로 점심도 쫄쫄 굶고 기다린 우리 앞에 2시간 후에야 꾸꾸 카랑가(한국의 닭볶음탕 같은 요리)와 짜파티(빈대떡 같은 밀가루 음식)가 나왔다. 발로지의 생일을 축하하며 선물로 가지고 온 바지와 넥타이와 와이셔츠를 건넸는데, 그가 너무도 기뻐해서 덩달아 기분이 좋아졌다. 생일을 맞은 그에게 남편이 축복기도를 해주고 우리는 손으로 음식을 먹기 시작했는데 허기진 우리들에게는 꿀맛이었다.

바로 몇 시간 전에 초상집에서 고개를 떨구고 눈물을 흘렸는데 지금은 깔깔 웃으며 음식을 먹는 우리의 모습에 허탈함을 느꼈다. 이것이 인생이란 걸까, 하는 생각에 내장이 다 빠져나간 속처럼 텅

빈 마음이 되어서 공허했다. 까만 밤하늘에 반짝이는 별들을 바라보며 돌아오는 우리는 살아남아서 건강하게 주의 일을 하고 있다는 현실에 감사했다. 우리가 썩어서 냄새나기 전에, 지금 주님께서 내게 부여하신 생명이 있을 동안에 더 사랑하고 섬기며 그리스도의 향기가 나는 삶을 살아야 함을 느낀 하루였다. 그래서 울다가도 웃어야 하는 선교사는 복된 존재이다.

하늘 소망 바라보며

"마라나타! 내 인생을 주님의 계획에 고정시키시고 하늘나라에 소망을 품게 하소서."

자고 일어나서 아침에 이렇게 주님께 기도를 올렸다. 한번 심하게 앓고 난 후의 내 입에서 나오는 첫 고백이었다. 지난주에 개척한 모든 교회의 2박 3일 연합 컨퍼런스로 바쁘게 지내면서, 며칠 동안 온몸이 불덩이같이 달아오르며 심한 몸살에 걸렸다. 보이 타운의 현지 병원에 가서 피 검사를 했더니 말라리아와 장티푸스가 겹쳤다고 했는데, 몸속에 악성 말라리아가 중간치를 넘어선 위험한 수치라고 했다. 약을 세게 먹었지만 좀처럼 쉽게 낫지 않았고, 며칠 동안 고생해야 했다. 우리 가족이 번갈아 가면서 말라리아에 걸려서 고생했어도 늘 건강하다고 자부하던 내가 잇따라 말라리아에 걸리고 장티푸스에 걸려 이렇게 심하게 앓기는 처음이었다.

남편이 아파서 드러누우면 대신 전도자 훈련학교에 가서 강의를 해야 했고, 우팬도 교회에서 전도자가 빠지면 갑자기 말씀을 전해야 했다. 남편은 개척한 여러 교회에 늘 순회설교를 했기 때문에 집에서 가까운 우팬도 교회 일은 내 차지였다. 유치원 교사가 결근을 하면 그 자리를 채워 어린아이들을 가르치느라 온종일 씨름해야 했다. 한마디로 나는 언제나 스페어(Spare)로 뛰어야 했기에 아플 새도 없었다. 그런데 이번에는 얼마나 아팠던지 꼼짝하지 않고서 며칠을 드러누워야 했지만 방학으로 집에 온 아이들이 굶을세라 제대로 누워 있지도 못했다. 어젯밤에 열에 들떠서 헛소리까지 했는데, 놀란 남편이 벌떡 일어나서 기도를 하며 걱정을 했다.

온몸이 뜨겁게 열이 나는데도 불구하고 덜덜 떨면서 이불을 계속 뒤집어썼다. 몸의 뼈마디 마디가 쑤셔오고 눈알이 빠져나갈 듯이 아팠으며 일어나서 잠시만 앉을라치면 머리가 부서질 정도로 두통이 심했다. 정말 말라리아로 죽어가는 사람들의 이야기가 남의 일 같지가 않았다. 고향의 부모 형제가 그리워지고 슬픔이 몰려오기 시작했다. 지난번에 한국에 잠시 방문했을 때 엄마는 아플 때마다 내 딸 미영이를 못 보고 죽으면 어떡하나 하는 생각이 들었다고 했다. 그 생각을 하니 나도 엄마와 아버지 얼굴도 못보고 이렇게 죽으면 어떡하나 하는 약한 마음이 들면서 사무치게 그리워져서 서러움의 눈물이 솟구쳤다.

몸은 야위었지만 악착같이 강하게 살아가며 엄살 한번 떨지 않는 아내의 이렇게 약한 모습은 처음 본 남편은 내내 놀란 모습으로 나를 바라보며 어쩔 줄을 몰라 했다. 나는 밤마다 일일이 기록하는 우리의 사역 노트와 우리의 생활비가 들어 있는 봉투가 화장대 오른쪽 서랍 속에 있다고 남편에게 알려 주었다. 자다가 조용히 천국 갈지도 모른다는 생각이 얼핏 들었기 때문이다. 열에 들떠서 잠을 설치다가 비몽사몽간에 꿈을 꾸었다.

"우팬도 와 문구 바바 니 와자부……(사랑의 하나님 아버지는 놀라우셔라……)."

방안 가득히 스와힐리어 찬양이 쩌렁쩌렁 울려 퍼졌다. 문밖에서는 우리 네 아이들의 까르륵거리는 웃음소리가 맑고 투명하게 들려오더니 이 찬양을 남편과 아이들이 반복적으로 부르고 있었다. 나는 눈부시게 하얗고 솜같이 부드러운 새 신부의 면사포와 같은 천사옷을 입고 있었는데, 왠지 몸이 그렇게도 가볍고 사뿐했는데 자꾸만 공중으로 둥실둥실 떠오르고 있었다. 남편은 그러한 내 몸이 공중으로 떠오르지 않게 자꾸만 끌어당기면서 안고서 "사랑의 하나님 아버지는 놀라우셔라"라는 스와힐리어 찬양을 큰소리로 여러 번을 반복하면서 찬양하고 있었다.

눈을 뜨니 방 안을 가득 메운 찬양 소리가 하도 귀에 생생해서 꿈이 아니라 꼭 현실 같았다. 온몸은 땀으로 젖어 있었고 눈알이 튀어나올 듯한 통증이 사라졌다. 시계를 보니 새벽 2시 반이었다. 하마터면 사랑하는 자녀들과 남편을 남겨 두고 조금 전에 하얀 예복을 입고서 신랑 되신 예수님을 만나러 일찍이 천국에 갈 뻔했다는 생각이 들었다. 그런데 주님은 아직도 나를 통한 할 일이 남아있는지, 아니면 내가 아직 천국에 들어갈 준비가 되지 않았는지 바로 데려가시지 않고 생명을 연장해 주셨다는 생각이 들면서 덤으로 사는 인생이라는 진한 감사가 절로 나왔다. 눈물 콧물을 흘리며 감사 기도를 드렸는데, 그때부터 열이 내리기 시작했고 온몸이 가뿐한 느낌과 함께 멀쩡하게 나았다. 너무도 생생하고 섬세한 주님의 사랑을 체험한 것이다.

아침에 남편에게 이 이야기를 털어놓았더니 날마다 잔소리를 해도 좋으니 제발 건강하라고 손을 붙잡고 주님께 감사드린다. 그래서 당신이 어제 하늘로 날아가지 않게 나를 꼭 붙들어 줘서 고맙다는 말을 잊지 않았다. 약간 어질어질한 몸을 이끌고 마당을 나서니 하룻밤 사이에 세상이 얼마나 달라 보이는지 신비스럽게 보였다. 말라리아로 꼭 죽을 것만 같던 악몽은 사라지고 죽다가 살아온 기분으로 바라보는 삭막한 이곳이 눈이 시리도록 아름다워 보였다. 우리가 손수 뒤뜰에 심은 바나나 나무와 파파야 열매가 노랗게 익어 가며 향긋한 향기를 풍긴다. 살랑대는 하늬바람이 이 향긋하고 풋풋한 향기를 어디까지 몰고 갈 수 있을는지 알 수는 없지만 지금 내 영혼에 솟아나는 이 기쁨과 애틋한 그리움을 고국 부모 형제들에게까지 전해줬으면 좋겠다.

"주님, 우리 인생을 주님의 손에 부탁합니다. 이 땅에 순례자로 살 동안에 열매 맺고 향기 나게 하시고 성령의 전을 건강하게 붙들어 주세요. 진정으로 원주민들과 함께 울고 웃고 마음을 나누며 끝까지 사랑을 실천하는 진실한 선교사가 되게 해주세요. 주님 계신 저 천국에 갈 때까지 우리의 삶을 통해서 오직 주님께 영광 돌리게 해주세요! 마라나타!"

에필로그

그곳에 사는 게 그렇게 좋은가요?
뭐가 그리 좋은가요?
누가 이렇게 물었다.
보이(Voi)가 열악한 곳인데
이렇게 오래 사는 게 이상해 보이나 보다.

글쎄요?
빨간 흙과 뜨거운 태양
흰 구름 뭉글거리는 낮은 하늘
지평선이 보이는 너른 광야
그리고 사람들

음~ 진짜 좋은 것은

이유가 없어요
그냥 다 좋아요
하나님께서 우리에게 주신 마음이고
선교의 첫사랑이 보이(Voi)이니까요
그 사랑을 끝까지 지키고 싶어요
주님의 뜻이라면

케냐 보이(Voi) 지방은 내 인생에 빼놓을 수 없는 가장 소중한 곳이다. 우리 아이들에게는 태어나고 자란 곳이며 꿈을 키운 고향이다. 마음을 주고 정성을 주고 사랑하는 사람들이 사는 곳이다. 한국에 가도 그들이 보고 싶어서 돌아오게 만드는, 사랑하는 친구들과 이웃이 사는 곳이다. 또한 지금의 나와 우리 가정이 존재하도록 하나님께서 우리를 훈련시키고 만나주신 곳, 하나님의 뜻을 발견한 곳이니 어찌 사랑하지 않을 수 있을까 싶다. 그래서 지금은 "그냥 다 좋아요"라고 고백할 수밖에 없다.

여전히 죄 많고 연약한 우리들이지만 그들과 함께 하는 것이 하나님께서 우리 가정에 주신 특권이라고 생각하며 감사하며 살고 있다. 그래서 그들은 우리를 떠나지 않는 선교사라고 말해준다. 이것이 내가 케냐에서 살아가는 이유이고 감사의 제목이다.

나에게 상처와 아픔과 슬픔을 준 그들이지만 그들의 곁에서 흐르는 눈물을 닦아줄 수 있다면, 그들이 우리에게 기댈 수만 있다면 행복한 것이다.

《아프리카로 가자》에는 우리의 부족함으로 인해서 많은 어려움도 겪으며 하나님을 의지하며 그분의 뜻을 발견해 나가는 선교사의 애환을 담았다. 큰 사역을 한 것도 아니고 고생한 것을 자랑하기 위함도 아닌 삶 속에서 베풀어주신 하나님의 사랑을 나누기를 원한다. 앞으로 기회가 된다면 두 번째 책을 통해서는 행복한 일들이 더 수두룩한 글들을 준비하고 있다.

한 권의 책을 내면서 솔직히 부끄럽지만 지난날을 반성하며 더 나은 앞으로의 우리의 선교, 겸손히 섬기며 주님을 바라보며 종의 자리로 나아갈 것이다. 주 예수님이 우리의 기쁨이고 행복임을 전하는 자로서 생명의 원천이신 예수님 안에서 소망을 가지고 그 빛 가운데로 살아가고자 무던히 노력할 것이다.

이 글을 읽는 누군가가 선교사로 헌신하고, 또 누군가는 선교사의 삶에 공감하고 기도해준다면 이보다 더 큰 기쁨이 없을 것이다. 책을 읽어주시는 모든 분들께 진심으로 감사드린다.

"진실로 생명의 원천이 주께 있사오니 주의 빛 안에서 우리가 빛을 보리이다"(시 36:9).

아프리카로 가자

1판 1쇄 인쇄 _ 2020년 7월 25일
1판 1쇄 발행 _ 2020년 8월 5일

지은이 _ 김미영
펴낸이 _ 이형규
펴낸곳 _ 쿰란출판사

주소 _ 서울특별시 종로구 이화장길 6
편집부 _ 745-1007, 745-1301~2, 747-1212, 743-1300
영업부 _ 747-1004, FAX 745-8490
본사평생전화번호 _ 0502-756-1004
홈페이지 _ http://www.qumran.co.kr
E-mail _ qrbooks@daum.net / qrbooks@gmail.com
한글인터넷주소 _ 쿰란, 쿰란출판사
페이스북 _ www.facebook.com/qumranpeople
인스타그램 _ www.instagram.com/qrbooks
등록 _ 제1-670호(1988.2.27)
책임교열 _ 최찬미 · 이화정

© 김미영 2020 ISBN 979-11-6143-423-0 03230

책값은 뒤표지에 있습니다.
이 출판물은 저작권법에 의해 보호를 받는 저작물이므로 무단 복제할 수 없습니다.
파본(破本)은 구입처에서 교환해 드립니다.